Das E-Gitarren Handbuch

Rod Fogg

A BACKBEAT BOOK
First edition 2009
Published by Backbeat Books
An Imprint of Hal Leonard Corporation
7777 West Bluemound Road,
Milwaukee, WI 53213
www.backbeatbooks.com

Devised and produced for Backbeat Books by
Outline Press Ltd
2A Union Court, 20-22 Union Road,
London SW4 6JP, England
www.jawbonepress.com

ISBN: 978-0-87930-989-3

A catalogue record for this book is available from the British Library.

Text and music copyright © 2009 by Rod Fogg, except „The Story Of The Electric Guitar," copyright © 2009 by Dave Hunter. Volume copyright © 2009 by Outline Press Ltd. All rights reserved. No part of this book may be reproduced in any form without written permission, except by a reviewer quoting brief passages in a review.
For more information you must contact the publisher.

DESIGN: Paul Cooper Design
EDITOR: John Morrish

Die in diesem Buch enthaltenen Originallieder, Textunterlegungen, Fassungen und Übertragungen sind urheberrechtlich geschützt. Nachdruck nur mit ausdrücklicher Genehmigung der Verfügungsberechtigten. Alle Rechte an der Zusammenstellung dieses Buches bei Backbeatbooks. Exklusivrechte an der deutschen Lizenzausgabe beim Voggenreiter Verlag.

Copyright deutsche Lizenzausgabe
© 2011 Voggenreiter Verlag OHG
Wittfelder Stich 1, D-53343 Wachtberg
www.voggenreiter.de
Telefon: 0228.93 575-0
Deutsche Übersetzung: B & O

Auflage 2024

ISBN: 978-3-8024-0835-9

Hinweis:
In diesem Buch wird die international übliche Schreibweise für Akkorde, Tonnamen etc. verwendet, bei der das deutsche „H" als „B" und das deutsche „B" als „B" bezeichnet wird.

Inhalt

4 Einleitung

5 Die Geschichte der E-Gitarre
DAVE HUNTER

24 Teil Eins
    Die Gitarre
    Die Grundlagen
    Gegriffene Töne
    Die hohen Saiten
    Die tiefen Saiten
    Tonleitern und Tonarten
    Rhythmusgitarre

90 Teil Zwei
    Akkorde
    Akkord-Konstruktion
    Arpeggien
    Erweiterte Akkorde
    Dynamik
    Verschiebbare Akkorde

159 Teil Drei
    Leadgitarre
    Über die Blues-Skala hinaus
    Fortgeschrittene Solotechniken
    Weitere Akkorde

216 Teil Vier
    ... jetzt alles zusammen
    Funk
    Metal
    Indie
    Harmoniegitarren

246 Anhang
    Akkordton-Übersicht
    Alle Töne auf dem Griffbrett

248 Die CD

Einleitung

Herzlich willkommen zum E-Gitarren-Handbuch: einer systematischen, schrittweisen und umfassenden Art, E-Gitarre spielen zu lernen. Dieses Lehrwerk setzt keinerlei musikalische Kenntnisse voraus, sondern startet ganz am Anfang und mit Lektionen, die auch von Schülern ohne irgendeine musikalische Vorbildung gespielt werden können. Die Lektionen verwenden „echte" Musik anstelle von ermüdenden oder unmusikalischen technischen Übungen; zusätzlich kannst du dir die Beispiele auch auf der Begleit-CD anhören. Solltest du schon ein wenig Gitarre spielen, kannst du die ersten Abschnitte des Buches relativ schnell durcharbeiten, bis du eine deinen Kenntnissen entsprechende Stelle erreichst. Wenn du ein völliger Anfänger bist, kannst du in deiner eigenen Geschwindigkeit lernen und dir immer nur soviel vornehmen, wie du bewältigen kannst. Wenn du an eine schwierige Stelle kommst, kannst du sie überspringen und später regelmäßig zu den schwierigen Stücken zurückkehren.

Alle Beispiele in diesem Buch sind sowohl in traditioneller Notenschrift als auch in Tabulatur notiert. Diese beiden Notationsformen werden ausführlich erklärt, vor allem die traditionelle Notenschrift, die in Büchern wie diesem häufig nur kurz angerissen wird. Anstatt dich direkt zu Beginn mit endlosen Seiten voller technischer Erklärungen und Fachjargon zu überhäufen, wird anfangs nur das Nötigste erklärt, damit du direkt loslegen kannst; neues Lehrmaterial wird passend zu jeder Lektion vorgestellt und anhand musikalischer Beispiele erläutert. So machst du gleichzeitig auf unterschiedlichen Ebenen Fortschritte: spieltechnisch auf dem Instrument, theoretisch bei deinem Musikverständnis und außerdem bei der Entwicklung deines Gehörs.

Um dieses Buch auch tatsächlich für jeden zugänglich zu machen, fängt Teil 1 mit einfachen Musikstücken an, für die anfangs nur die Leersaiten benötigt werden. Später kommen dann gegriffene Töne und die Koordination mit der Anschlagshand hinzu. Viele andere Gitarrenbücher beginnen mit Akkorden, aber weil für Akkorde mehrere Finger der linken Hand benötigt werden, sind sie oft für einen Anfänger zu schwer. Akkorde werden dann in Teil 2 eingeführt, ergänzt um die vielen interessanten Klänge, die dem modernen Gitarristen durch Erweiterungen und Ergänzungen der Standardakkorde zur Verfügung stehen. Auch unterschiedliche Anschlagstechniken werden hier detailliert betrachtet.

Teil 3 widmet sich erneut dem Einzeltonspiel, aber diesmal um fortgeschrittenere Spieltechniken für Riffs und das Solospiel erweitert. Außerdem befasst dieser Abschnitt sich mit fortgeschrittenen Rhythmus-Techniken, zum Beispiel mit verschiebbaren Akkordformen, die auf dem gesamten Griffbrett eingesetzt werden können. Du lernst sie gemeinsam mit den Leadgitarren-Parts, so dass sich häufig ein spielbares Arrangement für zwei Gitarren ergibt. Teil 4 schließlich kombiniert alle bis dahin erlernten Spieltechniken in verschiedenen Stilrichtungen, unter anderem Blues, Rock, Metal, Indie, Funk usw.

Ich hoffe, dass dir die Musik in diesem Buch und auf der CD Spaß machen wird, und dass du es genießen wirst, wie sich dein Gitarrenspiel stetig verbessert. Außerdem hoffe ich, dass du die Gelegenheit nutzen wirst, Notenlesen zu lernen. Obwohl viele Rockgitarristen von sich sagen, dass sie niemals Notenlesen gelernt haben, ist es nicht schwer und du wirst nie bereuen, dir diese Fähigkeit angeeignet zu haben. Das soll allerdings nicht bedeuten, dass an der Tabulatur irgendetwas falsch wäre; tatsächlich ergänzen sich die Tabulatur und die Notenschrift hervorragend. Aber das Notenlesen wird nicht nur deinen Horizont um so unterschiedliche musikalische Welten wie klassische Musik und Jazz erweitern, sondern dir darüber hinaus auch den Zugang zu Musik ermöglichen, die für andere Instrumente als die Gitarre komponiert worden ist.

Viel Spaß auf deiner musikalischen Reise.

Rod Fogg, London 2008

Die Geschichte der E-Gitarre

DIE ELEKTRIFIZIERTE ARCH-TOP

Die Geschichte der E-Gitarre beginnt eigentlich mit der elektrifizierten Arch-Top. Einzelne Hersteller hatten zwar schon mit Hawaigitarren (Lapsteels), massiven Gitarren und halbakustischen Gitarren experimentiert, bevor die ersten Arch-Tops mit Tonabnehmern die Fabriken verließen, aber diese frühen Abenteuer machten die elektrische Verstärkung noch nicht allgemein bekannt. Obwohl sie heute als unvereinbar mit härterer Musik gilt, war die Arch-Top die Geburtshelferin des Rock'n'Roll. Noch bevor Fenders „Paddel" und Gibsons „Brett" erfunden wurden, holte die elektroakustische Gitarre Jazz-, Blues-, und Country Swing-Gitarristen aus dem Schatten heraus – und bis der Neuling Solidbody-Gitarre allgemein akzeptiert war, stand sie zur Verfügung, um eine ganz neue Art des Gitarrenspiels hervorzubringen.

Ernie Magann (stehend) von The Paradise Islanders mit seiner Rickenbacker Electro Silver Hawaiian steel (oben).

Drei Beispiele früher elektrifizierter Arch-top-Gitarren. Rechts eine Gibson ES-150 von 1939, in der Mitte eine Rickenbacker Spanish (SP) von 1948. Die Gibson ES-300 (ganz rechts) wurde 1941 hergestellt; diese Gitarre hatte einen ungewöhnlich breiten Pickup, der in einem sehr spitzen Winkel auf dem Korpus montiert war.

DIE GESCHICHTE DER E-GITARRE

Trotz ihres manchmal schwammigen Tones, des Sustainmangels und der extremen Anfälligkeit für Rückkoppelungen war die „Electric Spanish guitar", wie sie anfangs genannt wurde, für die damaligen Verhältnisse beinahe ein Wunder und wegweisend für die moderne Gitarrenmusik, die wir heute kennen. In den Händen von Musikern wie Charlie Christian – der Gibsons erstes elektrisches Modell, die ES-150, bereits kurz nach ihrem Erscheinen 1936 spielte – war es Gitarristen so erstmals möglich, als Solist gegen den Hornisten anzutreten … und dabei endlich auch gehört zu werden. Wir haben niemals zurückgesehen.

Die ersten elektrifizierten Arch-Tops waren ganz gewöhnliche akustische Arch-Tops, die mit leicht modifizierten Lapsteel-Tonabnehmern ausgestattet waren. Sie hatten weiterhin die volle Korpusgröße und die aufwendig von Hand geschnitzte gewölbte Fichtendecke, obwohl die tonalen Subtilitäten dieser Gitarren wahrscheinlich in einem überfüllten Tanzsaal, elektrisch verstärkt und hinter dem Orchester positioniert, nicht so ganz zum Tragen kamen. Die frühen E-Gitarren großer Hersteller wie Gibson und Epiphone wurden zwar komplett in Handarbeit hergestellt, waren aber im Vergleich zu ihren höherwertigen akustischen Brüdern von niedrigerer Qualität. Anfangs hatten die Hersteller damit kein Problem, wurde doch die E-Gitarre eher für eine Randerscheinung und eine Neuheit mit vergleichsweise kleinem Marktpotential gehalten.

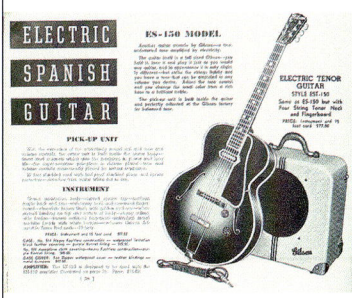

Zwei Seiten des Gibson-Kataloges von 1937 (oben) zeigen die neue ES-150 und den dazugehörigen Verstärker mit Bildern von zeitgenössischen Musikern mit Gibson-Produkten.

Es gab elektrifizierte Arch-Tops in zahlreichen Varianten. Die Gibson Super 400 von 1934 (ganz links) hat einen in den 50ern nachgerüsteten schwebenden McCarty-Doppelpickup. Die Gretsch Synchromatic 6031 Tenorgitarre (Mitte) wurde 1954 hergestellt. Die Gibson Super 400 CN-Wal (links) stammt aus dem Jahr 1969 und ist mit einem schwebenden (nicht mit dem Korpus verbundenen) Tonabnehmer ausgerüstet. Von Jazzgitarristen werden Modelle wie diese auch heute noch eingesetzt.

Sogar den Spitzenmodellen wie Gibsons ES-300 und Epiphones Zephyr fehlten solche netten Details wie Einfassungen der F-Löcher, dekorative Trimmings und die bessere Hardware der akustischen Vergleichsmodelle L-5 und Emperor. Als sich Spieler genau dieser Modelle entschieden, dass sie auch gerne gehört werden wollten, wurden bald auch Gibsons Super 400, Gretschs Syncromatic und sogar D'Angelicos mit nachgerüsteten Tonabnehmern erhältlich (anfangs erfolgten diese Umrüstungen mit unauffälligen „schwebenden" oder auf dem Schlagbrett montierten Tonabnehmern, eine Variante, die auch heute noch von vielen traditionell orientierten Jazzgitarristen bevorzugt wird.)

Das wachsende Bewusstsein, dass die E-Gitarre tatsächlich ein eigenes Instrument mit eigenen Möglichkeiten und Erfordernissen ist, führte zu der Erkenntnis, dass man beim Design elektro-akustischer Gitarren die elektrischen Eigenschaften stärker gewichten – und nebenbei durch Kompromisse bei den akustischen Eigenschaften Geld einsparen konnte.

Das E-Gitarren-Handbuch

8 DIE GESCHICHTE DER E-GITARRE

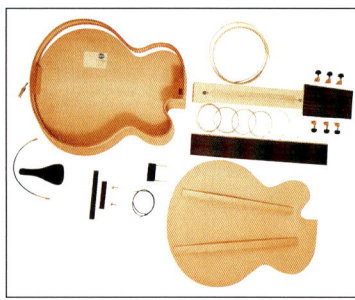

Auf diesen Bildern sind die unterschiedlichen Konstruktionsmerkmale von elektrifizierten akustischen Gitarren (oben) und E-Gitarren mit massivem Korpus (unten) klar zu sehen.

Aber warum sollte man überhaupt den Aufwand und die Kosten für eine handgeschnitzte Fichten- oder Ahorndecke investieren, wenn man diese nach der Tonabnahme und Verstärkung klanglich sowieso nicht mehr von Sperrholz unterscheiden konnte? 1949 präsentierte Gibson deshalb die ES-175, die erste E-Gitarre mit einer gepressten laminierten Decke, die immerhin für Musiker wie Joe Pass, Jim Hall und Pat Metheny gut genug war.

Natürlich wurden diese preiswerteren Herstellungstechniken damals nicht gerade an die große Glocke gehängt. Aber laminierte Hölzer sparten nicht nur Herstellungskosten, sondern verliehen den Gitarren auch einen helleren und durchsetzungsfähigeren Ton, der sich für viele Anwendungszwecke sogar besser zur Verstärkung eignete. Als in der Folge auch die meisten Mitbewerber laminierte Hölzer verwendeten, wurde diese Herstellungstechnik schnell zum Standard für elektro-akustische Arch-Tops.

Obwohl sie vor allem als Jazzklampfe galt und selten in der Rockarena zu sehen war – übrigens trotz der Bemühungen von Krachschlägern wie Ted Nugent, Billy Duffy oder dem Prog-Rock-Zauberer Steve Howe – sollte man stets im Hinterkopf behalten, was für eine Revolution die elektro-akustische Gitarre vor mehr als einem halben Jahrhundert in den Händen von Scotty Moore, Chuck Berry oder T-Bone Walker auslöste.

E-GITARREN MIT MASSIVEM KORPUS

Man kann sich Rockmusik ohne die Solidbody-Gitarre kaum vorstellen, obwohl dieses Instrument eigentlich entwickelt wurde, bevor diese Stilrichtung überhaupt existierte und für eine völlig andere Art Musiker gedacht war. Zwar wurde der Rock'n'Roll auf großvolumigen Arch-Tops mit zusätzlich auf der Decke angebrachten Tonabnehmern geboren, aber die Grenzen dieser Instrumente wurden schnell deutlich. Nur Gitarren mit massivem Korpus verfügten über ausreichend Power, Lautstärke und Attack sowie genug Höhen, um sich durchzusetzen; obendrein waren sie deutlich weniger anfällig für Rückkoppelungen.

Diese Gitarren wurden damals von der gitarrespielenden Masse verachtet, verhöhnt und verspottet und allgemein wenig respektiert. Aber die ersten Solidbody-Designs der 30er und 40er Jahre und vor allem die erste in Großserie produzierte vollmassive E-Gitarre, die Fender Broadcaster von 1950, waren bereits der Vorgeschmack einer musikalischen Revolution. Der Sound, die Optik und die Lautstärke der Popmusik sollten sich für immer ändern.

Das E-Gitarren-Handbuch

DIE GESCHICHTE DER E-GITARRE

Zwei Beispiele für E-Gitarren mit massivem Korpus: eine frühe Fender Telecaster aus dem Jahr 1953 (links) und eine 1976er Telecaster Deluxe (rechts), eine mit zwei Humbuckern ausgerüstete spätere Variante dieses klassischen Instruments.

Der Umschlag von Fenders 1955er Katalog ist stark grafisch orientiert und zeigt die Telecaster als Umriss; eine für diese Zeit typische Gestaltungsform (oben rechts).

FENDER BROADCASTER UND TELECASTER

Wie bei allen seinen frühen Erfolgen bei der Herstellung von elektronischen Instrumenten und Verstärkern entwickelte Leo Fender die erste in Großserie hergestellte Solidbody-Gitarre aus einer Kombination von sorgfältigem R&D, cleverer Künstlerbindung und glücklichem Zufall. Die Broadcaster (die seit Mitte 1951 Telecaster hieß) war eine stark stylisierte Version der normalen Gitarre, die das Konzept des Instrumentes auf seine elementaren Grundlagen zurückführte, wobei außer den sechs Saiten, der Mensur und der Standardstimmung kaum etwas übrig blieb.

Die eigentlich akustischen „E-Gitarren" von Gibson, Epiphone, Gretsch und anderen Herstellern waren zwar großartige Instrumente, aber ihre angeborenen Beschränkungen machten es Gitarristen weiterhin schwer, im Mittelpunkt zu stehen und als Solisten ernstgenommen zu werden.

Dies ist die Originalversion von Fenders in Großserie hergestellter E-Gitarre mit massivem Korpus. Diese frühe Version, die noch die Bezeichnung Broadcaster trug, stammt aus dem Jahr 1950 (oben).

Das E-Gitarren-Handbuch

Ein einzigartiger Aspekt von Leo Fenders Design war der verschraubte Hals, der leicht ersetzt werden konnte und Feineinstellungen auf Tour zuließ. Die originale Vierpunkt-Verschraubung von Hals und Korpus ist von hinten gut sichtbar (oben). Fender änderte diese Verschraubung 1968 für eine kurze Zeit in eine Dreipunkt-Verschraubung (oben rechts).

1954 stellte Fender die Stratocaster vor, eine Solidbody-E-Gitarre mit drei Tonabnehmern; vor allem um der verstärkten Nachfrage nach einem vielseitigeren Sound nachzukommen. Dieses Instrument hatte eine Vierpunkt-Halsverschraubung, die in der Rückansicht gut zu sehen ist (Mitte). Gut zu sehen ist auch der im Vergleich zum „Tischplatten"-Korpus der Telecaster (ganz rechts) für Tragekomfort ausgefräste und dem Körper angepasste Korpus.

Der relativ dunkle und oft verschwommene Klang dieser Gitarren ging in den Blechbläsergruppen der großen Western-Swing-Orchester genauso unter wie in den kleineren Jazzcombos, und sie reagierten außerdem gerne mit Rückkoppelungs-Geheul, wenn man den Verstärker laut genug aufdrehte, um in größeren Sälen gehört zu werden.

Leo Fenders Telecaster hatte verbesserte Tonabnehmer und einen höhenbetonenden, Sustain-verbessernden und komplett einstellbaren Steg. Sie bekämpfte so alle Einschränkungen der elektro-akustischen Gitarre und ermöglichte Gitarristen, deutlich gehört zu werden (die meisten Konkurrenten Fenders reagierten bald mit ähnlichen Modellen). Zusätzlich machten ihre solide Konstruktion und die Möglichkeit, nahezu alle Komponenten durch einfaches Ab- und Anschrauben zu tauschen, aus der Telecaster ein Arbeitspferd, das dem harten Einsatz auf Tournee gewachsen war und leicht repariert werden konnte, wenn es einmal nötig wurde. In Verbindung mit dem schlanken „schnellen" Hals und der niedrigen Saitenlage ergab sich zusätzlich eine ganz neue Bespielbarkeit.

Eigentlich entwickelt, um Arbeit zu sparen und Reparatur oder Ersatz zu vereinfachen, haben diese „Bolt-On-Neck"-Gitarren (der Hals wird einfach angeschraubt) tatsächlich eine ganz eigene Tonalität. Sie haben einen hellen, durchdringenden und scharfen Ton (den sogenannten „Twang"), eine hölzerne Resonanz, ein moderates natürliches Sustain und sind zusätzlich sehr stimmstabil. Dieses frühe Modell war ein durchschlagender Design-Erfolg und ist sowohl in seiner originalen als auch in modifizierter Form seit über 60 Jahren populär. Es hat Gitarren mit verschraubtem Hals in allen ihren Variationen als einen klanglichen Standard etabliert, nicht nur als eine reparaturfreundliche Bequemlichkeitslösung.

Diese neue Ära ihrer Konstruktion machte die Gitarre nicht nur zum Star dutzender populärer Country- und Swingbands, sondern sie übernahm auch nahezu die Rolle eines kompletten Orchesters und reine Gitarrenbands (meist mit zwei Gitarren, Bassgitarre und Schlagzeug) entstanden, die das Gesicht der Popmusik für immer verändern und den Weg für den Rock'n'Roll bereiten würden. Die Solidbody-E-Gitarre war weit mehr als nur ein weiterer Evolutionsabschnitt der Gitarre, sie löste auch einen riesigen Entwicklungssprung im Sound und der Lautstärke von Gitarrenbands aus. Vorher war es wenig sinnvoll gewesen, große und leistungsstarke Gitarrenverstärker zu entwickeln, wenn alle Gitarren ab einer gewissen Lautstärke einfach mit Rückkoppelungen pfiffen. Mit der Solidbody-E-Gitarre wurde plötzlich der Himmel die Grenze im Verstärkerbau – und in den Lautstärke-Kriegen der Musiker war die Gitarre die neue Siegerin.

Seit diesen frühen Tagen haben zahlreiche Hersteller sich gestalterisch an die Form von Fenders Original angelehnt und es hat sich – mit einigen Variationen – als eine der erfolgreichsten Formen der Solidbody-E-Gitarre erwiesen.

FENDER STRATOCASTER

Gibsons Les Paul konnte so ziemlich alles, was Fenders Telecaster auch konnte, wenn auch ein wenig anders (S. 12ff). Fender musste sich also etwas Neues einfallen lassen, um wieder in den Mittelpunkt des Interesses zu rücken. Dieses Neue hatten sie mit der Vorstellung der Stratocaster 1954 gefunden. Während die Tele der Prototyp der Solidbody-E-Gitarre mit verschraubtem Hals war, wurde die Strat mit ihrem unglaublichen Erfolg zur meistgespielten und meistkopierten E-Gitarre aller Zeiten.

Mal von ihrer radikalen Form abgesehen, würde die Stratocaster sich mit Tele-Pickups und Tele-Hardware wahrscheinlich ähnlich anfühlen und ähnlich klingen wie eine Tele. Zwei Hauptelemente des neuen Designs – nämlich die Elektronik und die Hardware – veränderten allerdings Klang und Spielbarkeit des Instrumentes deutlich.

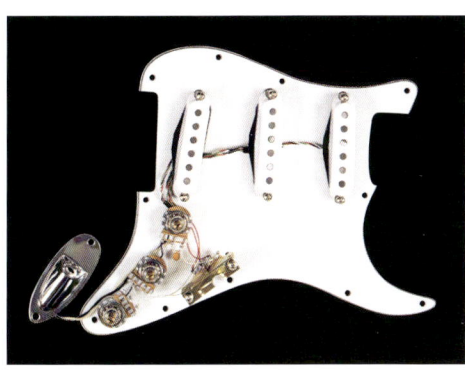

Drei höhenbetonte Tonabnehmer und ein Dreiweg-Wahlschalter in Kombination mit einem sehr effizienten und einstellbaren Vibrato (ganz links). Hier sind Tonabnehmer, Verdrahtung, Schalter und Buchsen in ausgebautem Zustand zu sehen (links).

Ein schönes Beispiel für eine originale 1957er Fender Stratocaster in der Standardfarbe Sunburst (unten).

Die erste Innovation waren die Tonabnehmer der Stratocaster. Fender entwickelte neue Single-Coil-Tonabnehmer für die Strat, die eine oberflächliche Ähnlichkeit mit denen der Telecaster hatten. Die Strat-Tonabnehmer klangen allerdings heller und schärfer in den Höhen (allerdings oft mit etwas weniger Power als der Stegtonabnehmer der Tele) und das zu einer Zeit, als es sehr wichtig war, sich im matschigen Soundmix einer großen Band durchzusetzen. Zusätzlich boten die drei Tonabnehmer mit der doppelten Klangregelung eine umfangreiche Palette an Klängen.

Die zweite Neuentwicklung war noch radikaler: der komplett einstellbare eigenständige „Tremolo"-Steg der Stratocaster. Zu einer Zeit, als dickere Saiten das Bending mit der linken Hand deutlich erschwerten, erlaubte diese Erfindung stärkere Downbends als alle ihre Vorgänger und war außerdem – korrekt eingestellt – sehr stimmstabil. Auch wenn es nicht benutzt wurde, beeinflusste das Vibrato durch die veränderte Saitenführung (durch den Vibratoblock) und seine gefederte Aufhängung die grundlegenden klanglichen Eigenschaften der Gitarre.

Das Vibrato der Strat – das man mittlerweile für selbstverständlich hält – läutete eine ganze Reihe neuer Stile ein, von Hard-Twang-Country über die hallgetränkten Surf-Instrumentals der frühen 60er bis hin zu den wilden Divebombs und Luftangriff-Effekten von Jimi Hendrix. Musiker wie Eddie van Halen und Jeff Beck entwickelten in den folgenden Jahrzehnten seine Möglichkeiten weiter und es hat sich als eines der ausdrucksstärksten Werkzeuge der Rockmusik erwiesen.

12 | DIE GESCHICHTE DER E-GITARRE

Die Stratocaster ist eine Design-Ikone geworden und ihre zeitlose Erscheinungsform wird sogar von Nicht-Gitarristen verehrt und geliebt. Aber die konturierte Korpusform der Stratocaster war mehr als nur ein radikales Design, sie machte das Instrument auch sehr komfortabel, fast schon intim, zu spielen. Die Ausfräsung der oberen Rückseite ermöglichte ein bequemes Tragen direkt am Körper auch während langer Sets und die Anschrägung der oberen Vorderseite gab dem rechten Unterarm eine angenehmen Halt, anders als die rechteckigen Korpuskanten der Telecaster oder der Les Paul, die unter dem Unterarm unangenehm zu spüren waren.

So vertraut wir auch heutzutage mit dem Aussehen, dem Feeling und dem Sound der Stratocaster sein mögen, erinnert uns doch die „Richtigkeit" die wir bei allen ihren Einzelteilen empfinden, stets daran, was für ein gewaltiger Sprung vorwärts Leo Fenders zweite Solidbody zum Zeitpunkt ihres Erscheinens war.

In den letzten 50 Jahren wurden zahlreiche Varianten der Fender Stratocaster entwickelt. Hier sind beispielhaft Auszüge aus drei Fender-Katalogen der 80er Jahre abgebildet. (oben)

Von 1958 bis 1960 stellte Gibson etwa 1.600 Les Paul Standards mit Ahorndecke und Sunburst-Lackierung her.
In den letzten 50 Jahren wurde diese Gitarre in zahlreichen Formen wieder neu aufgelegt. Hier ist ein frühes 1958er Modell in nahezu perfektem Zustand abgebildet (nächste Seite unten).

Die Strat hat unzählige Upgrades und Modifikationen erfahren, von denen die meisten mittlerweile überall erhältliche Serienstandards geworden sind. Es gibt unter anderem Gitarren mit einem oder mehreren Humbuckern, Klemm-Sattel und Klemm-Vibrato, Luxus-Verdrahtung und modernen Schaltoptionen sowie weitere „Superstrat"-Modelle. Über 50 Jahre nach ihrer Einführung ist sie immer noch die meistkopierte Grundform der Solidbody-E-Gitarre – wobei die meisten Varianten sehr nahe an der ursprünglichen Form bleiben.

GIBSON LES PAUL

Nimm heute eine Les Paul in die Hand und dir wird eines sofort durch den Kopf schießen – und in die Finger fahren: Rockmusik. Es scheint unvorstellbar, dass diese Musik beim Erscheinen dieser Gitarre 1952 noch gar nicht existierte. Gibsons erste Solidbody-Gitarre war eine Reaktion auf den wachsenden Erfolg der Telecaster. Gibson dachte allerdings an den eigenen Ruf und hoffte außerdem, einen Markt mit traditioneller orientierten Musikern zu erschließen, die von Fenders zusammengeschraubter Radikallösung abgestoßen wurden, deshalb war klar, dass sie kein flaches „Kanupaddel" anbieten würden.

Stattdessen setzte Gibson die vorhandene Erfahrung beim Bau von Arch-Top-Jazzgitarren für den Bau eines massiven Mahagoni-Korpus mit einer gewölbten Ahornkappe ein. Dabei blieben sie ihrer bewährten verleimten Halskonstruktion treu und kombinierten das Ergebnis mit zwei P-90-Tonabnehmern, wie sie bereits bei den Modellen der 40er Jahre mit hohlem Korpus und F-Löchern zum Einsatz kamen.

Das E-Gitarren-Handbuch

DIE GESCHICHTE DER E-GITARRE

Das Leben der Gibson Les Paul begann 1952 mit dem Gold-Top-Modell. Die frühesten Modelle waren mit einem plumpen Trapez-Saitenhalter ausgestattet (ganz links). 1957 erhielt die Gold Top Humbucker und einen verstellbaren Steg mit separatem Saitenhalter, was sie zu einem wesentlich vielseitigeren Instrument machte; hier ist eine Linkshänder-Version abgebildet (Mitte). Die Les Paul ist ebenfalls ein klassisches Instrument, von dem zahllose Varianten und Modifikationen existieren. Die Les Paul Voodoo (rechts) ist aus dem Jahr 2004.

So schuf Gibson die „andere" E-Gitarre – den Archetypus der Solidbody mit verleimtem Hals – und obwohl der allererste Versuch mit flachem Halswinkel und einer bald überarbeiteten ungeschickten Stegkonstruktion ein Reinfall war, wurde die 52er Goldtop schnell zum Klassiker. Sie galt als eleganter, mit einer angedeuteten Verbeugung vor der Tradition, aber trotzdem mit all der Kraft, die für die neue Musik benötigt wurde. Auch die Les Paul hat sich in viele Richtungen weiterentwickelt, ist aber immer noch der drittwichtigste Prototyp einer E-Gitarre.

Der klangliche Charakter der Les Paul wird von mehreren Elementen bestimmt, deren wohl wichtigstes die Konstruktion des Korpus ist. Der kompakte Mahagoniblock gibt dem Ton Sustain und eine warme, runde Resonanz, während die gewölbte Ahorndecke die durchsetzungsfähigen Höhen hinzufügt. Der verleimte Hals verlängert das Sustain, gibt klangliche Tiefe und verleiht dem Ton eine gewisse Dunkelheit. Gibsons Halswinkel (der Winkel zwischen Hals und Korpus) ist wesentlich steiler als der von Fender, so dass der Hals näher an die Hand rückt; eine Tatsache, die nach Meinung mancher Gitarristen die Bespielbarkeit verbessert. Die etwas kürzere 24 ¾-inch-(629mm)-Mensur erleichtert das Saitenziehen und fühlt sich etwas „geschmeidiger" an als Fenders 25 ½-inch-(648mm)-Mensur. Der verleimte Hals macht allerdings Reparaturen und umfangreichere Einstellarbeiten aufwendig und teuer.

Eine Les Paul mit P-90-Tonabnehmern klingt bissig und scharf, mit knackigen Höhen und ausdrucksstarken Mitten. Mit Humbuckern bestückt wird ihr Ton warm, kräftig und weich mit viel Sustain. Beide Tonabnehmer-Varianten haben allerdings eine höhere Ausgangsleistung als nomale Fender-ähnliche Singlecoils, wodurch Röhrenverstärker leichter zu übersteuern sind.

Weitere Gibson-Style-Solidbodies wie zum Beispiel die Les Paul Special und Les Paul Junior, die Flying V, die Explorer und die SG (und ähnliche Designs anderer Hersteller), waren aus einem einzigen Holzblock hergestellt, ohne die aufwendige gewölbte Decke der Les Paul. Obwohl der Klang einiger dieser Gitarren durch die Holzarten für Hals und Korpus bestimmt wird, verleiht der verleimte Hals, den sie mit der Les Paul gemeinsam haben, dem Ton einen runden, warmen und kehligen Charakter, vor allem, wenn sie mit Humbuckern bestückt sind.

Das E-Gitarren-Handbuch

14 DIE GESCHICHTE DER E-GITARRE

Gitarren mit eingeleimtem Hals werden weiterhin produziert. Die 1965er Gibson Les Paul Junior (links), die 1995er PRS Artist III (Mitte) und die 1958er Gretsch Jet Firebird (rechts) sind Beispiele für diese Konstruktionsart.

Stratocaster-Varianten mit 24 Bünden, kantigem Design, Saitenklemm-Vibratos und modifizierten Pickup-Layouts werden allgemein „Superstrat" genannt. Solche Modelle werden von verschiedenen Herstellern produziert. Ibanez stellt eine komplette Reihe dieser Instrumente her, beispielsweise das auf dieser Katalogseite präsentierte Steve-Vai-777-Modell (rechts).

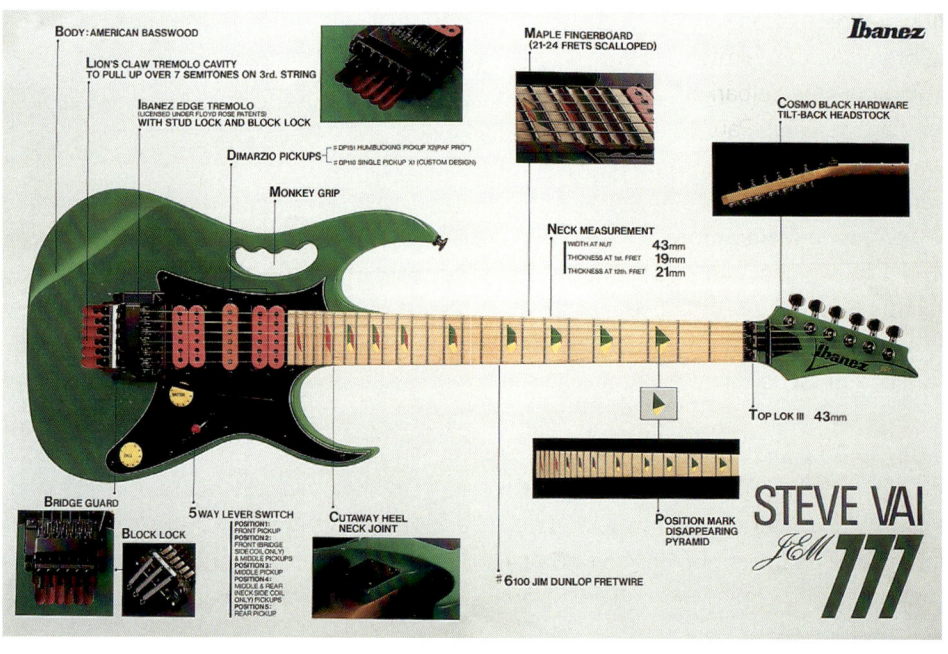

Das E-Gitarren-Handbuch

DIE GESCHICHTE DER E-GITARRE

Unterschiedliche Hersteller ergänzen das Standard-Design von Gitarren mit verschraubtem Hals um unterschiedliche Features. Mit dem Silhouette-Modell von 1988 führte Music Man Custom-Farben, unsymmetrische Kopfplatten und eine Mischung von Singlecoil- und Humbucking-Tonabnehmern ein (links). Bei der Ibanez JS 10th Anniversary (Mitte) kommen ungewöhnliche Materialien, wie das synthetische „Luthite" im Chromlook zum Einsatz. Yamaha verwendet ein einfaches klassisches Design für seine kommerziell erfolgreiche Pacifica-Serie; dieses 604 Modell stammt aus dem Jahr 1994 (ganz rechts).

Heutzutage bieten unzählige Gitarrendesigns mit verschraubten oder verleimten Hälsen klangliche Eigenschaften und eine Bespielbarkeit, die irgendwo zwischen den beiden Lagern liegt. Paul Reed Smith stellt zum Beispiel Gitarren mit Mahagoni-Korpus und gewölbter Ahorndecke mit verschraubtem Hals her; große Rock-Gitarren-Hersteller wie Jackson und Ibanez bieten „Superstrat"-Modelle mit verleimtem Hals, leistungsstarken Humbuckern und double-locking Vibratos an. Seit die Grenzen zwischen Fender- und Gibsondesign eigentlich nicht mehr existieren, geht es nicht mehr nur um Fender oder Gibson, obwohl viele Gitarristen nach wie vor genau diese Entscheidung fällen.

GITARREN MIT DURCHGEHENDEM HALS

In den späten 70er und frühen 80er Jahren prophezeihten Hersteller wie Ibanez, Yamaha, Alembic, Carvin und einige andere, Gitarren mit durchgehendem Hals gehöre die Zukunft. Sie schwärmten von höherer Stabilität der Konstruktion, besserer Resonanz, längerem Sustain und einem rundum verbesserten Instrument. Gitarren mit durchgehendem Hals wurden als die neuen Topmodelle gehandelt, die Crème de la Crème und der endgültige Höhepunkt in der Evolution der E-Gitarre. Was genau ist also passiert? Eigentlich nicht viel. Gitarren mit durchgehendem Hals existierten schon lange vor den 70ern und werden bis zum heutigen Tag hergestellt, sie waren allerdings stets an der äußersten Grenze der Konstruktionstechniken.

DIE GESCHICHTE DER E-GITARRE

Drei Faktoren scheinen dabei eine Rolle zu spielen. Erstens scheinen die ohnehin nicht unumstrittenen „Vorteile" gegenüber Gitarren mit verschraubtem oder verleimtem Hals die komplexen Herstellungverfahren, die für einige dieser Designs erforderlich sind, nicht zu rechtfertigen. Zweitens führt nach Meinung einiger Hersteller und Musiker der scheinbare Vorteil des einteiligen Korpuskern mit Hals (an den die Seitenteile angeleimt werden) eher zu einer Verschlechterung des Tones. Und drittens? Na ja, die alten Gitarren mit verschraubtem oder verleimtem Hals, die überall herumlagen, klangen eigentlich schon ziemlich gut. Warum also das Rad ein zweites Mal erfinden?

Ungefähr 1978 wurde der durchgehende Hals zum Marketing-Argument und als das Allerbeste für Ton und Sustain angepriesen. Tatsächlich bemerkten aber viele Gitarristen keinerlei Unterschied in Resonanz, Lautstärke oder Klang gegenüber einer Gitarre mit verleimtem oder sogar verschraubtem Hals. Interessanterweise wurde gerade dieses Konstruktionsmerkmal bei vielen klassischen Solidbody- oder Halbakustik-Gitarren mit durchgehendem Hals der späten 50er und frühen 60er Jahre (vor allem bei einigen Rickenbackers und Gibsons ersten „Reverse Body"-Firebirds) in der Werbung noch nicht einmal erwähnt.

Es gibt allerdings wenig Zweifel daran, dass ein durchgehender Hals (mit angeleimten Seitenteilen) einer gut hergestellten Gitarre eine hohe strukturelle Stabilität verleiht und schon die Tatsache, dass ein Hersteller diesen Aufwand nicht scheut, deutet an, dass man sich auch sonst bei der Herstellung dieses Instruments Mühe gegeben hat. Außerdem erleichtert ein durchgehender Hals aufgrund seiner Stabilität das Design einer Gitarre mit tiefen Cutaways und hervorragender Bespielbarkeit der höchsten Bünde, da es nicht mehr nötig ist, an beiden Cutaways noch ausreichend Holz für eine stabile Verbindung von Hals und Korpus übrig zu lassen.

Gitarren mit durchgehendem Hals wurden von vielen Herstellern angeboten, unter anderem von Gretsch; das Cover des 1978er Kataloges zeigt ein solches Modell (ganz oben). Gibson hat diese Konstruktionsmethode bei der Firebird-Serie verwendet (oben). Alembic ist der bekannteste Hersteller von Gitarren mit durchgehendem Hals; hier ist ein Series I Modell von 1978 abgebildet (rechts). Auch Ibanez bot verschiedene Gitarren in dieser Bauart an; das Modell Musician MC500 wurde 1978 vorgestellt (ganz rechts).

Auf jeden Fall waren Gitarren mit durchgehendem Hals seit den 70er Jahren meist Highend-Modelle, schwere, kraftvolle Gitarren mit Humbuckern, die für Rock- oder Fusion-Musiker gedacht waren. Yamahas SG-2000 aus dem Jahr 1976 war die erste japanische Gitarre, die von westlichen Profimusikern akzeptiert wurde; einer der ersten Endorser war Carlos Santana.

Sogar noch früher stellte die Firma Alembic – bekannt für Deluxe-Bässe mit aktiver Elektronik – einige der teuersten damals erhältlichen Serienmodelle her, alle mit durchgehendem Hals, exotischen Hölzern und ausgeklügelter aktiver Elektronik. Diese Gitarren inspirierten preisgünstigere Modelle von Ibanez, Carvin und anderen Herstellern ... bis sich der Blick zurück auf ältere Vorlieben als der Weg vorwärts herausstellte. Die resultierenden Modelle dominierten in den letzten beiden Jahrzehnten das Design von E-Gitarren.

Das E-Gitarren-Handbuch

SEMI-AKUSTISCHE GITARREN

Vom Standpunkt ihres Aussehens und ihrer Konstruktion betrachtet, erscheint die Semi-Akustik als ein Entwicklungsschritt zwischen der elektrifizierten Arch-Top mit hohlem Korpus und der Solidbody-E-Gitarre (die 1950 mit Fenders Broadcaster auf der Bildfläche erschien). Zumindest ihrer Form nach ist die „Semi" tatsächlich ein Zwischenschritt zwischen beiden: eine Gitarre mit hohlem Korpus, gewöhnlich mit gewölbter Decke, mit zusätzlichem Holz zur Verbesserung von Stabilität, Sustain und für weniger Empfindlichkeit gegenüber Rückkopplungen. Geschichtlich betrachtet, könnte man allerdings argumentieren, es handele sich bei der Semi-Akustik um eine Solidbody, bei der etwas Holz entfernt wurde. Theoretisch ist sie beides. Allerdings erschienen bis auf wenige Einzelanfertigungen, Experimentalgitarren und Prototypen (von denen einer Les Pauls berühmte „Log Guitar" war), alle wichtigen Semi-Akustiks erst nach Fenders bahnbrechender Solidbody mit verschraubtem Hals.

Im heutigen Sprachgebrauch ist mit dem Begriff „Halb-Akustik" normalerweise ein Instrument mit ungefähr denselben Abmessungen wie eine normale Elektro-Akustik gemeint (manchmal mit etwas kompakteren Proportionen) – aber mit deutlich geringerer Korpustiefe. Die Größe des inneren Hohlraumes kann stark schwanken; einige (technisch betrachtet unkorrekt) als „Semis" bezeichnete Gitarren sind völlig hohl und müssten deshalb richtig eigentlich „Thinline Hollowbodies" genannt werden, andere sind inwendig mit Holz verstärkt. Die Bandbreite reicht dabei von kleinen Verstärkungen bis zu Holzblöcken über die gesamte Länge oder Breite des Korpus.

Semi-Akustiks, die statt Hohlräumen eine nennenswerte Menge Holz enthalten, könnte man auch als „Semi-Solids" bezeichnen, und hier wird die Terminologie dann doppeldeutig. Bei einer echten Solidbody hat die Korpusmasse einen starken Einfluss auf Ton und Sustain, während der natürliche Klang einer Elektro-Akustik mit normal tiefem Korpus einen großen Einfluss auf den verstärkten Klang hat.

Getreu ihres Namens verkörpert die Semi-Akustik (egal, ob man sie als eher hohl oder eher massiv definiert) eine Art Mischling zwischen beiden Formen. Der Grundgedanke ist, dass die in den Korpus-Hohlräumen entstehende Resonanz zum Gesamtklang der verstärkten Gitarre maßgeblich beiträgt. Eine „unplugged" gespielte Semi sollte also lauter sein als eine Solidbody-E-Gitarre, wenn natürlich auch deutlich leiser als ein vergleichbares vollakustisches Modell mit gänzlich hohlem Korpus. Dies ist allerdings in der Praxis vernachlässigbar, denn mit dem Einsatz eines Verstärkers verschwinden diese minimalen Unterschiede natürlich völlig.

Wesentlich stärkere Beachtung verdienen die erzeugten Obertöne, denn sie können einen wahrnehmbaren Einfluss auf das klangliche Ergebnis haben – obwohl man erwähnen sollte, dass diese Unterschiede bei manchen Gitarren deutlicher ausfallen als bei anderen. Diese akustischen Qualitäten sollen den Klang eher fördern als behindern, aber wie genau solche Vorteile empfunden und eingesetzt werden, hängt vom jeweiligen Musiker ab.

Halbakustische Gitarren haben manchmal einen massiven Holzblock in der Korpusmitte, der in der Explosionszeichnung oben deutlich zu erkennen ist.

Die Rickenbacker 381V69 von 1990 (unten) hat eine dicke gewölbte Decke und hohle akustische Resonanzkammern, die von der Rückseite aus in den massiven Korpus geschnitten werden.

18 DIE GESCHICHTE DER E-GITARRE

Allgemein ausgedrückt verleiht die zusätzliche Resonanz einer Semi-Akustik dem Ton eine zusätzliche Süße und oft auch Weichheit mit wohldefiniertem Bass und relativ unveränderten Höhen.

In den letzten Jahren ist das Konzept der Semi-Akustik deutlich beliebter geworden und die meisten Hersteller haben mindestens eine „luftigere" Alternative im Programm. Für die meisten Musiker beschwört das Wort „Semi" aber Bilder großer, schmaler E-Gitarren herauf, deren Inbegriff die Kreationen der Firma Gibson sind. Beginnend mit der 1955 eingeführten Byrdland war diese Firma die erste, von der die Bequemlichkeit einer Arch-Top-Elektrik mit einem schmaleren Korpus zu haben war. Das Fehlen eines Großteils der Korpustiefe machte die Gitarre wesentlich handlicher, wobei aber die freundliche Vertrautheit des konventionellen Aussehens erhalten blieb. Schnell wurde diese Idee auf weitere schmale Versionen bereits existierender Instrumente ausgedehnt, wie die ES-350T („T" steht für „thinline"), oder die noch schmalere sechsaitige ES-225T. Alle hatten einen einzelnen Cutaway, aber mit ihrer Größe war die 225 wegweisend für innovatives Design.

Semi-Akustik-Gitarren wurden auch als „Thinlines" bezeichnet und es gab zahlreiche Modelle ohne den massiven Holzblock, wie zum Beispiel die Gibson Byrdland (rechts) von 1957, die auch im Katalog abgebildet ist (oben); die Gibson ES-225TDN von 1956 (Mitte) und die 1959er Gibson ES-330 (ganz rechts).

Das E-Gitarren-Handbuch

DIE GESCHICHTE DER E-GITARRE

1958 stellte die Firma die ES-335TD vor, die einen Korpus mit neuartigem doppelten Cutaway und einen massiven Korpusblock hatte. Gibson argumentierte richtig, dass der Korpusblock die Resonanzen des Korpus verringere und dadurch sowohl die Anfälligkeit für Feedback reduziere als auch das Sustain verlängere. Das Resultat war sicherlich deutlich weniger anfällig für das fürchterliche Heulen, und obwohl es nicht so rückkopplungssicher war wie eine Solidbody, war es auf jeden Fall eine deutliche Verbesserung und bot obendrein etwas vom schärferen Attack und längeren Sustain, für das die Solidbody-Gitarren langsam beliebt wurden. Gibson nutzte diesen Vorteil beinahe sofort aus, indem sie zusammen mit der luxuriöseren ES-355TD und ES-345TD eine komplette Produktlinie Semi-Akustiks mit schmalem Korpus schufen.

Zeitgleich wurde die ähnlich gestylte, aber völlig hohle ES-330TD vorgestellt, während die Schwestermarke Epiphone mit entsprechenden Äquivalenten wie der Riviera, der Sheraton und der Casino aufwartete. Die Popularität von Gibsons Gitarrenquartett mit doppelten Cutaways zwang die meisten Konkurrenten bald zur Überarbeitung ihrer eigenen Produktlinien. Die Verschlankungsbehandlung Gibsons war weltweit bereits von vielen Herstellern übernommen worden und der Einfluss der Firma auf das Gitarrendesign wurde künftig noch stärker.

Die Kataloge von Gibson und Harmony (oben) werben für die Thinline-Semi-Akustiks der beiden Hersteller.

Epiphone stellte Semi-Akustiks ohne zentralen Korpusblock her, zum Beispiel die Sheraton E212TN von 1962 (ganz links) und die Supernova von 1997 (Mitte). Gibson hatte eine Produktfamilie beliebter Semi-Akustiks im Programm, von denen die meisten einen zentralen Korpusblock hatten, unter anderem diese frühe ES-335 aus dem Jahr 1959.

Das E-Gitarren-Handbuch

DIE GESCHICHTE DER E-GITARRE

Zahlreiche Hersteller entwickelten Design-Varianten der Semi-Akustik. Die unten abgebildete Kay Jazz II stammt aus dem Katalog von 1962. Harmony stellte 1964 das Modell H77 her (oben).
Die Gretsch Viking ist von 1967 (Mitte) und Guild produziert das Modell Starfire bis heute (ganz rechts); hier ist die Mark IV Reissue von 2000 abgebildet.

Gretsch, Guild und Harmony gehörten zu den vielen amerikanischen Herstellern, die sich mehr oder weniger stark für den doppelten Cutaway einsetzten und dabei gewöhnlich das grundlegende Design um ihre eigene Komponente erweiterten.

Überraschenderweise erkannte anfangs außer Gibson niemand die Vorteile des massiven Korpusblocks, obwohl Gretsch in dem Bemühen, Rückkopplungen zu reduzieren, für eine Weile die F-Löcher einiger Semis entfernte. Gibsons Doppel-Cutaway-Konzept wurde dagegen von zahlreichen Herstellern in vielen Ländern aufgegriffen und nahezu alle europäischen Hersteller hatten eigene Interpretationen dieser Idee im Angebot.

Aber wiederum wurden die konstruktiven Aspekte zugunsten eines vollständig hohlen Korpus ignoriert; diese Einstellung änderte sich allerdings in den nächsten beiden Jahrzehnten, als die praktischen Vorteile sich herausstellten. Die Japaner kopierten sowohl das Aussehen als auch die Konstruktionsmethoden für ihre höherwertigen Kopien der Gibson-Originale. Auch als einige der asiatischen Hersteller eigene, originellere Designs entwickelten, wurden diese Konstruktionstechniken beibehalten und die besseren Semis von Marken wie Aria, Ibanez und Yamaha machten guten Gebrauch von Gibsons bahnbrechenden Entwicklungen.

Neuerdings folgen die Hersteller dem altbewährten Doppel-Cutaway-Design nicht mehr ganz so sklavisch, wobei vor allem Paul Reed Smith zumindet optisch mit der Tradition gebrochen hat, indem er neue Konstruktionsprinzipien für Semi-Akustiks auf seine bekannten Gitarrendesigns mit unsymmetrischen Cutaways angewendet hat.

Unabhängig vom Preis wird bei den meisten Semi-Akustiks für die Decke und den Boden laminiertes Holz verwendet, weil es sich besonders gut für die eingesetzten Herstellungsverfahren eignet. Das ist genau entgegengesetzt zu Solidbodies, bei denen die Verwendung von Sperrholz ein sicheres Zeichen für kostensparende Produktion ist. Die Auswahl einiger Hardware-Komponenten ist vom inneren Aufbau der Gitarre abhängig, und so kann man häufig aus der verwendeten Brücke und dem Saitenhalter Rückschlüsse auf die tatsächlich bei einer Semi-Akustik verwendete Holzmenge ziehen.

Das E-Gitarren-Handbuch

Eine schwebende Brücke deutet auf einen vollständig hohlen Korpus hin, der keinerlei Befestigungsmöglichkeiten bietet, genauso wie ein Trapez-Saitenhalter oder ein an der unteren Zarge befestigtes Vibrato. Bei Instrumenten, die einen Korpusblock irgendeiner Art enthalten, wird dieser meist als Befestigungspunkt für solide verankerte Hardware wie beispielsweise die Brückenstützen oder ein Stud-Tailpiece genutzt.

Eine teil-massive Solidbody kann ähnliche klangliche Eigenschaften haben wie eine Semi-Akustik, obwohl einer der Hauptgründe für den teilweise ausgehöhlten Korpus die Gewichtsreduktion ist. Seit ihrer Erfindung wurde die Solidbody-E-Gitarre von Musikern und sogar einigen Herstellern aufgrund ihres Gewichts kritisiert. Vor diesem Hintergrund haben viele von Gibsons und Fenders Konkurrenten versucht, ihre Gitarren zu erleichtern, wobei besonders die Instrumente von G&L und Tom Anderson Guitarworks für ihren ausgehöhlten Korpus bekannt geworden sind.

Es gibt eine untere Gewichtsgrenze für Holz, das noch im Gitarrenbau verwendet werden kann, und die offensichtliche Lösung dieses Problems sind Hohlräume im Korpus. Es ist erstaunlich, wie viele Hersteller diesen Ansatz im Laufe der Jahre verfolgt haben, und ohne irgendwelche Schall-Löcher, die auf Hohlräume hinweisen, maskieren sich diese Gitarren erfolgreich als Solidbodies, wobei das Marketing oft nicht viel tut, um diesen Eindruck zu korrigieren. Frühe als „Solids" vermarktete Gitarren berühmter US-Marken wie Gretsch, Guild, Harmony, Kay und Rickenbacker waren in unterschiedlichem Maße hohl, um Gewicht einzusparen und sich so von den schwereren Fenders und Gibsons vorteilhaft abzuheben, aber natürlich änderte das auch den Ton und das Sustain.

Andere große Firmen priesen das Wegfräsen von ein wenig Holz aus einem vollmassiven Korpus – Fenders Telecaster Thinline ist das wohl bekannteste Beispiel – als Variation eines bewährten Modells an, um Musiker anzusprechen, die nur einen kleinen klanglichen Schritt in Richtung Semi-Akustik gehen wollten.

Verallgemeinert gesagt, eignet sich eine Semi für Musiker, die in ihrem verstärkten Sound etwas mehr vom akustischen Klang der Gitarre haben wollen. Natürlich führt das manchmal zu unerwünschten Nebenwirkungen – wie Rückkopplungen, oder „matschiger" Sound – aber viele Gitarristen sind bereit, alle eventuellen Nachteile zu beseitigen oder auch zu übersehen, wenn sie im Gegenzug die klangliche Alternative einer guten Semi zur Verfügung haben.

HYBRID-DESIGNS

Während die große Mehrzahl der Gitarristen wahrscheinlich der Meinung ist, dass die E-Gitarre ungefähr so weit entwickelt ist, wie nötig – oder möglich – gibt es immer den einen Andersdenkenden, der etwas mehr aus seinem Instrument herausholen möchte. Diese Sorte Musiker inspiriert die Entwickler, nach unerforschten Klängen, ungewöhnlichen Kombinationen, radikal neuen Features oder einem ganz neuen Feeling zu suchen; stets mit dem Blick auf den musikalischen Horizont.

Manche Semi-Akustiks sehen wie Solidbody-Gitarren aus, so wie diese Gretsch Country Roc von 1974 (unten links). PRS entwarf seine Hollow-Body-Reihe 1998; die McCarty Hollowbody II (unten rechts) hat eine geschnitzte gemaserte Ahorndecke.

DIE GESCHICHTE DER E-GITARRE

Sogenannte „Hybrid"-Gitarren kombinieren üblicherweise mehrere unterschiedliche Klangerzeugungsarten, um so völlig neue Klänge und ein ganz neues Spielgefühl zu erreichen. Das ist mehr, als den altbekannten Formeln nur ein neues Aussehen zu geben, wie es beispielsweise Steinberger mit der Gitarre ohne Kopfplatte oder Floyd Rose mit dem Locking Vibrato getan haben. Typischerweise findet diese akustische Mischung in der gemeinsamen Verwendung von traditionellen magnetischen und Piezo-Toabnehmern auf derselben Gitarre, oder als traditionelle E-Gitarre, aber mit MIDI/Synth-Schnittstelle, oder einfach als Instrument mit Aussehen und Spielbarkeit einer Solidbody, aber mit rückkopplungsfreiem akustischen Klang, ihren Ausdruck. Viele Hersteller verwenden diese futuristische Klangschablone für ungewöhnliches Aussehen und radikal überdachte Features. Das Ergebnis ist eine stetig wachsende Zahl von Marken und Modellen, die sich jeder Kategorisierung entziehen.

„Ich hasse die Bezeichnung ‚Hybrid'", sagt Ken Parker, der Parker Guitars zusammen mit dem Elektronik-Experten Larry Fishman gegründet hat. „Ich baue einfach die bestmögliche E-Gitarre, die ich bauen kann." Obwohl also der Mann hinter dem wohl bekanntesten Vertreter dieser Gitarrenart Bedenken gegen genau diese Bezeichnung äußert, ist es ein Begriff, mit dem die Massen etwas verbinden können. Es gibt allerdings wenig Zweifel, dass andere Visionäre der Branche Parkers einfache Zielsetzung teilen: „Der Zweck meiner Gitarren ist es, den Gitarrenklang zu verbessern."

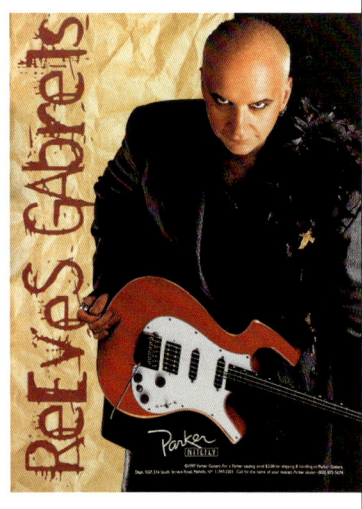

Einige der neuen Hybrid-Gitarren haben sowohl magnetische als auch Piezo-Tonabnehmer wie die Parker-Gitarren, deren Anzeige oben abgebildet ist. Der Fender-Katalog von 1996 kündigt eine Produktlinie von Nylonsaiten-Gitarren mit sechsteiligen Piezopickups im Steg an (oben rechts).

Die Tom Anderson Guitarworks Hollow Drop Top von 1989 (rechts) verfügt über Resonanzkammern im Korpus. Die 1999er Brian Moore MC1 (ganz rechts) hat einen halbhohlen Korpus aus einem Verbundwerkstoff mit einem massiven Zentralblock und einer Decke aus Holz.

Das E-Gitarren-Handbuch

DIE GESCHICHTE DER E-GITARRE | 23

Durch die Kombinationsmöglichkeit traditioneller akustischer und elektrischer Sounds – alle über das persönliche Lieblings-Setup mit Effekten und Verstärker gespielt – bietet die piezo/magnetische Hybrid-Gitarre nahezu grenzenlose Klangfarben zwischen den bisher voneinander getrennten Klangwelten der Gitarre. Zusätzlich kann unmittelbar zwischen den beiden Klängen gewechselt werden, ein wahrer Segen für jeden Live-Musiker, der sich früher zum Beispiel damit herumschlagen musste, eine dramatische Solo-E-Gitarre in eine ansonsten sanfte Akustikballade reinzuquetschen. Neben Parker haben auch Hersteller wie Godin, Ernie Ball/Music Man, Babicz und einige andere die Flagge der durch die Kombination von magnetischen mit Piezo-Tonabnehmern erweiterten Klangmöglichkeiten gehisst.

Wenn man nun noch eine Synthesizer-Schnittstelle hinzufügt, werden die klanglichen Möglichkeiten endlos, obwohl Gitarrensynthesizer auch mit dem verbesserten Tracking und der besseren Tonhöhenerkennung neuerer Geräte ein selten benutztes musikalisches Hilfsmittel geblieben sind.

Wie auch immer die Hardware im einzelnen aussehen mag, die Liste der prominenten Benutzer dieser neuen Gitarrenart wächst ständig, von Red-Hot-Chili-Pepper- und Jane's-Addiction-Gitarrist Dave Navarro bis zu Reeves Gabrels, dem Gitaristen von David Bowie. Diese Zukunft hat gerade erst begonnen, Konturen anzunehmen.

Die Godin LG-XT von 1998 (ganz links) und die 1997er Parker Fly Artist (Mitte) kombinierten traditionelle magnetische Tonabnehmer mit Piezopickups, die einen akustischeren Klang erzeugen.
Music Man bot magnetische Tonabnehmer oder Piezopickups als Option für die Axis Super Sport Modelle von 2000 an (rechts).

Das E-Gitarren-Handbuch

Teil 1

- **Die Gitarre**
- **Die Grundlagen**
- **Gegriffene Töne**
- **Die hohen Saiten**
- **Die tiefen Saiten**
- **Tonleitern und Tonarten**
- **Rhythmusgitarre**

Die Gitarre

Sieh dir die Einzelteile der E-Gitarre auf der nächsten Seite genau an. Dann findest du dich direkt zurecht, wenn wir anfangen, ein bisschen Musik zu machen.

DIE HÄNDE

Die meisten Gitarristen greifen die Saiten mit der linken Hand auf dem Griffbrett und schlagen sie mit der rechten Hand in der Nähe des Steges an. Aus Rücksicht auf Linkshänder (die es häufig genau umgekehrt machen) sprechen wir in diesem Buch von der Anschlags- und der Greifhand. Wenn du Linkshänder bist und noch keine Linkshänder-Gitarre angeschafft hast, könntest du dir überlegen, rechtshändig spielen zu lernen. Letzten Endes gibt es weder eine linkshändige Violine, noch eine linkshändige Flöte oder gar ein linkshändiges Klavier. Es gibt also keinen Grund, warum eine Hand grundsätzlich die bessere Anschlagshand sein sollte. Der Hauptvorteil des rechtshändigen Spielens ist die größere Instrumentenauswahl. Wenn du Fortschritte machst und ein besseres Instrument anschaffen willst, hat ein rechtshändiger Gitarrist wesentlich mehr Auswahl. Außerdem wirst du jede beliebige Gitarre sofort spielen können, als wäre es deine eigene – ein Luxus, den Gitarristen, die eine linkshändige Gitarre spielen, aufgeben müssen.

SPIELEN IM STEHEN

Wenn du im Stehen spielst, ist es wichtig, das Gewicht der Gitarre auf deine Schultern und den Rücken zu verteilen. Du benötigst auf jeden Fall einen hochwertigen verstellbaren Gitarrengurt; am besten einen, der nicht verrutscht. Stell deinen Gurt nicht zu lang ein; als einfache Faustregel sollte das Handgelenk deiner Greifhand nicht höher sein als der dazugehörende Ellenbogen. Weil Gitarrengurte irgendwie immer für Giganten gedacht zu sein scheinen, kann das zum Problem werden. Achte vor dem Kauf darauf.

SPIELEN IM SITZEN

Sitzend üben ist weniger anstrengend als stehend und wird dir die Menge an Übungsstunden ermöglichen, die man braucht, um ein Superheld zu werden. Ich empfehle das Üben im Sitzen. Auch hier ist die Verwendung eines Gitarrengurtes (um den Gitarrenhals in der richtigen Position zu halten) eine gute Idee. Ein Winkel von etwa 45° ist ideal. Auf keinen Fall sollte der Hals unter die Horizontale sinken; die Gitarre ist mit zu tiefem Hals nicht nur extrem schwer zu spielen, sondern du riskierst auch noch Verletzungen bei dem Versuch, deine Hände in die richtige Position zu bringen.

DAS PLEKTRUM

Alle Beispiele in diesem Buch sind für die sechssaitige, mit dem Plektrum gespielte Standard-E-Gitarre gedacht. Der weitaus größte Teil der Beispiele kann auch auf einer Stahlsaiten-Akustik oder sogar einer Konzertgitarre mit Nylonsaiten und Fingerpicking-Technik (also mit dem Daumen und den Fingern der Anschlagshand anstelle des Plektrums) gespielt werden, wenn gewünscht.

1998 FENDER RELIC 60ER STRATOCASTER
in Daphne Blue

Die Fender Stratocaster wurde 1954 vorgestellt und ist bis heute für viele Profi- und Amateurmusiker die erste Wahl bei der Solidbody-E-Gitarre geblieben. Diese Gitarre aus der „Relic Serie" ist die jüngere originalgetreue Kopie eines klassischen Modells der 60er Jahre. Die Originale aus dieser Zeit halten viele für zu wertvoll, um sie auf Tour mitzunehmen; was gerade diese Serie zu einer beliebten und bezahlbaren Alternative für Gitarristen macht.

1 STIMM-MECHANIKEN (WIRBEL) zur Befestigung der Saite und zum Stimmen. Bei dieser Gitarre befinden sich die sechs Mechaniken auf derselben Seite der Kopfplatte, diese Anordnung heißt auch Six-A-Side.

2 STRING TREE oder Saitenniederhalter. Erhöht den Winkel, in dem die B- und die E-Saite über den Sattel geführt werden. Gitarren mit angewinkelter Kopfplatte benötigen keinen string tree.

3 SATTEL Der Sattel sorgt für den richtigen Abstand der Saiten zueinander und zum Griffbrett und damit für die bestmögliche Bespielbarkeit.

4 HALS Diese Gitarre hat einen Ahorn-Hals mit Palisander-Griffbrett. Das Griffbrett wird über einen in den Hals gefrästen Schlitz geleimt, der den verstellbaren Halsstab aus Metall aufnimmt. Andere Hölzer für das Griffbrett sind z. B. Ahorn und Ebenholz.

5 BUNDSTÄBCHEN können aus unterschiedlichem Material bestehen. In diesem Fall ist es eine strapazierfähige Nickel/Silber-Legierung. Die Anzahl der Bünde variiert, aber meistens sind es entweder 22 oder 24.

6 SAITEN meistens aus Nickel, wobei die drei tiefen Saiten einen mit Nickel umsponnenen Stahlkern haben. Manche Saiten sind aus rostfreiem Stahl oder vernickelt. Es gibt Saiten in vielen verschiedenen Stärken.

7 POSITIONSMARKIERUNGEN Diese Einlagen dienen zur besseren Orientierung auf dem Griffbrett. Hier sind es einfache Punkte, aber es gibt auch andere Formen. Meistens bestehen sie aus Perlmutt oder einem ähnlichen Material.

8 HALSPLATTE auf der Korpus-Rückseite, an der Stelle, wo Hals und Korpus miteinander verschraubt sind. Durch diese Metallplatte verlaufen die vier Befestigungsschrauben des Halses. Oft ist die Seriennummer des Instruments in diese Platte eingestanzt. Diese Form der Halsbefestigung haben nur Gitarren mit verschraubtem, nicht mit durchgehendem oder verleimtem Hals.

9 KORPUS Es gibt zahllose Materialien für Solidbody-Gitarren. Der Korpus dieser Gitarre besteht aus Erle mit vorgefrästen Löchern für Tonabnehmer, Verdrahtung und Regler. Die Ausfräsung für den Hals heißt Halstasche (neck pocket).

10 PICKGUARD, auch Scratchplate genannt. Schützt den Korpus vor dem Plektrum und bedeckt die Fräsungen für die Elektronik. Pickguards sind normalerweise aus Plastik und manchmal in kontrastierenden Farben mehrteilig laminiert.

11 TONABNEHMER Der Tonabnehmer-Wahlschalter verändert den Klang der Gitarre; alle Tonabnehmer klingen aufgrund ihrer Position unterschiedlich. Ein Steg-Tonabnehmer klingt hell und höhenbetont, weil in Stegnähe die Saitenschwingung relativ klein und die Saite sehr straff gespannt ist. Ein Hals-Tonabnehmer klingt voll und rund, weil die größere Saitenschwingung an dieser Stelle die tieferen Frequenzen betont. Viele der Übungen sind um einen Tonabnehmer-Vorschlag ergänzt.

12 REGLER Mit dem Lautstärke-Regler wird eingestellt, wieviel Gitarrensignal an den Verstärker geht. E-Gitarren klingen gewöhnlich am besten, wenn dieser Regler auf Maximum steht. Die Klangregler der meisten Gitarren beschneiden die Höhen nur und sind deshalb ebenfalls am besten voll aufgedreht.

13 VIBRATO manchmal auch Tremolo genannt. Eine Stegkonstruktion, mit der die Tonhöhe der Saiten durch einen Hebel verändert werden kann. In diesem Fall ein mit Zugfedern versehener Block im Korpus, der die Saiten auf normale Tonhöhe zurückbringt.

14 LACK Der Korpus ist hochglanzlackiert. Diese Strat aus Fenders „Relic-Serie" ist bereits ab Werk künstlich gealtert, damit sie wie ein altes Instrument aussieht.

DAS STIMMEN

Lass uns mit dem Stimmen der Gitarre beginnen. Auf der CD findest du die Stimmtöne (Track 1), aber es ist besser, wenn du dir ein elektronisches Stimmgerät anschaffst. Stimmgeräte gibt es in allen Formen und Größen. Sie sind nicht teuer, und es gibt sogar welche, die man an der Gitarre befestigt und die ohne Kabel funktionieren, was für akustische Gitarren großartig ist. Die meisten modernen Stimmgeräte erkennen automatisch, welche Saite du gerade stimmst, und zeigen mit verschiedenen Leuchten oder einem Zeiger an, ob die Saite zu hoch oder zu tief gestimmt ist. Folge jeder Saite zu ihrer Stimm-Mechanik, damit du am richtigen Wirbel drehst – und in die richtige Richtung, um höher oder tiefer zu stimmen. In diesem Stadium ist das eigentliche Spielen wichtiger als das Stimmen, also verwende nicht zuviel Zeit darauf, absolut perfekt zu stimmen. Stimme deine Gitarre jeden Tag ein paar Minuten und fange dann mit dem Üben an. Du wirst im genauen Stimmen immer besser werden, je länger du Gitarre spielst. Wenn dein elektronisches Stimmgerät merkwürdige Werte anzeigt, ist das ein Zeichen, dass die Batterien gewechselt werden müssen.

DIE GRUNDLAGEN

Lass uns damit anfangen, wie man Gitarrenmusik aufschreibt. Sieh dir dazu das Beispiel unten an.

ÜBUNG 1, CD-TRACK 2 / Die Töne der Leersaiten

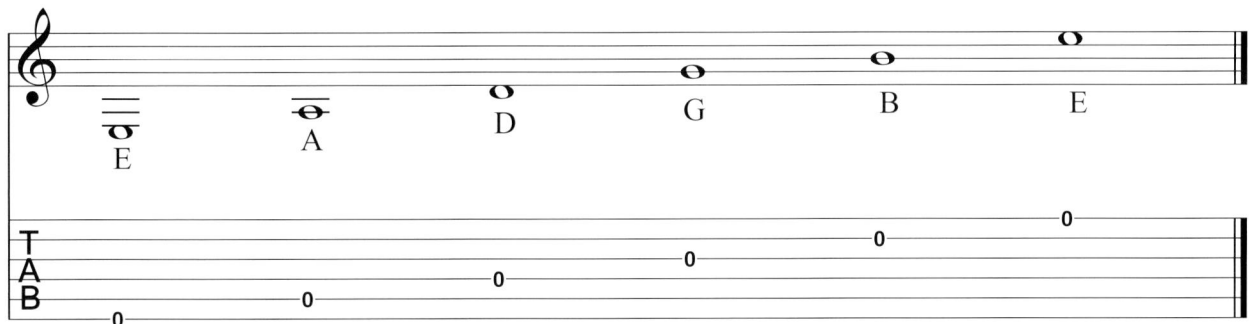

Musik wird in einem Notensystem aufgeschrieben (oder notiert). Im Beispiel hat das obere System fünf Linien und wird für die normale Notation von Musik verwendet. Die Töne können auf den Linien oder in den Zwischenräumen notiert werden und Töne, die über das Notensystem hinausgehen, werden auf zusätzlichen kurzen Linien notiert, den sogenannten Hilfslinien. Die sechs hier notierten Töne sind die Leersaiten der Gitarre – die sechs Töne, die eine Gitarre ohne zu greifen erzeugt. Von der am tiefsten klingenden Saite bis zur höchsten Saite sind dies die Töne E A D G B (deutsch: H) E. Das ist am Anfang schwer zu behalten, aber als Eselsbrücke kann man sich mit einem Satz wie „Ein Anfänger Der Gitarre Hat Eifer" behelfen, bei dem der Anfangsbuchstabe jedes Wortes eine Saite der Gitarre angibt. Am Anfang der Notenzeile steht ein sogenannter Notenschlüssel; in diesem Fall ein Violinschlüssel oder G-Schlüssel, der die Lage des Tones G auf der zweiten Linie von unten festlegt.

TEIL 1 ABSCHNITT 1

Spreche für den Anfang jedesmal, wenn du die Leersaite mit einem Abschlag des Plektrums anspielst, laut den Namen des entsprechenden Tones: E-A-D-G-B-E.

Versuche dann, mit der CD mitzuspielen. Der CD-Track beginnt mit vier Klicks, die dir zeigen, wann du einsetzen sollst und jeder Ton dauert vier Klicks. Die Klicks laufen im Hintergrund weiter und du solltest sie folgendermaßen zählen: „eins – zwei – drei – vier." Das macht dich mit der Idee des „Pulsschlags" vertraut – der konstante rhythmische Hintergrund, der nahezu jeder Form von Musik zugrundeliegt.

Das untere Notensystem hat sechs Linien und funktioniert auf eine gänzlich andere Art. Die Abkürzung „Tab" an seinem Anfang bedeutet Tabulatur; in einer Tabulatur repräsentiert jede Linie eine der Gitarrensaiten. Die unterste Linie entspricht der dicksten, am tiefsten klingenden Saite. Denke daran, dass tiefe Töne im Notensystem unten stehen und hohe Töne oben. In der Tabulatur wird eine Leersaite mit einer auf der Linie notierten Null angegeben. Wenn ein Ton auf einem bestimmten Bund gegriffen werden soll, wird dieser Bund als Zahl auf der Linie der betreffenden Saite angegeben.

■ THEORIE

Die Saiten sind nicht nur nach Buchstaben des Alphabets benannt, sondern auch nummeriert. Die hohe E-Saite wird auch als 1. Saite bezeichnet, die B-Saite (deutsch: H-Saite) als 2. Saite, und so weiter bis zur 6. Saite, der tiefen E-Saite.

■ THEORIE

Für die Namen der Töne werden nur die ersten sieben Buchstaben des Alphabets verwendet: A B C D E F G. Ganz eindeutig gibt es auf der Gitarre allerdings mehr als sieben Töne, deshalb fangen wir nach dem G einfach wieder mit A von vorne an. Wir werden uns später ausführlicher mit diesem Thema befassen.

ÜBUNG 2, CD-TRACK 3 / Zählzeiten

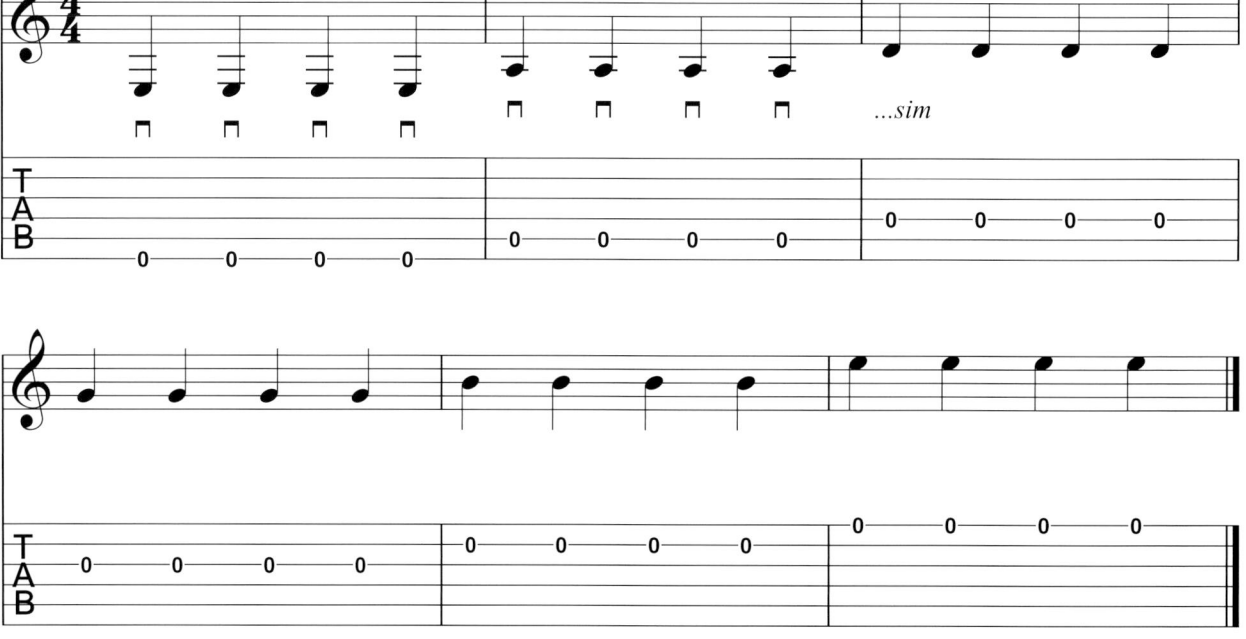

Das E-Gitarren-Handbuch

Höre CD-Track 3 an und sieh dir Übung 2 an (gegenüberliegende Seite). Am Anfang hörst du vier gleichmäßige Klicks. Jeder dieser Klicks ist ein Taktschlag und würde in der Notenschrift mit dem folgenden Zeichen, einer Viertelnote, aufgeschrieben werden:

Alle Musiker müssen die Taktschläge anfangs mitzählen. In diesem Fall würde man „eins – zwei – drei – vier" zählen, und wenn du dir die Noten ansiehst, wirst du bemerken, dass sie durch vertikale Linien, die Taktstriche, in Vierergruppen eingeteilt werden. Diese Gruppen weden auch Takte genannt. Hier handelt es sich um genau sechs Takte Musik.

Nachdem du die ersten vier Klicks (den sogenannten „Einzähler") ohne zu spielen mitgezählt hast, spielst du jede Leersaite viermal. Achte auf das folgende Zeichen, das dir als Anschlagsrichtung den Abschlag vorgibt:

⊓

Die umgekehrte Anschlagsrichtung, der Aufschlag, wird so angegeben:

∨

Für den Anfang werden wir nur Abschläge verwenden. Die Angabe „.... sim." bedeutet „genauso weiterspielen", so muss man nicht mehr Anschlagszeichen notieren als notwendig. Zu Beginn der ersten Notenzeile siehst du das folgende Zeichen:

Das ist die Taktart-Angabe, in diesem Fall 4/4-Takt (gesprochen: Vier-Viertel-Takt) die angibt, dass jeder Takt 4 Viertelnoten enthält. In diesem Fall wussten wir das zwar schon, aber es gibt auch noch weitere Taktarten und die Taktart-Angabe bereitet einen auf das Folgende vor.

■ THEORIE

Wenn man Taktschläge in Gruppen von schwachen und starken Schlägen zusammenfasst, bewegt man sich über den einfachen „Puls" hinaus auf das Gebiet des „Metrums". Ein Puls ist ein regelmäßiger, durchgehender Rhythmus, während ein Metrum einen betonten bzw. lauteren Schlag am Anfang jeder Gruppierung hat. Das häufigste und in der Popmusik meistverwendete Metrum ist das Vierermetrum, aber es kann im Prinzip jede beliebige Anzahl von Taktschlägen in einem Takt vorkommen.

In dem Stück „Open Season" (nächste Seite) spielen wir eine Melodie auf den drei höchsten Saiten der Gitarre. Denke daran: „die höchsten drei" bedeutet „die drei am höchsten klingenden". Außerdem werden einige neue musikalische Zeichen und Aufgaben für die Greifhand vorgestellt. Das folgende Zeichen ist eine sogenannte „Pause", und hat genau dieselbe Dauer wie eine Viertelnote:

PROFI-TIPP

In der Musik ist mit den Bezeichnungen „tief" oder „hoch" immer die Tonhöhe gemeint. Also ist das „tiefe" Ende der Gitarre am Sattel und den ersten Bünden, da wo die tiefsten Töne liegen. Wenn du also liest „einen Bund höher" bedeutet das „einen Bund höher in der Tonhöhe".

Bei den Saiten ist es genauso: deine tiefe E-Saite ist der Zimmerdecke am nächsten und die hohe E-Saite dem Fußboden. Gewöhne dich an diese Bezeichnungen, weil sonst einige der folgenden Erklärungen verwirrend sind. Merke dir einfach, dass sich hoch und tief immer auf die Tonhöhe bezieht.

ÜBUNG 3, **CD-TRACK 4** / „Open Season"

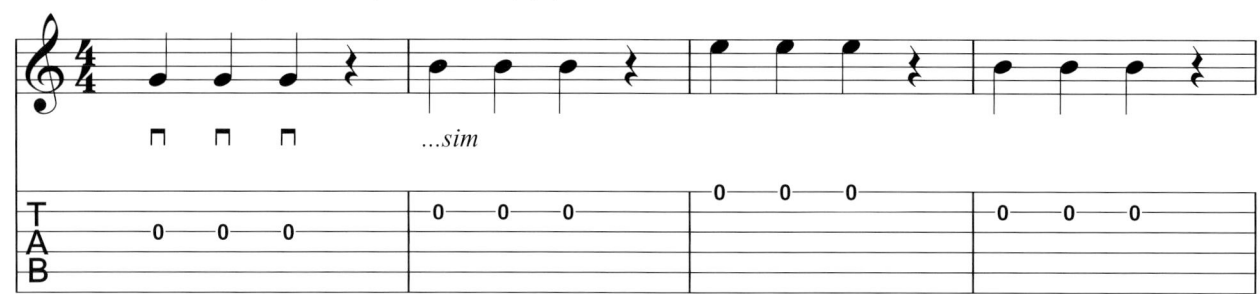

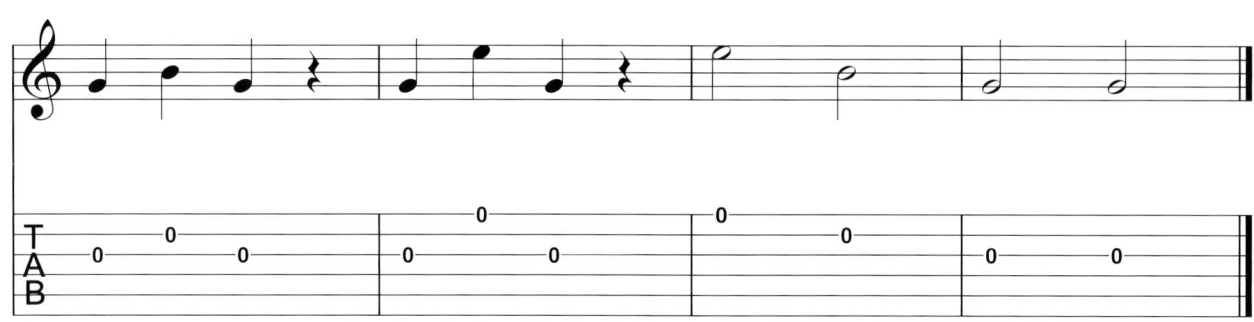

Pause ist der musikalische Ausdruck für Stille. Auf der Gitarre spielt man „Stille" am einfachsten, indem man die Finger der Greifhand flach über alle sechs Saiten legt. Wenn du die Greifhand auf diese Weise zum Dämpfen einsetzt, ist das eine gute Koordinationsübung und eine Vorbereitung auf das Greifen von Tönen auf dem Griffbrett.

In diesem Stück kommt ein neuer Notenwert vor, die halbe Note. Sie dauert zwei Taktschläge:

𝅗𝅥

Die halbe Pause sieht so aus:

Weil auch dieses Stück im 4/4-Takt steht, also 4 Viertelnoten pro Takt enthält, können in einem Takt nicht mehr als zwei halbe Noten vorkommen. Wenn du vier Taktschläge pro Takt zählst (wie du solltest), werden diese Noten auf den Taktschlägen eins und drei gespielt. Der Notenhals kann aufwärts oder abwärts zeigen – es kommt nur auf die Art der Note an.

In der Tabulatur sind nur Nullen angegeben, weil du ausschließlich Leersaiten spielst, während das normale Notensystem dir durch die verschiedenen Notenwerte noch rhythmische Informationen und durch die Lage der Töne im Notensystem noch Informationen über die Tonhöhe gibt. Lies das Stück vor dem Spielen einmal durch und sage die Namen der Töne laut. Die Namen der Töne zu lernen ist eine der beiden elementaren Grundlagen des Notenlesens (die andere ist das Lesen von Rhythmen).

ÜBUNG 4, **CD-TRACK 5** / Die D-Saite

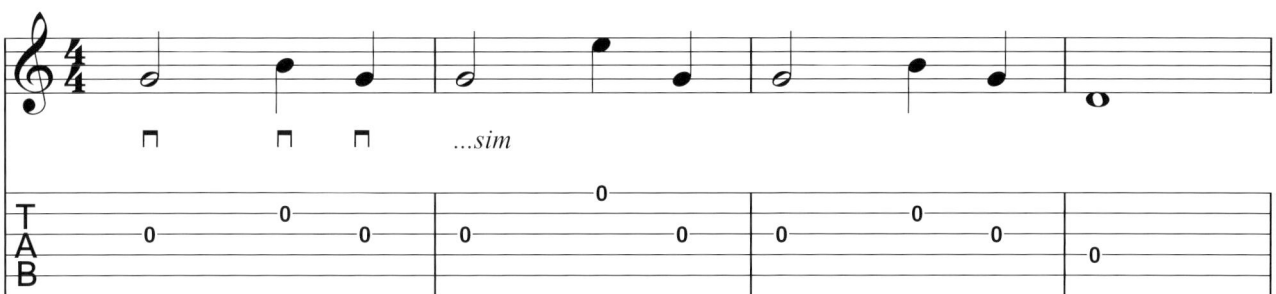

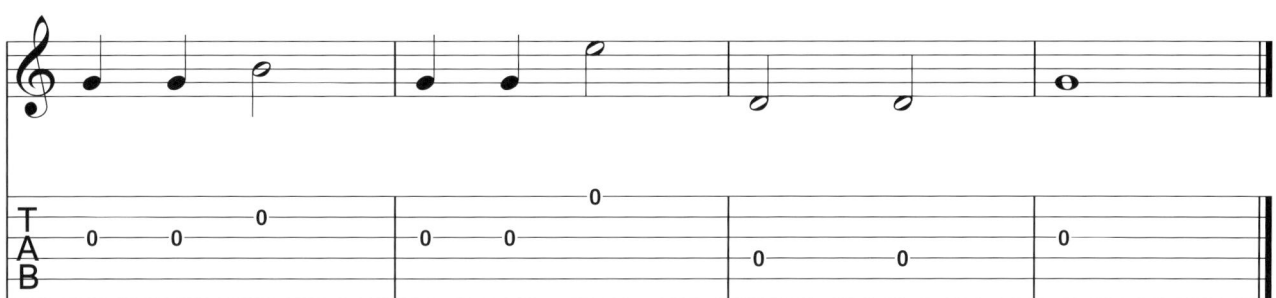

■ THEORIE

Man kann auch in der Tabulatur rhythmische Werte angeben, aber wenn man eine Tabulaturzeile mit einer Notenzeile kombiniert, lässt man die rhythmischen Werte in der Tabulatur normalerweise weg, damit sie nicht unnötig doppelt auftauchen. Lese also am besten die Rhythmik in der Notenzeile und die Töne in der Tabulatur – oder besser noch, verwende ausschließlich die Notenzeile.

Nachdem du jetzt Töne auf den drei höchsten Saiten lesen und spielen kannst, wird es Zeit, eine weitere Saite hinzuzunehmen – die D-Saite. Übung 4 (oben) war außerdem ein kleiner Test für deine Plektrumtechnik (weil du häufiger von einer Saite zu einer anderen springen musstest) und eine Zählübung, weil Viertelnoten und halbe Noten gemeinsam vorkamen. Du solltest immer noch in jedem Takt „eins – zwei – drei – vier" zählen. Der erste Ton im ersten Takt, das G, wird auf der Zählzeit „eins" gespielt; der nächste Ton, das B, wird auf der „drei" gespielt und der letzte Ton, wieder ein G, auf der „vier". Im vierten Takt begegnet dir ein neuer Notenwert, die ganze Note. Sie hat eine Dauer von vier Taktschlägen, füllt also einen kompletten 4/4-Takt und sieht so aus:

Und so sieht eine ganze Pause aus:

Versuche einmal, das Stück durchzuzählen und bei jedem Ton zu klatschen. Wenn du das beherrschst, höre dir die CD an und versuche mitzuspielen.

PROFI-TIPP

Auch hier spielst du nur Abschläge mit dem Plektrum. Versuche einfach einmal, dieses Stück statt mit dem Plektrum mit dem Daumen der Anschlagshand zu spielen. Du wirst feststellen, dass du dafür den Abschlag verwenden musst und dass der Klang der Gitarre anders wird. Du kannst dabei deine übrigen Finger auf der Gitarrendecke abstützen, wenn du möchtest.

Am Ende des Stückes siehst du ein Wiederholungszeichen:

Dieses Zeichen gibt an, dass du zum Anfang des Stückes zurückspringen und das gesamte Stück noch einmal spielen sollst. Auf der CD wird nur die Begleitung wiederholt, so dass du beim zweiten Durchgang die Melodie alleine spielst (ein Solo!).

■ THEORIE

Dir ist wahrscheinlich aufgefallen, dass jedes Musikstück mit einem Schluss-Strich endet (unabhängig davon, ob eine Wiederholung notiert ist oder nicht). Der Schluss-Strich besteht aus einem Taktstrich, gefolgt von einem dickeren Strich (links):

Das Ende eines Abschnittes in einer größeren Komposition wird durch einen doppelten Taktstrich angegeben (rechts).

ÜBUNG 5, CD-TRACK 6 / „The Low Down"

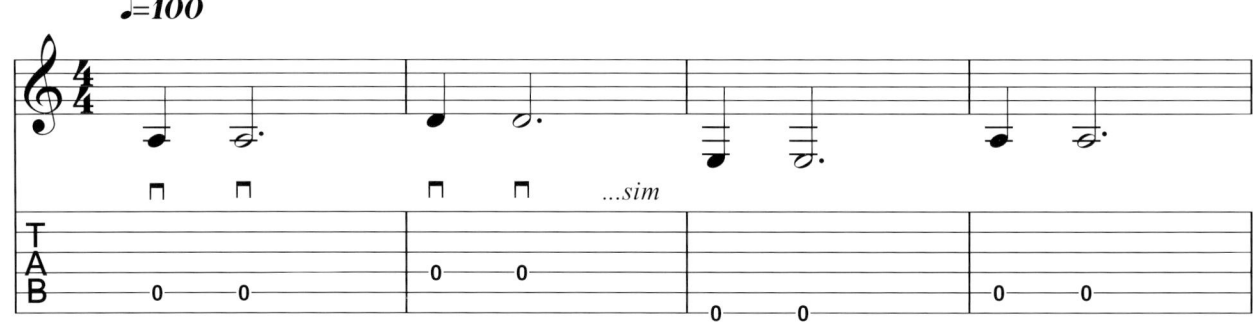

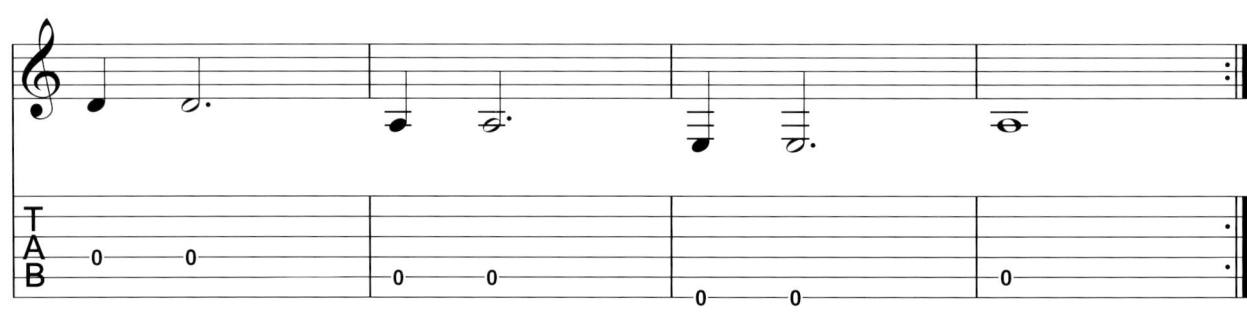

Das E-Gitarren-Handbuch

Du kennst bisher die Viertelnote (die einen Taktschlag dauert), die halbe Note (die zwei Taktschläge dauert) und die ganze Note (die vier Taktschläge dauert). In Übung 5 lernst du die punktierte halbe Note kennen, die drei Taktschläge dauert:

𝅗𝅥.

Jeder Noten- und Pausenwert kann durch einen hinzugefügten Punkt um die Hälfte seiner ursprünglichen Länge verlängert werden. Aus der halben Note (zwei Taktschläge) wird so die punktierte halbe Note (drei Taktschläge). Eine punktierte ganze Note hat eine Dauer von sechs Taktschlägen, aber sie wird dir nur sehr selten begegnen. Eine punktierte Viertelnote hat eine Dauer von anderthalb Taktschlägen (was ein halber Taktschlag ist, darauf werde ich später noch eingehen).

Was die Töne angeht, konzentriert sich dieses Beispiel auf die drei tiefsten Saiten der Gitarre und verwendet wiederum ausschließlich Leersaiten. Zähle alle vier Taktschläge in jedem Takt, aber spiele nur auf den Schlägen 1 und 2, wobei du den zweiten Ton (die punktierte halbe Note) für die Taktzeiten 2, 3 und 4 klingen lässt. Das Stück wird wiederholt, so dass du beim zweiten Durchgang übernehmen kannst.

■ THEORIE

Dir wird vielleicht das folgende Zeichen zu Beginn des Stückes aufgefallen sein:

♩=100

Diese sogenannte Metronom-Angabe gibt die Geschwindigkeit an, in der das Stück gespielt werden soll, in diesem Fall 100 Viertelnoten pro Minute. Diese Angabe wird oft auch in „BPM" (Beats per Minute) gemacht. Wenn du ein Metronom besitzt, kannst du es genau auf diese Geschwindigkeit einstellen.

Damit sind wir bereits am Ende des ersten Abschnitts – Grundlagen – des ersten Teils dieses Buches angelangt. Lass mich kurz wiederholen, womit wir uns befasst haben: die Einzelteile der Gitarre; die richtige Spielhaltung; das Stimmen; Standard-Notation und Tabulatur; Taktart-Angaben; die Namen der Leersaiten und wie man sie notiert; das Zählen von Taktschlägen; Viertelnoten und Viertelpausen; Auf- und Abschlag; halbe Noten und halbe Pausen, ganze Noten und ganze Pausen; Wiederholungszeichen; punktierte Notenwerte und Metronom-Angaben; und wie die Leersaiten im Notensystem notiert werden.

Wenn irgendein Eintrag in dieser Liste dich verwirren sollte, lies den entsprechenden Abschnitt noch einmal durch, dann sollte alles klar werden.

Als nächstes befassen wir uns mit gegriffenen Tönen.

Gegriffene Töne

Nach den Tönen der Leersaiten widmen wir uns jetzt gegriffenen Tönen.

Schlage die höchstklingende Saite deiner Gitarre an (wie du schon weißt, ist das der Ton E) und höre genau hin, wie sie klingt. Greife jetzt mit dem Zeigefinger der Greifhand (für die meisten ist das die linke Hand) diese Saite im 1. Bund. Dabei sollte dein Finger möglichst nahe am Bundstäbchen sein, aber nicht auf dem Bundstäbchen aufliegen. Wenn du die Saite jetzt erneut anschlägst, wirst du hören, dass sich die Tonhöhe geändert hat. Aus dem (offenen) E ist jetzt ein gegriffenes F geworden. Der Daumen der Greifhand sollte auf der Halsrückseite gegenüber dem Griff-Finger liegen und zwischen dem Daumen und der Spitze des Griff-Fingers sollte der Druck gerade hoch genug sein, dass ein klarer Ton entsteht. Deine Schultern, deine Ellenbogen und dein Handgelenk sollten locker sein. Beuge dich nicht über die Gitarre.

Die Finger der Greifhand werden (vom Zeigefinger an) mit den Zahlen 1 bis 4 nummeriert. Die erste Regel für die Greifhand ist es, einen Finger pro Bund zu verwenden. Greife also jetzt einmal mit dem zweiten Finger im 2. Bund, dem dritten Finger im 3. Bund und dem vierten Finger im 4. Bund. Als zweite Regel solltest du ausschließlich die Fingerspitzen zum Greifen verwenden; deine Fingerspitzen zeigen also mehr oder weniger senkrecht auf das Griffbrett (abhängig von Form und Größe deiner Hand gibt es hier leichte Unterschiede, aber das sollte jedenfalls das Ziel sein). Das sind jetzt erstmal genug Regeln – versuche, sie im Kopf zu behalten.

ÜBUNG 6 / Gegriffene Töne auf der 1. Saite

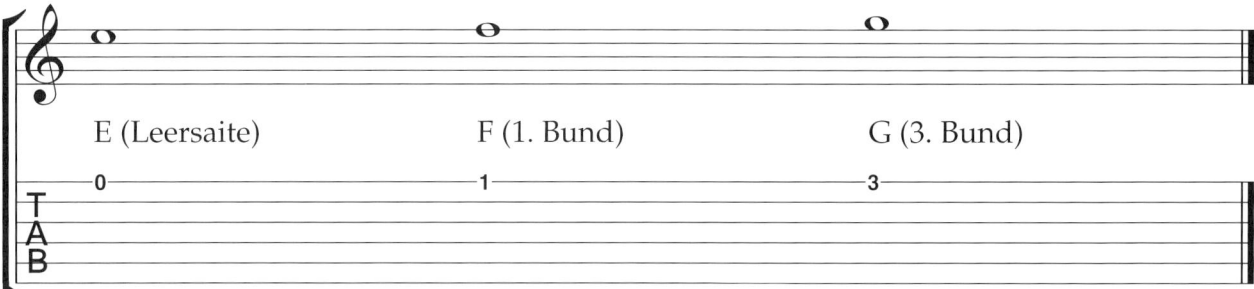

Jetzt lernst du ein paar neue Töne. Du weißt bereits, dass die erste Saite als Leersaite den Ton E ergibt, der im obersten Zwischenraum des Notensystems notiert ist. Wenn du die hohe E-Saite im 1. Bund greifst, ergibt das den Ton F, der auf der obersten Linie des Notensystems notiert ist. Im 3. Bund der hohen E-Saite spielst du den Ton G, der direkt über der obersten Notenlinie notiert ist. Dir wird auffallen, dass bei dem Ton F auf der obersten Linie der Tabulatur eine kleine „1" steht; das ist die Angabe, diese Saite im 1. Bund zu greifen. Unter dem Ton G steht eine „3" in der Tabulatur, das bedeutet, hier wird die hohe E-Saite im 3. Bund gegriffen.

Mit den beiden neuen Tönen wirst du jetzt „First String Thing" spielen. Dieses Stück hat vier Taktschläge pro Takt und verwendet ganze Noten, halbe Noten und Viertelnoten. Die Töne sind ausschließlich E, F oder G; also die Leersaite, der 1. Bund und der 3. Bund der hohen E-Saite. Diesmal wird nichts wiederholt – spiel einfach zur CD mit. Erinnerst du dich noch an die „Ein-Finger-pro Bund"-Regel?

ÜBUNG 7, CD-TRACK 7 / „First String Thing"

Du solltest das F mit dem Zeigefinger (1. Finger) und das G mit dem Ringfinger (3. Finger) greifen. Wenn deine Hände eher klein sind und die Streckung mit dem 3. Finger dir schwerfällt, kannst du in diesem Stadium auch den vierten Finger im 3. Bund verwenden. Sei nicht zu eifrig und spiele erst mit der CD mit, wenn du den Rhythmus mitklatschen kannst, während du laut mitzählst. Lese dann die Notenzeile, wobei du die jeweiligen Tonnamen laut aussprichst. Jetzt solltest du in der Lage sein, dieses Beispiel zur CD mitzuspielen.

■ THEORIE

Dir wird aufgefallen sein, dass es außer dem gegriffenen Ton G auch noch eine Leersaite gibt, die G heißt. Wenn du beide gleichzeitig anspielst und klingen lässt, scheint das höhere G im Klang der leeren G-Saite unterzugehen; die Töne klingen „gleich, aber unterschiedlich". Der Abstand zwischen diesen beiden Tönen heißt Oktave, weil das höhere G der achte Ton (und der achte Tonname) vom tieferen G aus ist. Zwei Töne mit demselben Tonnamen sind dir bei den Namen der Leersaiten bereits einmal begegnet; es gibt zwei E-Saiten, die 6. Saite und die 1. Saite, die in diesem Fall allerdings zwei Oktaven auseinanderliegen.

G	A	B	C	D	E	F	G
1	2	3	4	5	6	7	8

Wir spielen weiter mit den Tönen der ersten Saite, diesmal allerdings in einem Stück in einer anderen Taktart. Übung 8 steht im Dreiviertaltakt (3/4), was bedeutet, dass du in jedem Takt drei Viertelnoten zählst. In dieser Taktart füllt eine punktierte halbe Note einen ganzen Takt. Abgesehen von der ungewohnten Zählweise ist dieses Stück nicht wesentlich schwieriger als das vorige. Du solltest wieder damit anfangen, den Takt laut zu zählen und den Rhythmus mitzuklatschen (denke daran, du zählst nur „eins – zwei – drei" und nicht „vier") und anschließend die Tonnamen laut mitlesen. Wenn du auf diese Art übst, bist du bereits auf dem richtigen Weg, Notenlesen zu lernen.

■ THEORIE

Am Ende dieses Stückes siehst du zweimal den Ton E (als Leersaite gespielt) durch einen geschwungenen Bogen verbunden. Dieser Bogen heißt „Bindebogen" und bedeutet, dass der zweite Ton nicht angeschlagen wird; stattdessen lässt du einfach den ersten länger klingen. Anders ausgedrückt wird der erste Ton um die Dauer des zweiten verlängert, in diesem Fall zu einem sechs Taktschläge andauernden langen Ton. Ein Bindebogen ist nützlich, weil er die einzige Methode ist, einen Ton zu notieren, der länger als einen Takt andauert. Wie du später sehen wirst, kann man einen Bindebogen auch mitten im Takt verwenden. Beachte, dass das zweite E in der Tabulatur nicht notiert ist, weil es nicht angeschlagen wird.

PROFI-TIPP
Spielst du „legato"?
Die italienische Bezeichnung legato bedeutet „gebunden", und in der Musik ist damit gemeint, dass es zwischen zwei Tönen keine hörbare Pause gibt. Man kann so damit beschäftigt sein, den richtigen Ton im richtigen Moment zu spielen, dass man darüber vergisst, darauf zu achten, wie lang er klingen soll. Spiele also immer gebundene (legato), keine getrennten Töne (das heißt staccato).

ÜBUNG 8, **CD-TRACK 8** / Der 3/4-Takt

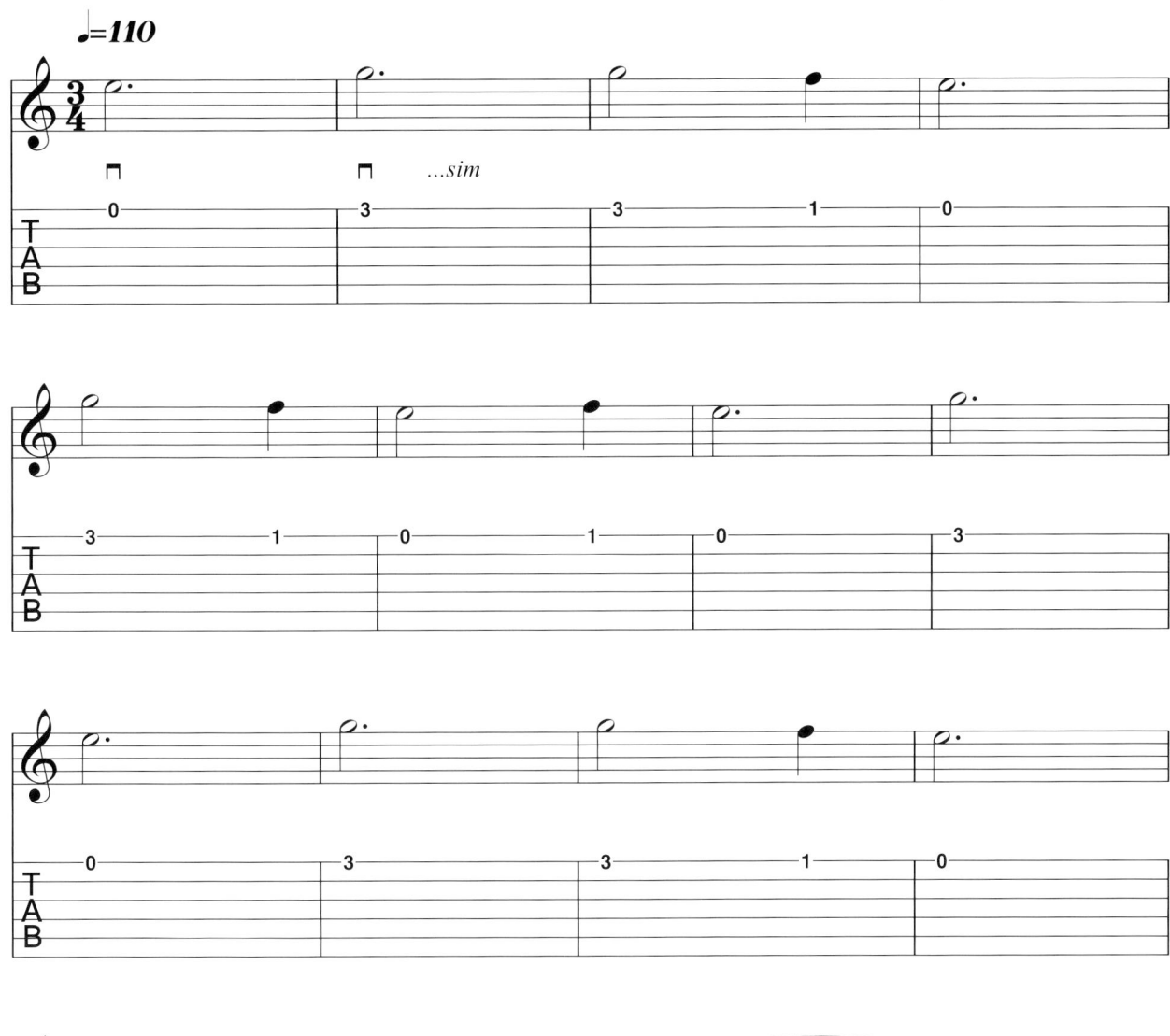

Und jetzt ein paar neue Tonnamen. Ich habe dir bereits erklärt, dass die Töne ihre Namen nach den ersten sieben Buchstaben des Alphabets erhalten. Die Buchstaben ABC-DEFG entsprechen dabei den weißen Tasten des Klaviers. Wenn du dir die Klaviertastatur ansiehst, werden dir zwischen den meisten weißen Tasten noch schwarze Tasten auffallen. Diese Tasten entsprechen den mit B und Kreuz erniedrigten bzw. erhöhten Tönen.

Dies ist das Zeichen für das B: ♭

Das Zeichen für das Kreuz sieht so aus: ♯

In dieser Grafik siehst du die Tonnamen mit B und Kreuz innerhalb einer Oktave auf der Klaviertastatur. In allen anderen Oktaven sind die Tonnamen dieselben.

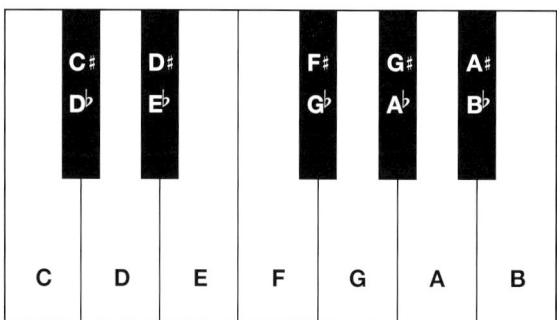

Wir haben nur aufgrund musikalischer Konventionen mit dem Ton C begonnen; tatsächlich hätte man diese Reihe mit jedem beliebigen Ton anfangen können. Beachte, dass es nicht zu jeder weißen Taste eine schwarze gibt; es gibt keine schwarze Taste zwischen B und C, und auch keine zwischen E und F. Darum ist nach der leeren E-Saite der nächste Ton aufwärts direkt das F (1. Bund), während F und G zwei Bünde auseinanderliegen, so dass dazwischen noch Platz für das Fis im 2. Bund ist.

Du weißt jetzt, dass die Tonnamen A bis G den weißen Tasten der Klaviertastatur entsprechen und die Tonnamen mit Kreuz oder B den schwarzen Tasten. Lass uns jetzt diese Töne auf der Gitarre suchen.

Du kennst bereits die Töne E, F und G auf der 1. Saite. Das F greifst du auf dem 1. Bund, das G auf dem 3. Bund. Das Fis (F♯) oder Ges (G♭) findest du auf dem 2. Bund, wie du in dem Beispiel sehen kannst.

ÜBUNG 9 / Das Fis

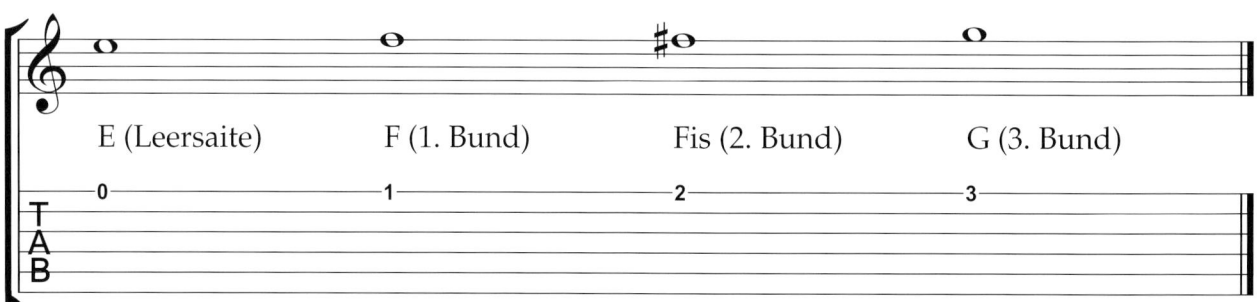

Für den Anfang nennen wir unseren neuen Ton Fis, aber gewöhne dich bereits an die Vorstellung, dass ein Ton zwei unterschiedliche Namen tragen kann.

■ THEORIE
Ein Kreuz oder B im Verlauf eines Stückes wird als „Akzidenz" bezeichnet.

Als nächstes spielst du „Blues One". In diesem Stück kommt zusätzlich zu den anderen Tönen, die du auf der hohen E-Saite gelernt hast, das Fis vor. Außerdem werden wir auch die leere B-Saite verwenden. Weißt du noch, welche Saite die B-Saite ist? Wenn nicht, schlage noch einmal in Abschnitt 1 nach.

Zunächst aber noch eine weitere Information über Bs und Kreuze: ein B oder ein Kreuz gilt immer für den gesamten Takt, in dem es steht. Sieh dir einmal Takt 5 an.

ÜBUNG 10, **CD-TRACK 9** / „Blues One"

DIE GITARRE

TEIL 1 ABSCHNITT 2

Der zweite Ton in diesem Takt, das F, wird durch das direkt davor notierte Kreuz zum Fis. Weil dieses Kreuz für den ganzen Takt gilt, wird auch das F am Ende des Taktes zum Fis. Was macht man jetzt, wenn nur das erste F zum Fis werden, das zweite F aber ein F bleiben soll? Man verwendet ein „Auflösungszeichen":

♮

Das Auflösungszeichen hebt ein B oder ein Kreuz auf. Sieh dir daraufhin einmal Takt 9 an. Er beginnt mit dreimal Fis, aber das vierte F ist ein ganz normales F.

■ THEORIE

Dir wird an Übung 10 noch etwas Neues auffallen. Neben der Metronomangabe findest du den Vermerk „Medium blues." An dieser Stelle gibt der Komponist häufig Hinweise auf den Stil des Stückes. „Medium" bezieht sich in diesem Fall auf die Geschwindigkeit, und „blues" gibt einen Hinweis auf das Feeling des Stückes. Bei klassischer Musik verwenden die Komponisten häufig italienische Angaben wie „allegro" (schnell) oder „moderato" (mittelschnell) anstelle der Metronomangabe.

Nachdem wir uns jetzt mit Kreuzen und B befasst haben, lernst du nun ein paar Töne auf der B-Saite. Hier sind sie:

ÜBUNG 11 / Töne auf der B-Saite

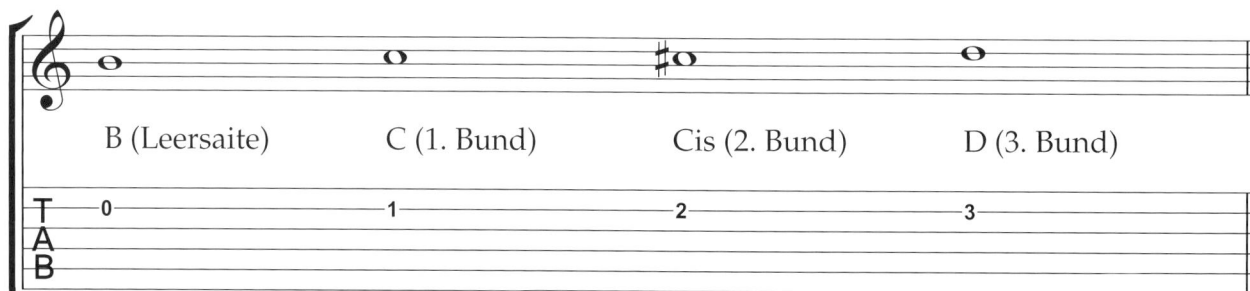

Auch hier spielst du wieder ein Stück, in dem die neuen Töne vorkommen, und wir bleiben mit „Blues Two" auch weiterhin beim Blues.

Um sicherzustellen, dass du dir die Namen der Töne auf der B-Saite gut einprägst, ist es am besten, beim Notenlesen die Tonnamen laut auszusprechen. Weil in diesem Stück sowohl Töne auf der B-Saite als auch auf der hohen E-Saite vorkommen, kann es beim Wechsel zwischen den Saiten leicht zu gelegentlichen „Ausrutschern" kommen. Das liegt daran, dass du mit deiner Anschlagshand eine Bewegungsart ausführst und mit deiner Greifhand eine andere. Bleibe geduldig und spiele das Stück langsamer als auf der CD bis du über die nötige Koordination verfügst, um es einwandfrei zu spielen.

PROFI-TIPP

Wenn du aufmerksam hinhörst, wirst du bemerken, das dieses Stück Phrasierungen verwendet, die denen gesprochener Rede ähneln. Die ersten vier Takte ergeben eine Phrase, die nächsten vier Takte ebenso, und auch die letzten vier Takte ergeben wieder eine Phrase, also insgesamt drei Phrasen. Wenn du dieses Stück zum leichteren Lernen in kleinere Teile zerlegst, spiele es einmal Phrase für Phrase.

ÜBUNG 12, **CD-TRACK 10** / „Blues Two"

■ THEORIE

Hast du dir diese Namen gut eingeprägt?

♭ = B   ♯ = Kreuz   ♮ = Auflösungszeichen

Bisher kamen alle musikalischen Beispiele mit Viertelnoten, halben Noten und ganzen Noten aus, und wir haben uns an die Vorstellung gewöhnt, dass eine Viertelnote genau einem Taktschlag entspricht. Noch kürzere Notenwerte (beispielsweise zwei Töne pro Taktschlag) werden mit sogenannten Achtelnoten notiert:

PROFI-TIPP

Behalte die Finger deiner Greifhand stets in unmittelbarer Nähe des Griffbretts. Wenn die Finger nicht mehr greifen müssen, sollten sie nicht zu weit vom Griffbrett abgehoben werden; versuche sie nicht mehr als einen halben bis einen Zentimeter von den Saiten abzuheben, damit sie für den nächsten Ton bereit sind.

ÜBUNG 13, **CD-TRACK 11** / Aufschläge und Abschläge

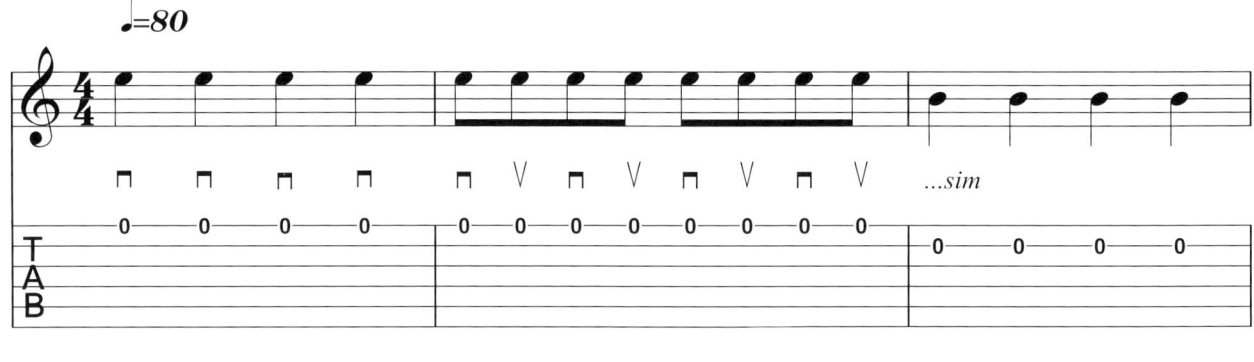
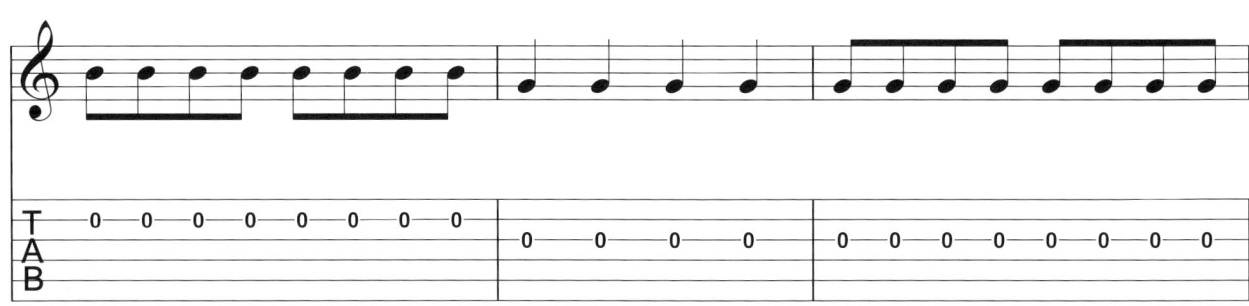
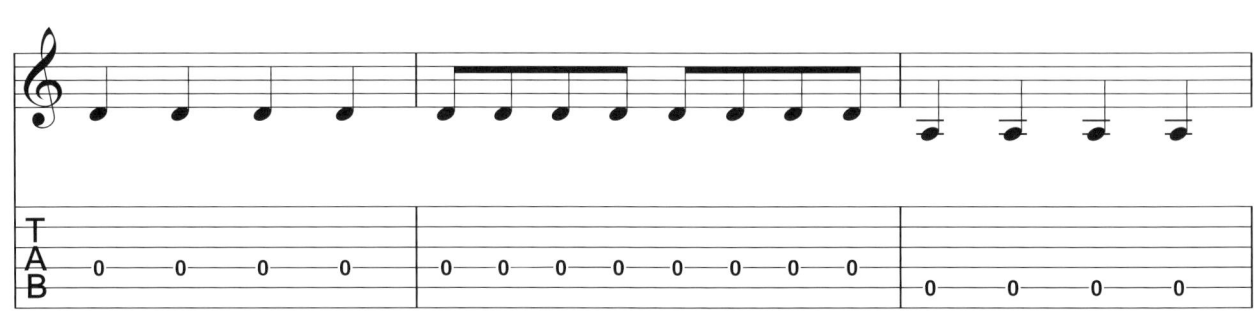
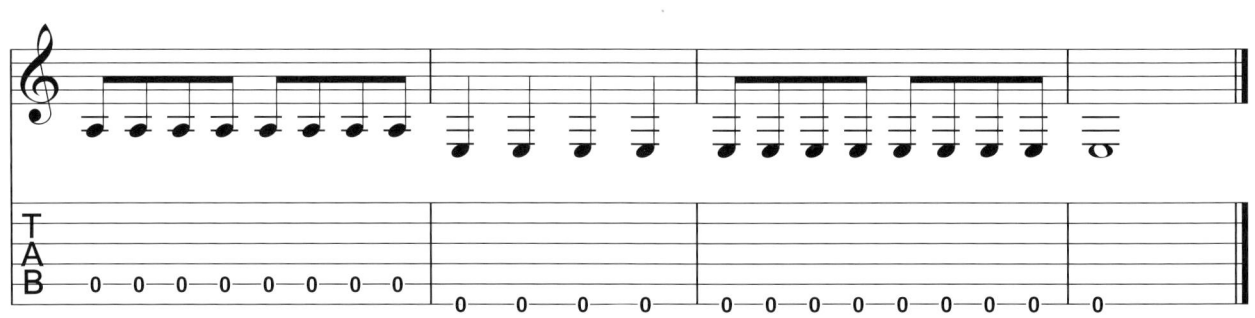

Achtelnoten sind die ideale Gelegenheit, Aufschläge mit dem Plektrum zu verwenden. Hier siehst du noch einmal das Symbol für den Aufschlag:

V

Hier spielst du zuerst vier Viertelnoten mit Abschlag und gehst erst für die folgenden Achtelnoten zum Wechselchlag (abwechselnde Auf- und Abschläge) über. Du spielst der Reihe nach alle Leersaiten der Gitarre. Zähle die Viertelnoten „eins – zwei – drei – vier" und die Achtelnoten „eins-und zwei-und drei-und vier-und". Dieses Beispiel hat einen zweitaktigen Einzähler.

■ **THEORIE**
Eine einzelne Achtelnote sieht so aus:

Mehrere Achtelnoten können mit einem Balken verbunden werden:

Wenn du dir die Namen der Töne auf der hohen E-Saite und der B-Saite gut eingeprägt hast, sollten dir die Töne von „Blues Three" (nächste Seite) keine Probleme bereiten. Beim Zählen der Achtelnoten musst du allerdings darauf achten, zwischen den Taktschlägen immer ein „und" einzufügen. Wie oben bereits erwähnt, zählst du Viertelnoten „eins – zwei – drei – vier" und Achtelnoten „eins-und zwei-und drei-und vier-und". Takt 1 würde also „eins zwei-und drei vier" gezählt. Unter den ersten Takten sind die Zählzeiten angegeben.

Dir ist mittlerweile bestimmt aufgefallen, dass die Tabulatur sehr einfach zu lesen ist, vor allem wenn man über eine Aufnahme des betreffenden Stückes zum Anhören verfügt. Ohne Rhythmus-Notation wäre die Tabulatur sehr schwer richtig zu spielen, wenn man das Musikstück nicht zuerst gehört hat. Auf der anderen Seite zwingt die Notenschrift dich dazu, die Tonnamen und die Lage der Töne auf dem Griffbrett ebenso zu lernen wie die Rhythmik. Das macht zwar alles deutlich schwerer, aber so kannst du auch Musik, die du nie zuvor gehört hast, trotzdem exakt nachspielen. Denke daran, auch wenn du nur die Tabulatur verwendest, um möglichst schnell weiterzukommen, kannst du später immer wieder zu diesen Übungen zurückkommen und sie verwenden, um das Notenlesen zu erlernen.

PROFI-TIPP
Viele Anfänger machen unnötig große Anschlagsbewegungen mit dem Plektrum. Halte das Plektrum senkrecht zur Gitarre und bewege es unmittelbar in Saitennähe seitlich hin und her; dabei bewegt sich die Hand leicht aus dem Handgelenk.

ÜBUNG 14, **CD-TRACK 12** / „Blues Three"

Wir befassen uns jetzt mit den Tönen auf den ersten drei Bünden der G-Saite. Hier sind sie:

ÜBUNG 15 / Die Töne auf der G-Saite

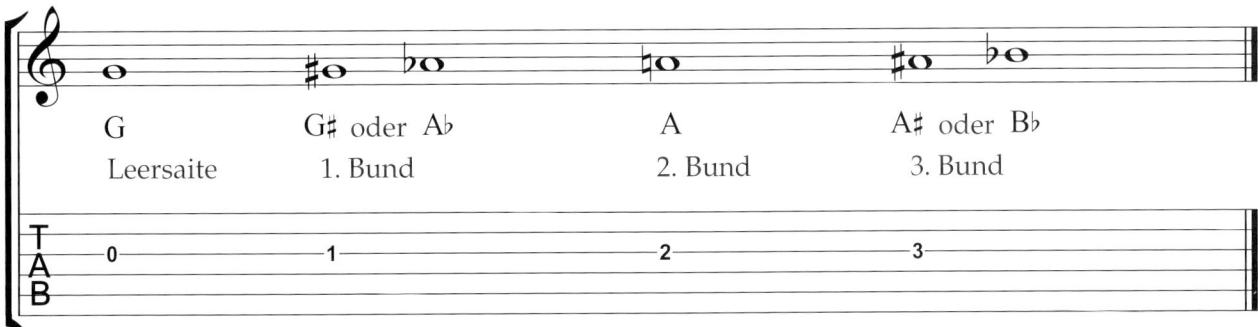

Im „Blues Four" (auf der nächsten Seite) kommen diese neuen Töne zusammen mit den Tönen auf der B-Saite und der hohen E-Saite vor, die du bereits kennst.

Dies ist erstmal der letzte Blues – er ist rhythmisch einfach, enthält aber Saitenwechsel von der G-Saite zur hohen E-Saite. Du musst dabei das Greifen sehr genau mit dem Anschlag koordinieren.

Mittlerweile kennst du die meisten Tonnamen der drei hohen Saiten deiner Gitarre. Um es möglichst einfach zu machen, haben wir uns bisher auf die ersten drei Bünde konzentriert. Da du vier Finger hast, halte ich es für eine gute Idee, den 4. Bund mit einzubeziehen. Das ermöglicht dir zusätzlich eine Wiederholung der Tonnamen, die du bereits gelernt hast.

PROFI-TIPP

Wahrscheinlich versuchst du beim Spielen sowohl deine Greif- als auch deine Anschlagshand im Auge zu behalten. Das ist schwierig, und gleichzeitig auch noch die Noten zu lesen, ist völlig unmöglich. Das Erfolgsgeheimnis hierbei ist es, die Gitarre zu erfühlen und überhaupt nicht auf die eigenen Hände zu sehen. Du wirst dich am Anfang wahrscheinlich gelegentlich vergreifen, aber wenn du nicht aufgibst, wirst du später Noten lesen können, während du spielst. Wenn du vom Blatt spielen willst (so heißt die Fähigkeit, ein unbekanntes Stück direkt nach den Noten zu spielen) musst du die Fähigkeit entwickeln, deine Augen stets auf den Noten zu halten.

ÜBUNG 16, **CD-TRACK 13** / „Blues Four"

Hier sind die Töne der ersten vier Bünde auf den drei hohen Saiten:

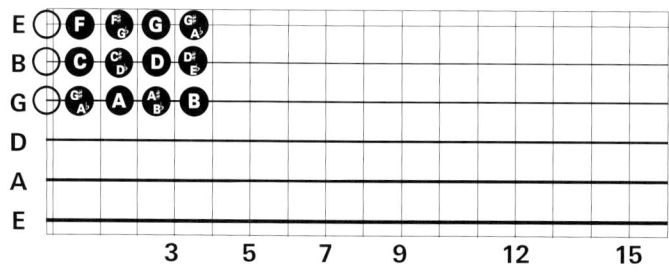

ÜBUNG 17 / Die Töne auf den drei hohen Saiten

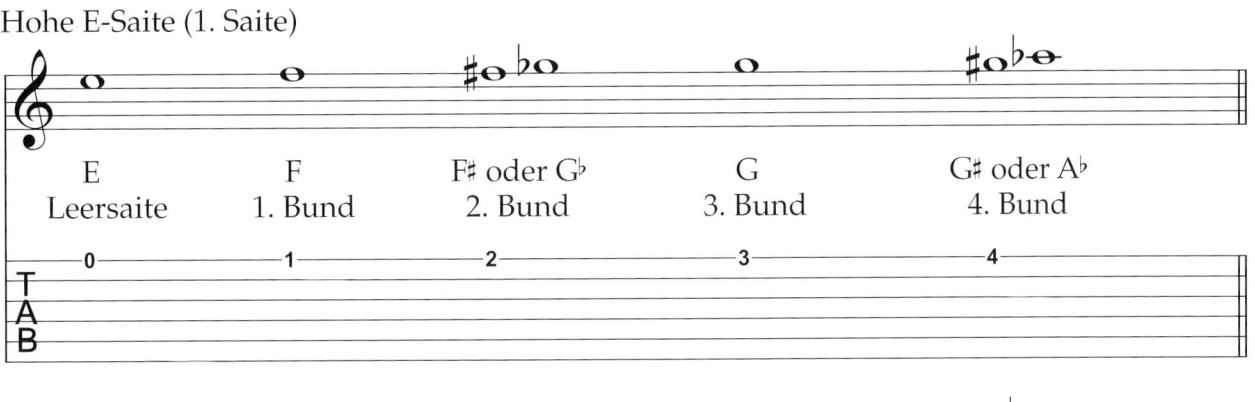

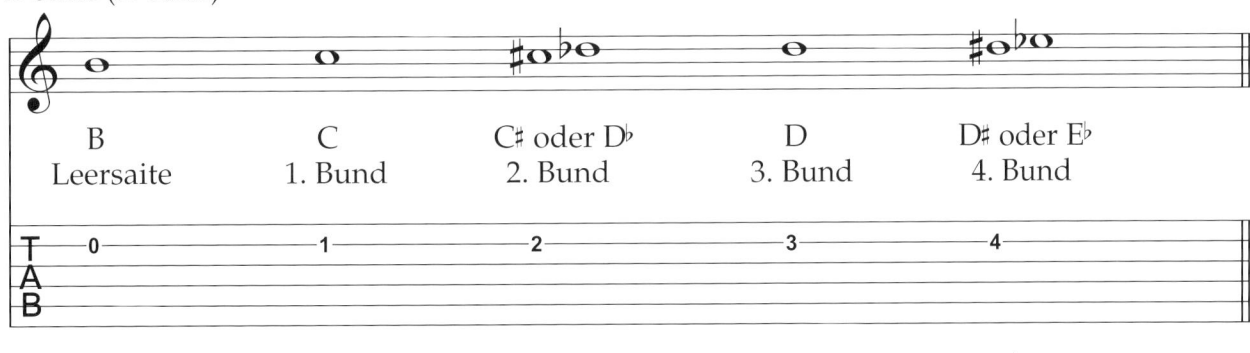

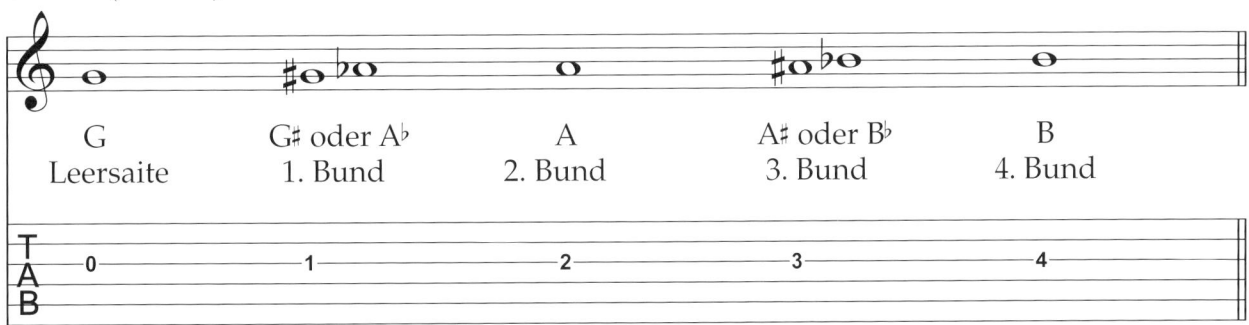

Wenn du auf der G-Saite aufwärts spielst, greifst du auf dem 4. Bund den Ton B. Dieser Ton ist genau dasselbe B wie die B-Saite (als Leersaite gespielt), du könntest also in Zukunft wahlweise eines der beiden B spielen. Man kann nahezu jeden Ton auf der Gitarre an mehreren verschiedenen Stellen auf dem Griffbrett spielen. Wir werden uns später noch eingehender damit befassen, nach welchen Kriterien man auswählt, wo genau man einen bestimmten Ton spielt.

Wenn du alle Töne (einschließlich der mit Kreuz und B) spielst, entsteht eine sogenannte chromatische Tonleiter. Chromatisch bedeutet „farbig". Wir spielen als nächstes eine chromatische Tonleiter über eine Oktave mit der ungegriffenen G-Saite als Startton. Weil das B nur einmal gespielt werden muss, benötigen wir nur die ersten 3 Bünde der G-Saite, vier Bünde auf der B-Saite und die ersten drei Bünde der hohen E-Saite, um zum Ton G eine Oktave höher zu gelangen. Hier ist die chromatische Tonleiter:

ÜBUNG 18, **CD-TRACK 14** / Chromatische Tonleiter über eine Oktave

Es gibt zahlreiche verschiedene Tonleitern, von denen einige für Gitarristen sehr nützlich sein können, weil man aus ihnen Riffs und Solos bilden kann. Die chromatische Tonleiter dient hier vor allem als Fingerübung und um die Töne überall auf der Gitarre kennenzulernen. Zur Vereinfachung der Notation sind aufwärts Kreuze und abwärts B verwendet worden, das erspart uns die Verwendung von Auflösungszeichen. Greife mit einem Finger pro Bund und spiele mit Wechselschlag. Der Wechselschlag ist die meistverwendete und vielseitigste Anschlagstechnik. Spiele einfach immer abwechselnd Ab- und Aufschlag wie in den Noten angegeben. Weil Tonleitern musikalisch einfache Strukturen sind, kann man sie hervorragend zum Üben der Anschlagstechnik einsetzen.

■ **THEORIE**

In der Notenzeile siehst du kleine Zahlen neben den Notenköpfen. Diese Zahlen sind ein sogenannter „Fingersatz" und geben die Finger der Greifhand an. Der Zeigefinger erhält die Nummer 1, der kleine Finger entprechend die Nummer 4. Gitarrenmusik, vor allem Musik für klassische Gitarre, enthält häufig Fingersätze.

PROFI-TIPP

Spiele diese Töne immer im Wechsel mit der leeren G-Saite, wobei du den jeweiligen Tonnamen laut ausssprichst. So lernst du die Tonnamen auf der Gitarre am einfachsten. Verwende dabei die vollständigen Tonnamen: G, Gis oder As, A, Fis oder Ges, usw.

TEIL 1 ABSCHNITT 2

Zum Ende dieses Abschnittes spielst du jetzt „Shadow Walk", ein Stück im Surf-Style, in dem alle Töne vorkommen, die du bis jetzt gelernt hast. Das Wort „Surf" deutet auf die „twangy" Gitarrenmusik der 60er Jahre hin, hier zusätzlich mit einer Prise des melodischen Stils von Hank Marvin (Shadows). Spiele mit dem Stegtonabnehmer und einem unverzerrten Sound mit reichlich Höhen. Wenn du die Möglichkeit hast, kannst du zusätzlich etwas Hall und Delay hinzufügen. Hank hätte wahrscheinlich ein Binson Echorec oder ein vergleichbares mechanisches Echogerät verwendet.

ÜBUNG 19, **CD-TRACK 15** / „Shadow Walk"

Fortsetzung nächste Seite

ÜBUNG 19, **CD-TRACK 15** / „Shadow Walk" *Fortsetzung*

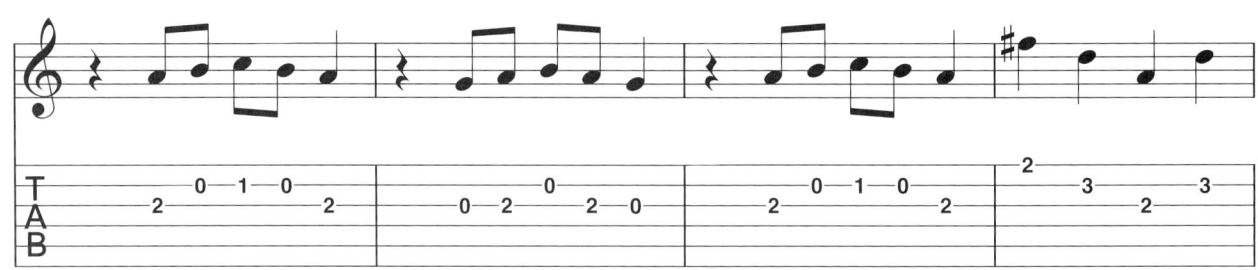

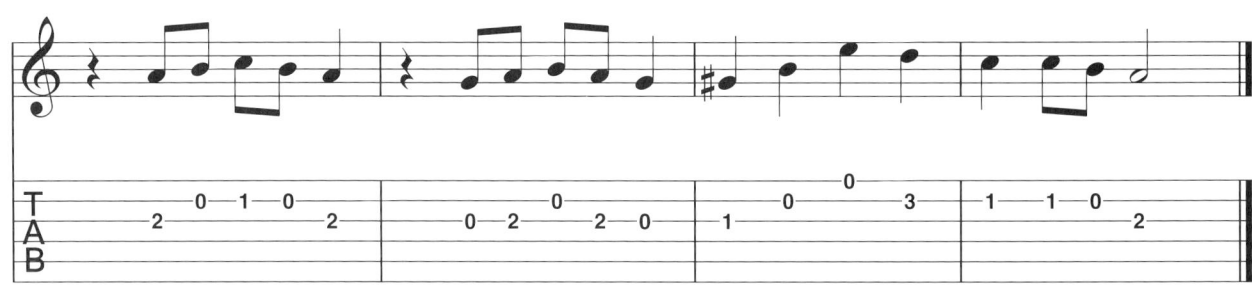

In diesem Beispiel kommen viele Achtelnoten vor und du spielst von der G-Saite bis zum 4. Bund der hohen E-Saite. Das Stück enthält einige Viertelpausen und außerdem ist es deutlich länger als die meisten der bisherigen Beispiele. Sei also nicht überrascht, wenn es ein bisschen länger dauert, bis du dieses Beispiel völlig beherrschst. Mit dem Rhythmusgitarren-Part werden wir uns in Teil 2 dieses Buches befassen.

In diesem Abschnitt haben wir uns mit den folgenden Themen befasst: Zählen komplizierterer Notenwerte im 4/4-Takt; die Töne auf der ersten, zweiten und dritten Saite; Kreuz und B; Oktaven; Tempo und Stil; musikalische Phrasen und viele der grundlegenden Spieltechniken. Ich hoffe, dass du mittlerweile die Notennamen besser beherrschst und weißt, wo sich die entsprechenden Töne auf der Gitarre befinden.

Denke beim Übergang zum nächsten Abschnitt daran, mit den Greiffingern nur geringe Bewegungen zu machen, sie immer in der Nähe des Griffbrett zu halten und nur mit den Fingerspitzen zu greifen. Verwende beim Greifen mit den Fingern und mit dem Daumen (auf der Halsrückseite) nicht mehr Druck, als für einen klaren Ton notwendig. Versuche, alle nicht beim Spielen verwendeten Körperteile (Hals, Schultern, Ellenbogen, Handgelenke etc.) möglichst entspannt zu lassen. Du wirst überrascht sein, wie unnötig angespannt man sein kann, wenn man nicht darauf achtet. Die Anschlaghand spielt ab jetzt Wechselschlag und du solltest auf kleine, entspannte Bewegungen mit dem Plektrum achten.

PROFI-TIPP
Beim Erlernen eines längeren Stückes kann die Unterteilung in kürzere Abschnitte eine gute Idee sein. Versuche einmal, viertaktige Abschnitte zu üben; das ist üblicherweise genug, um es in einem Durchgang zu behalten und wie wir gesehen haben, sind viertaktige Abschnitte in der Musik sehr häufig.

Die tiefen Saiten

Wir befassen uns jetzt mit den Tönen auf den drei tiefen Saiten der Gitarre. „Tiefer" bedeutet in diesem Zusammenhang „tiefer klingend".

Diese drei Saiten (die E-, A-, und D-Saite) werden auch als Bass-Saiten bezeichnet und die drei hohen Saiten als Melodiesaiten. Wir fangen mit der D-Saite an. Hier sind die Töne auf dieser Saite:

ÜBUNG 20 / Die Töne auf der D-Saite

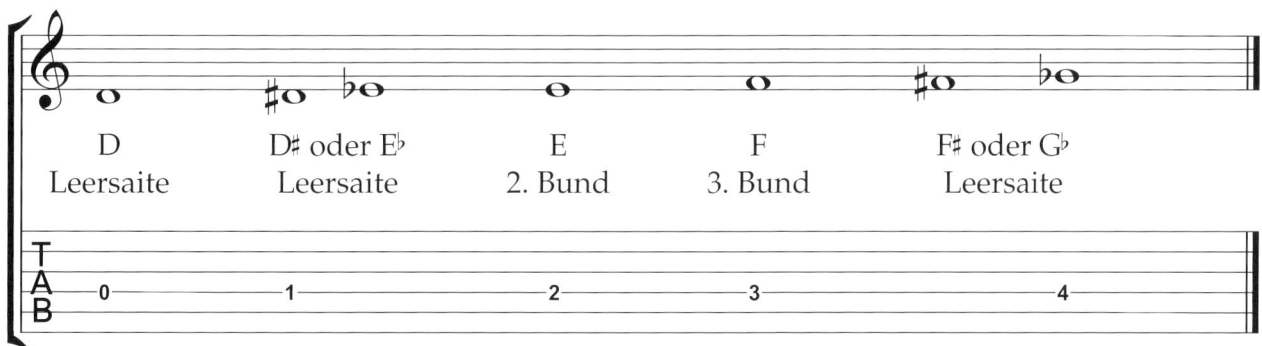

Auf das E im zweiten Bund im dritten Bund folgt direkt der Ton F; wie du bereits weißt, gibt es zwischen E und F keinen Ton mit einem Kreuz. Spiele diese Töne nacheinander mit einem Finger pro Bund und spreche dir dabei die Tonnnamen laut vor.

Übung 21 (nächste Seite) ist ein grooviger Swamp-Rock, in dem die Töne auf der D-Saite zusammen mit den Tönen auf der G-Saite (die du bereits kennst) vorkommen.

Du wirst hören, dass die Gitarre mit einem Effekt aufgenommen wurde. Dieser Effekt heißt Tremolo. Dabei handelt es sich um eine rhythmische Veränderung der Lautstärke, die ein wichtiger Bestandteil des Sounds der klassischen Röhrenverstärker der 50er und 60er Jahre war. Üblicherweise gibt es Regler für Speed (Geschwindigkeit) und Depth (Stärke) des Effektes und man kann ihn mit dem Speed-Regler passend zum Tempo der Musik einstellen. Heutzutage ist der Tremolo-Effekt oft in Effektgeräte integriert, aber es ist auch nicht schlimm, wenn du keinen vergleichbaren Effekt zur Verfügung hast – spiel das Stück einfach ohne. Verwende für einen kräftigen Ton den Halspickup deiner Gitarre; auf der CD hörst du zusätzlich einen leichten Overdrive-Effekt.

Sieh dir jetzt den ersten Takt mal genau an. Vielleicht denkst du, dass hier einige Töne fehlen, weil er nur drei Achtelnoten enthält. Das liegt daran, dass nicht alle Musikstücke auf dem ersten Taktschlag beginnen. In diesem Fall zählst du die Taktschläge 1, 2 und 3 und spielst dann die drei Achtelnoten bei „und vier und." Auf der CD hat dieses Stück sieben Klicks als Vorzähler. Vier dieser Klicks sind der übliche eintaktige Vorzähler und die restlichen drei sind die fehlenden Taktschläge dieses unvollständigen Taktes.

ÜBUNG 21, **CD-TRACK 16** / „Swamp Thing"

TEIL 1 ABSCHNITT 3

Am Ende dieses Stückes (unmittelbar vor der Wiederholung) siehst du einen Kasten mit einer kleinen „1":

|1.

Dieser Kasten (oder auch „Haus") bedeutet: am Ende dieses Taktes wird das Stück vom Wiederholungszeichen aus wiederholt, bei dieser Wiederholung wird dann Kasten 1 ausgelassen und direkt bei Kasten 2 weitergespielt:

|2.

So kann man unterschiedliche Wiederholungen übersichtlich notieren; in diesem Fall endet die Wiederholung anders als der erste Durchgang des Stückes.

■ THEORIE

Weil dieses Stück größtenteils aus Achtelnoten besteht, zählst du „eins-und zwei-und drei-und vier-und". Achte darauf, dass Viertelnoten genau doppelt so lange dauern wie Achtelnoten. Dir wird ein neues Zeichen begegnen, die Achtelpause:

𝄾

(Erinnerst du dich noch an die Pausen? Eine Achtelpause dauert genau so lange wie eine Achtelnote).

PROFI-TIPP

Versuche dieses Stück mit Wechselschlag zu spielen. Verwende dazu Abschläge auf den Zählzeiten 1, 2, 3 und 4 und Aufschläge auf den „und"-Zählzeiten dazwischen.

Und jetzt zu den Tönen auf der A-Saite:

ÜBUNG 22 / Die Töne auf der A-Saite

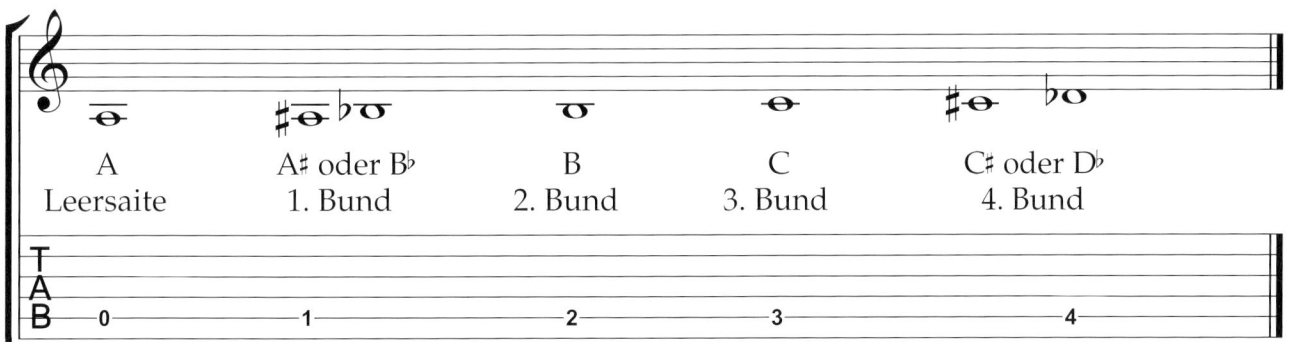

Du kennst die Vorgehensweise mittlerweile: sage dir beim Spielen die Notennamen laut vor und verwende einen Finger pro Bund.

ÜBUNG 23, **CD-TRACK 17** / „Defective Detective"

♩=100   1960s TV detective theme

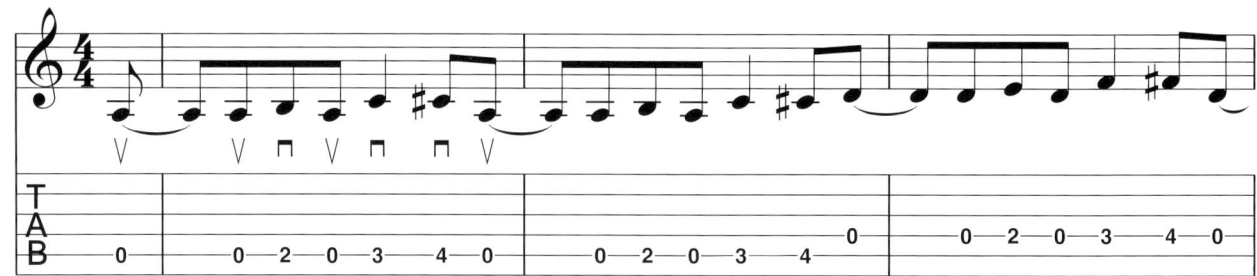
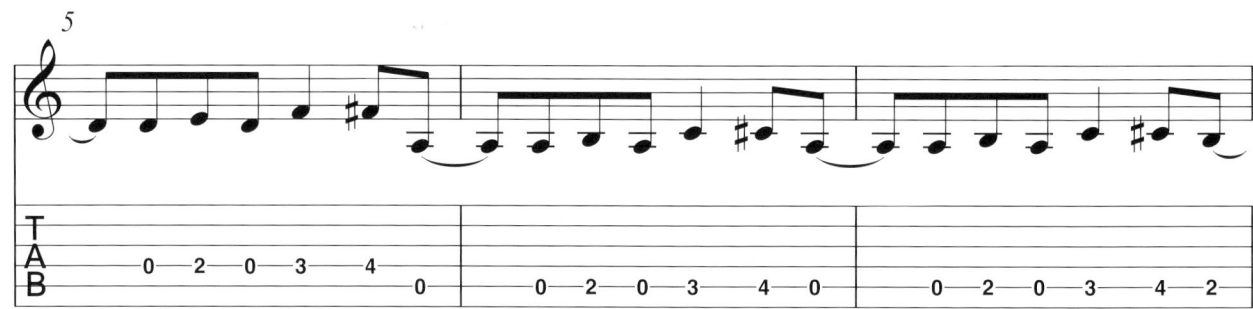

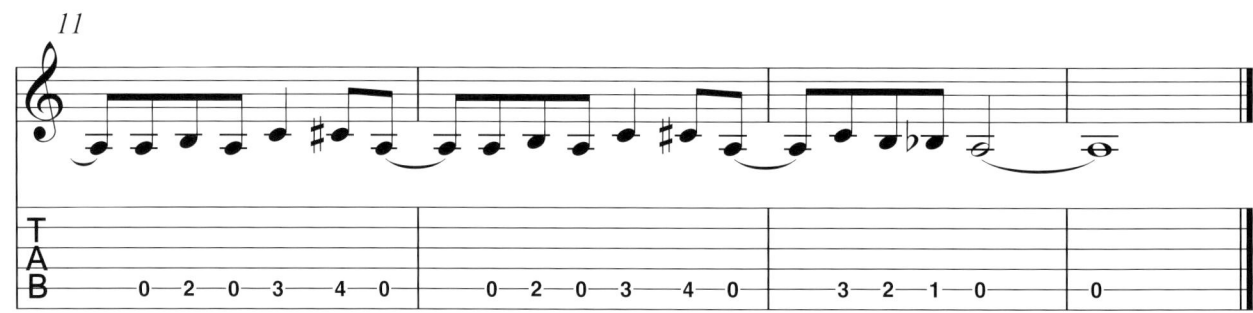

TEIL 1 ABSCHNITT 3

Der Song „Defective Detective" (Übung 23) besteht hauptsächlich aus Tönen auf der A-Saite, aber es kommen auch einige der gerade gelernten Töne auf der D-Saite hinzu.

Dieses Stück beginnt wieder mit einem Auftakt, in diesem Fall eine Achtelnote. Achte auf die Bindebögen über die Taktstriche hinweg. Du spielst hier auf der Zählzeit „und", lässt aber den Ton über die Taktzeit „1" hinaus klingen. Normalerweise wird der erste Taktschlag betont (stärker gespielt), aber in diesem Fall liegt der Akzent vor dem 1. Taktschlag. Eine solche Akzentverschiebung nennt man Synkope und sie ist ein wesentlicher Bestandteil von Rock, Blues, Jazz und allen stilistisch verwandten Musikrichtungen.

■ THEORIE

Es gibt verschiedene Bezeichnungen für einen unvollständigen Takt zu Beginn eines Musikstückes. Die musiktheoretische Bezeichnung ist Auftakt, aber Rockmusiker würden einen solchen Takt auch als „Upbeat" oder „Lead-in" bezeichnen.

Jetzt sind wir auf der tiefen E-Saite (der 6. Saite) angekommen. Wenn du diese Übung gespielt hast, hast du alle Töne in der sogenannten 1. Lage gelernt. Hier sind die Töne:

ÜBUNG 24 / Die Töne auf der E-Saite

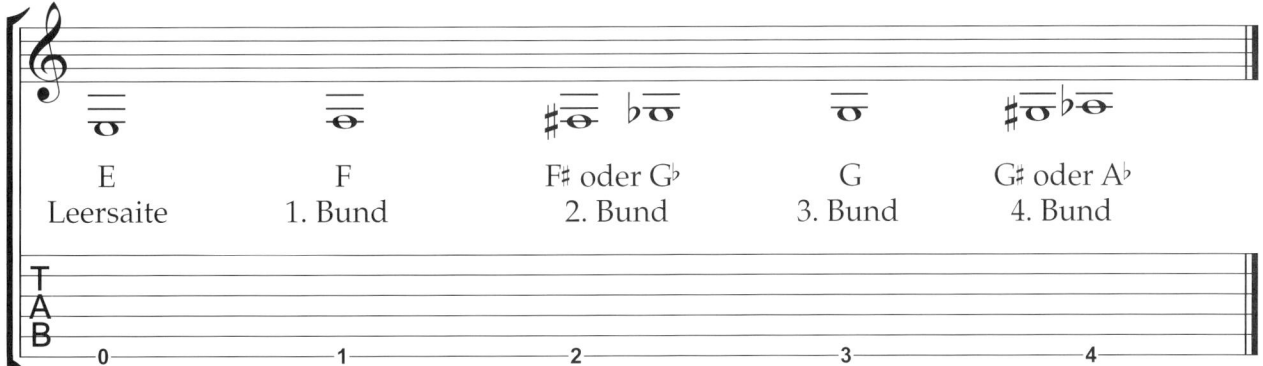

■ THEORIE

Wo genau du auf der Gitarre spielst, wird oft als sogenannte „Lage" angegeben. Wenn dein Zeigefinger im 1. Bund greift und du auf den Bünden 1-4 spielst, befindest du dich in der 1. Lage. Wenn dein Zeigefinger im 2. Bund greift und du auf den Bünden 2-5 spielst, spielst du in der 2. Lage usw.

PROFI-TIPP

Verwende hier den klaren, durchdringenden Sound des Stegpickups und beginne mit einem Aufschlag. Folge dann dem Anschlagsmuster des 1. Taktes, damit deine Abschläge immer auf den sogenannten Downbeats (Zählzeiten 1, 2, 3 und 4) erfolgen. Spiele mit jeder Menge Attitüde; stell dir vor, du bist in den 60ern als Sessionmusiker engagiert und spielst die Titelmelodie einer neuen großartigen Fernsehkrimi-Serie.

ÜBUNG 25, **CD-TRACK 18** / „E-String Boogie"

♩=80 **Slow boogie**

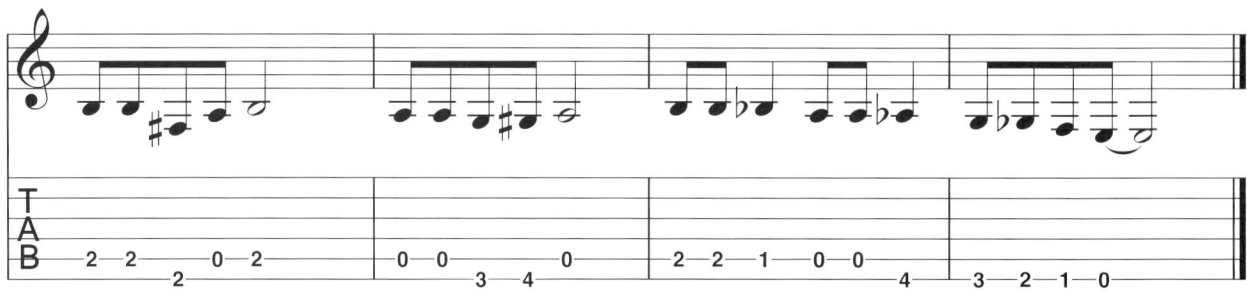

In Übung 25 kommen wieder einmal alle neuen Töne vor, gemischt mit einigen, die du schon länger kennst. Aufgrund der vielen Hilfslinien ist dieses Stück relativ schwierig zu lesen. Als kleine Hilfestellung denke immer daran, dass es auf der Gitarre nur sechs Tonnamen mit Hilfslinien unterhalb des Notensystems gibt. Diese Töne sind: E, F und G auf der 6. Saite und A, B und C auf der 5. Saite. Wenn du die Lage dieser sechs Töne im Notensystem einmal gelernt hast, wird alles wesentlich einfacher und du musst dir nur noch über eventuell auftauchende Kreuze und B Gedanken machen.

In diesem Stück begegnen dir Bindebögen mitten im Takt: eine Achtelnote an eine halbe Note angebunden, was eine Dauer von 2 1/2 Taktschlägen ergibt. An dieser Stelle einen Bindebogen zu verwenden, erleichtert das Mitzählen, weil man so die Taktmitte mit dem dritten Taktschlag genau erkennen kann. Achte darauf, diese Töne mit Bindebogen tatsächlich in voller Länge klingen zu lassen. Für dieses Beispiel benötigst du einen dicken, bassigen Ton; verwende deshalb den mittleren Tonabnehmer oder den Hals-Tonabnehmer deiner Gitarre und spiele mit etwas Verzerrung vom Verstärker oder deinem Effektgerät, wenn du eines besitzt.

PROFI-TIPP
Der gleichmäßige Achtelrhythmus dieses Stückes bietet eine großartige Gelegenheit, an deinem Wechselschlag zu arbeiten. Beginne jede Phrase mit einem Abschlag und spiele anschließend durchgehend Wechselschläge. Wenn dir das schwerfällt, reduziere das Tempo ein wenig, aber gib auf keinen Fall auf. Der Wechselschlag ist die vielseitigste und zuverlässigste Art, Einzeltöne auf der Gitarre zu spielen – sozusagen der „Industriestandard".

Im nächsten Beispiel (Übung 26) spielst du auf allen tiefen Saiten der Gitarre. Im Notensystem gibt es hier einige Neuheiten. Zum einen taucht hier zum ersten Mal eine punktierte Viertelnote auf. Du weißt bereits, dass ein Punkt die Dauer einer Note um die Hälfte ihres ursprünglichen Wertes verlängert; die Viertelnote hat also jetzt die Dauer von 1 1/2 Taktschlägen oder anders ausgedrückt: eine Viertelnote plus eine Achtelnote. Die zweite Note im Takt ist eine Achtelnote, die an eine Viertelnote angebunden ist. Das ergibt ebenfalls eine Dauer von 1 1/2 Taktschlägen, aber durch die Notation mit Bindebogen kann man gut erkennen, wo der 3. Taktschlag beginnt, was (hoffentlich) die Noten leichter zu lesen macht. Um das zu verdeutlichen, sind die Zählzeiten unterhalb des 1. Taktes angegeben.

ÜBUNG 26, **CD-TRACK 19** / „Rock'n'Roll In A"

♩=140 **Rock'n'Roll**

Eins (Zwei) und (Drei) Vier

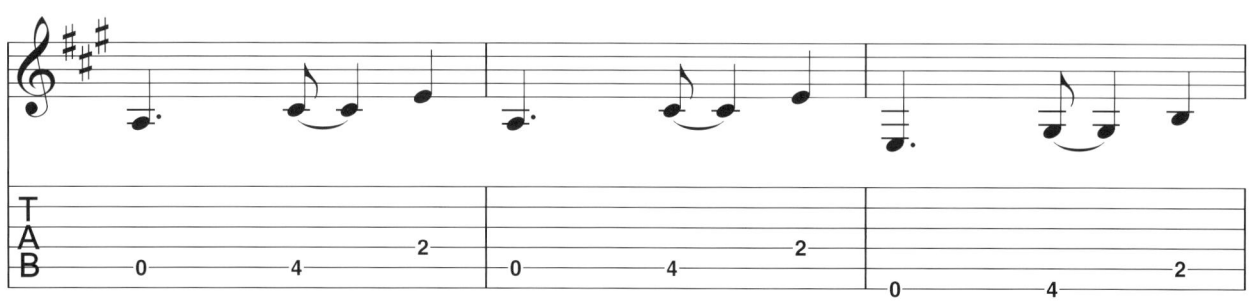

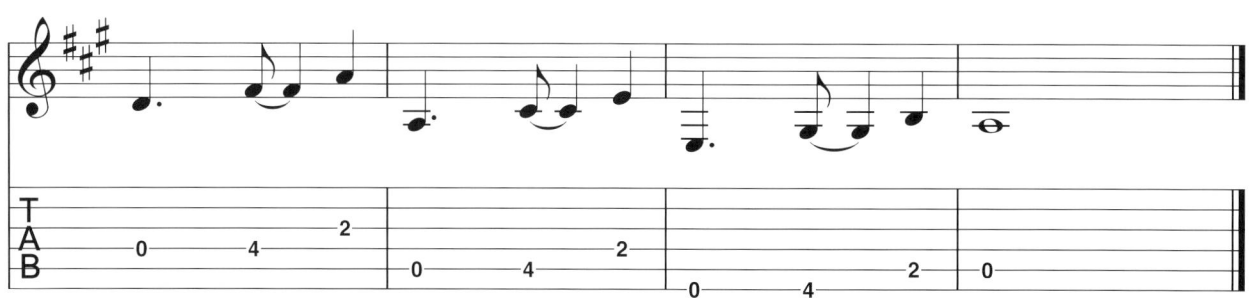

Zu Beginn jeder Notenzeile sind in diesem Stück drei Kreuze notiert: Fis, Cis und Gis. Kreuze und B ganz am Anfang der Notenzeile nennt man auch Vorzeichnung. Jedes F, C und G in diesem Stück wird also um einen Halbton erhöht. Die Vorzeichen am Anfang der Notenzeile anzugeben macht die Notation übersichtlicher, weil man nicht mehr in jedem Takt Kreuze und B notieren muss. Die Vorzeichnung hat aber noch eine andere Funktion: sie gibt an, in welcher Tonart das Stück steht. Der Grundton der Tonart ist sozusagen die „Heimat" eines Musikstückes, der Platz, zu dem die Musik zurückkehren möchte. Die drei Kreuze geben die Tonart A-Dur an und die Musik beginnt und endet auf dem Ton A. Wir werden uns später noch mit Tonarten und der Vorzeichnung beschäftigen.

■ **THEORIE**

Dieses Stück basiert auf einer wiederholten Tonfolge, die Musiker auch als „Riff" bezeichnen. Manchmal ist mit dem Begriff „Riff" allerdings auch einfach eine musikalische Idee gemeint, die nicht wiederholt wird. In diesem Stück basiert das Riff auf den drei Akkordtönen des A-Dur-Akkords (A, Cis und E). Anschließend wird es aufwärts zum D-Dur-Akkord verschoben (D, Fis und A) und zum Schluss zum E-Dur-Akkord (E, Gis und B). In Teil zwei werden wir uns eingehender mit dem Aufbau von Akkorden befassen.

ÜBUNG 27 / Alle Töne bis zum 5. Bund

Übung 27 zeigt dir alle bisher gelernten Töne in der 1. Lage, enthält aber auch Töne auf dem 5. Bund. Am 5. Bund überschneiden sich die meisten Töne der Gitarre. Im 5. Bund auf der tiefen E-Saite greifst du den Ton A, genau denselben Ton wie die nächsthöhere Leersaite (die A-Saite). Im 5. Bund der A-Saite greifst du ein D, die nächsthöhere Leersaite usw. Dieses Muster ändert sich nur bei der G-Saite, hier greifst du den Ton der nächsthöheren Leersaite schon auf dem 4. Bund. Hier ist das Griffbrettdiagramm:

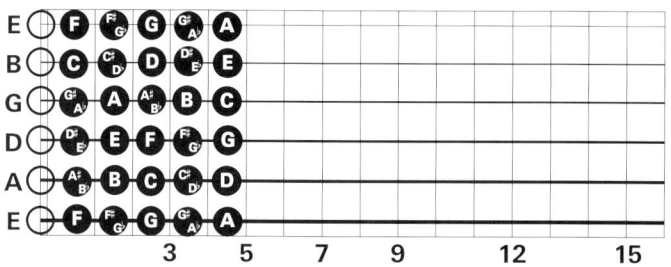

PROFI-TIPP

Du solltest mit dem 2. Finger auf dem 2. Bund und dem 4. Finger auf dem 4. Bund greifen. Alternativ könntest du auch den 1. Finger auf dem 2. Bund und den 3. Finger auf dem 4. Bund verwenden – diese Variante scheint besser in der Hand zu liegen. Genau betrachtet spielst du dann in der 2. Lage. Wenn du dir klassische Gitarrenmusik einmal näher ansiehst, wirst du die Lagen-Angaben als römische Ziffern über dem Notensystem finden.

STIMMEN NACH DEM 5. BUND

Wenn man weiß, dass auf der Gitarre derselbe Ton an verschiedenen Stellen vorkommt, kann man auf eine andere Art stimmen. Bisher hast du nach der CD gestimmt (oder nach einem elektronischen Stimmgerät, wenn du eines besitzt). Du könntest auch die tiefe E-Saite auf dem 5. Bund greifen und die A-Saite nach diesem Ton stimmen. Dann greifst du die A-Saite auf dem 5. Bund (der Ton D) und stimmst die D-Saite nach diesem Ton. Die G-Saite stimmst du dann nach der im 5. Bund gegriffenen D-Saite, die B-Saite nach der im 4. Bund gegriffenen G-Saite und zum Schluss die hohe E-Saite nach dem 5. Bund der B-Saite. Dieses Verfahren wird meist „Stimmen nach dem 5. Bund" genannt und ist sehr nützlich, wenn du dein Stimmgerät vergessen hast oder die Batterien leer sind.

Nachdem du jetzt alle Töne auf allen sechs Saiten bis in den 5. Bund gelernt hast, spielst du ein Stück im Metal-Style auf der hohen E-Saite, in dem auch der Ton A im 5. Bund vorkommt. Wenn du mit dem Zeigefinger auf dem 2. Bund greifst, spielst du in der 2. Lage; wenn du für jeden Bund einen Finger verwendest, erreichst du mit dem kleinen Finger den 5. Bund. Das bedeutet, du benötigst für das ganze Stück nur den ersten, zweiten und vierten Finger deiner Greifhand.

■ THEORIE

In Gitarrenmusik werden dir häufig sogenannte Akkordsymbole begegnen. In diesem Fall sind es die Akkorde E5, B5, C5 usw. Diese Symbole beziehen sich auf den Part der Rhythmusgitarre. Wenn du nicht weißt, was genau diese Symbole bedeuten, mach' dir keine Sorgen – wir werden uns später in diesem Teil des Buches mit Akkorden befassen.

PROFI-TIPP

Achte auf die Anschlags-Symbole. Du spielst hier Abschläge auf den Downbeats und Aufschläge auf den Hauptzählzeiten. Das ist kein Gesetz, funktioniert aber meistens am besten. Diesem Stück wirst du später wiederbegegnen, wenn wir uns mit der Rhythmusgitarre beschäftigen.

ÜBUNG 28, **CD-TRACK 20** / „Movable Metal"

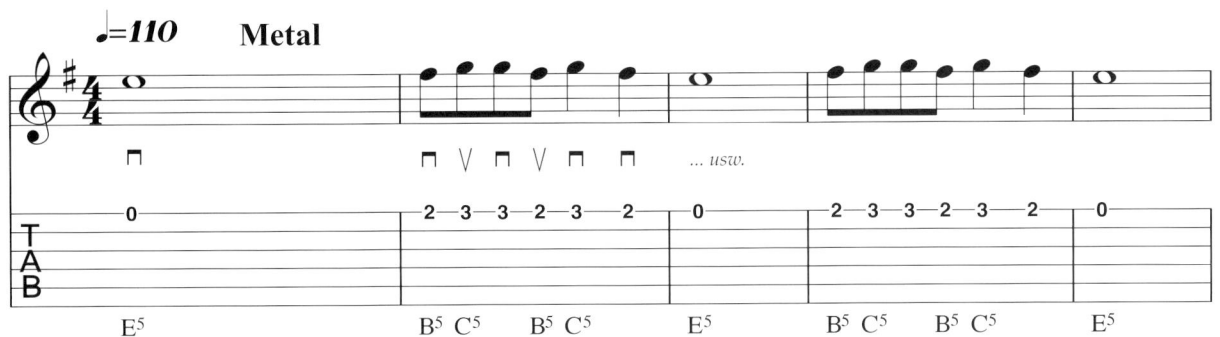
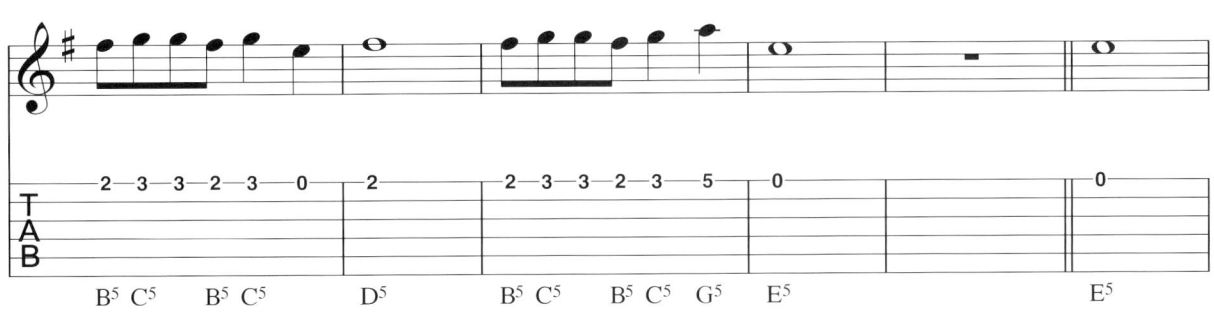
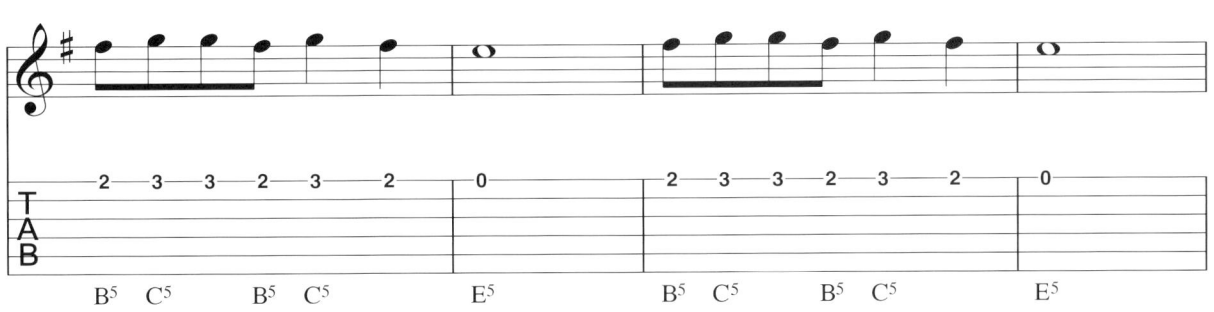
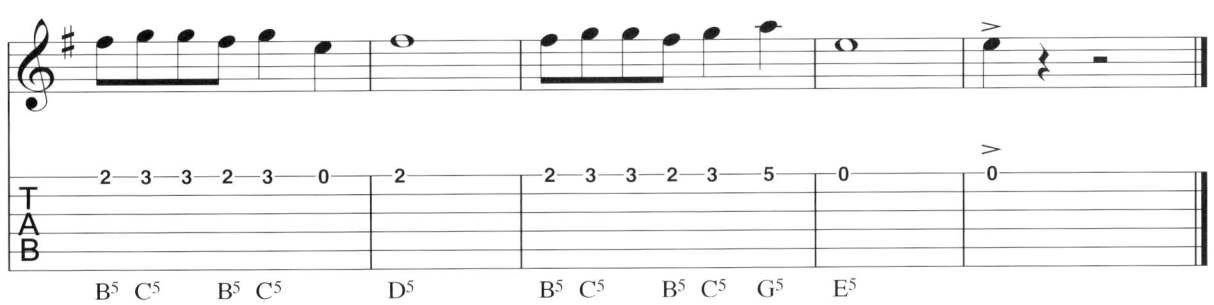

ÜBUNG 29, CD-Track 21 / „John Lee"

TEIL 1 ABSCHNITT 3 | 63

Übung 29 hat einen großen Tonumfang von den tiefsten Tönen der tiefen E-Saite bis zur hohen E-Saite. Sie ist von der großartigen Blueslegende John Lee Hooker inspiriert und verwendet ein sogenanntes Frage/Antwort-Schema, bei dem die hohen Töne eine „Frage" stellen, die von den tiefen Tönen „beantwortet" wird.

Wahrscheinlich wird dir bei diesem Stück der Anschlag die meisten Probleme bereiten, weil du mehr als bisher von einer Saite zur anderen springen musst. Übe langsam und versuche, beim Spielen nicht auf deine Anschlagshand zu sehen. Das wird dir auf lange Sicht sehr nützlich sein! Achte darauf, dass der erste Taktschlag eine Pause ist und du erst beim zweiten Taktschlag zu spielen beginnst.

ÜBUNG 30, **CD-TRACK 22** / Blues-Tonleiter in E

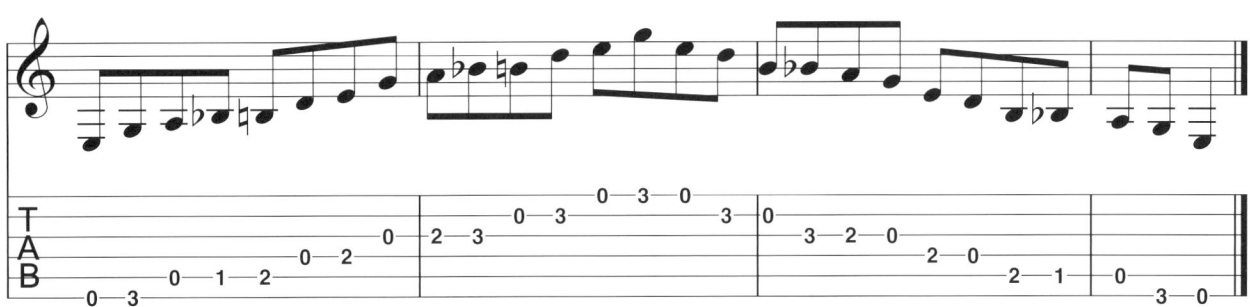

Jetzt lernst du eine neue Tonleiter. Aber nicht bloß irgendeine Tonleiter – dies hier ist die Blues-Tonleiter. Übung 29 basiert – wie einige andere Beispiele, die du bereits gelernt hast – vollständig auf dieser Tonleiter. Wenn es um das Erfinden von Riffs oder Soli geht, ist die Blues-Tonleiter der unangefochtene König. Du wirst ihren Klang überall in der Rockmusik hören; in Riffs und Grooves, von den frühesten Tages des Blues und Rock'n'Roll, über Classic Rock und Heavy Metal bis hin zur Soul- und Dancemusic von heute. Das bedeutet, dass du diese Tonleiter sehr sorgfältig üben solltest. Spiele immer mit Wechselschlag – es ist ein häufiger Fehler, beim Wechsel auf eine höhere Saite einen Abschlag zu verwenden und beim Wechsel auf eine tiefere Saite einen Aufschlag. Beginne mit einem Abschlag und spiele anschließend durchgehend mit Wechselschlag: aufwärts und wieder abwärts.

■ THEORIE

Normalerweise beginnt und endet eine Tonleiter mit dem Grundton (in diesem Fall dem Ton E). Es ist allerdings auf der Gitarre durchaus üblich, vom tiefsten erreichbaren bis zum höchsten erreichbaren Tonleiterton innerhalb einer Lage zu spielen. Deshalb beginnt diese Tonleiter mit dem tiefen E und endet auf dem hohen G, bevor du wieder abwärts spielst.

PROFI-TIPP

Tonleitern müssen nicht langweilig sein. In den nächsten Beispielen wirst du sehen, dass sie sehr nützlich sein können. Um es interessant zu machen, experimentiere mit verschiedenen Rhythmen und unterschiedlichen Gruppierungen der Töne.

ÜBUNG 31, **CD-TRACK 23** / „Double-Stop Blues"

Übung 31 verwendet mehrere auf der Blues-Tonleiter basierende Riffs, die gemeinsam ein einfaches Solo ergeben. Das Stück beginnt mit vier Takten Rhythmusgitarre, mit einer viertaktigen Pause (also Stille) für dich. Aufeinanderfolgende Pausentakte werden oft mit einem Balken mit der genauen Anzahl der Pausentakte darüber notiert. Zähle auch die Pausentakte mit, damit du an der richtigen Stelle einsetzt. Alle Töne außer dem kurzen chromatischen Lauf in Takt 15 entstammen der Blues-Tonleiter. Dieser Track wurde mit dem Stegtonabnehmer, ordentlich Höhen und ein bißchen Verzerrung aufgenommen. Spiele die Achtelnoten mit Wechselschlag. Auch hier sind die Akkordsymbole angegeben, im nächsten Abschnitt werden wir uns auch mit dieser Übung ein zweites Mal befassen, wenn du den Rhythmusgitarren-Part lernst.

■ THEORIE

Der Leadgitarren-Part beginnt hier mit zwei gleichzeitig gespielten Tönen. Ein solcher Akkord aus zwei Tönen kann als Zweiklang bezeichnet werden, um ihn von einem vollständigen Akkord aus drei Tönen (dem Dreiklang) zu unterscheiden. Oft werden Zweiklänge auch „double stop" genannt.

PROFI-TIPP
Versuche einmal, mit der Blues-Tonleiter eigene Riffs im Stil dieses Stückes zu erfinden.

Nur um dir zu zeigen, wie vielseitig diese Tonleiter sein kann, verwendet Übung 32 die Blues-Tonleiter, hat aber nichts mit Blues zu tun. Auf die richtige Art gespielt, erzeugt die Blues-Tonleiter einen sehr düsteren Klang, der sich hervorragend für Metal eignet. Beispielsweise ist das B♭ auf dem 1. Bund der A-Saite in E-Dur äußerst wirkungsvoll.

In diesem Stück kommt ein neuer Notenwert vor, die Sechzehntelnote.

In jeden Taktschlag passen 4 Sechzehntelnoten, und in den Takten 6 und 8 sind sie in Vierergruppen verbalkt. Weil man Achtelnoten „eins-und zwei-und" usw. zählt, zählen wir Sechzehntelnoten „eins-e-und-a zwei-e-und-a drei-e-und-a vier-e-und-a" und so weiter. So bleibt die Achtel-Zählweise im Prinzip unverändert, nur die beiden Sechzehntelnoten jedes Taktschlags werden hinzugefügt.

SECHZEHNTELNOTEN ZÄHLEN

Du solltest dir nicht nur die Notennamen der Töne im Notensystem erarbeiten, sondern auch einen genauen Blick auf die Tabulatur werfen, denn der Ton A kommt hier sowohl als Leersaite als auch als gegriffener Ton (5. Bund der tiefen E-Saite) vor. Der gegriffene Ton A ermöglicht dir eine neue Spieltechnik, das sogenannte Pull-off.

ÜBUNG 32, **CD-TRACK 24** / „Midnight Metal"

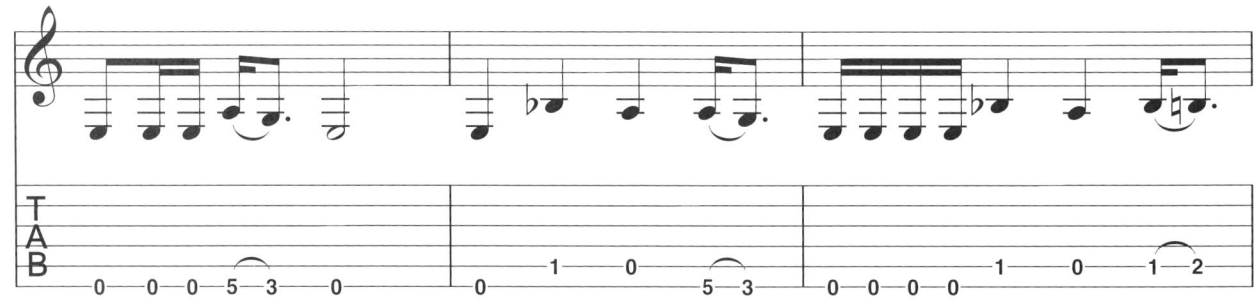

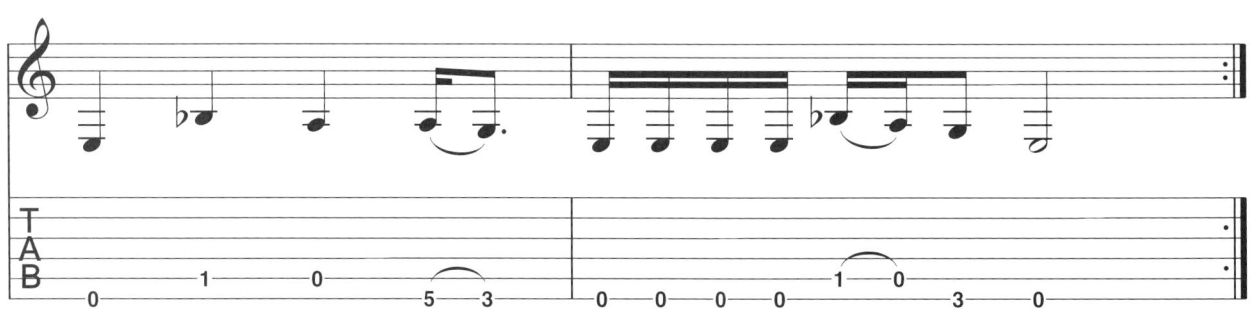

Greife beim letzten Taktschlag in Takt 1 mit Zeigefinger und Mittelfinger im 3. und 5. Bund der tiefen E-Saite. Schlage den ersten Ton (das A) ganz normal mit dem Plektrum an und ziehe dann deinen Mittelfinger in Richtung der A-Saite von der E-Saite ab, so dass der Ton G (den du bereits mit dem Zeigefinger greifst) erklingt. Schlage diesen Ton nicht mit dem Plektrum an. In den Takten 2 und 6 verwendest du diese Technik umgekehrt: als sogenanntes „Hammer-on". Dafür greifst du mit dem Zeigefinger im ersten Bund der A-Saite, schlägst den Ton mit dem Plektrum an und „hämmerst" anschließend mit dem Mittelfinger in den 2. Bund, so dass der Ton B ohne erneuten Anschlag erklingt.

PROFI-TIPP
Für diese Technik benötigst du viel Verzerrung. Spiele aber weiter mit dem Stegtonabnehmer; sein brillanter Ton unterstützt die klare Erkennbarkeit der Töne.

■ THEORIE
Pull-offs und Hammer-ons werden auch als „Bindungen" bezeichnet. In der Notenschrift werden sie mit einem Bogen angegeben, der zwei Töne unterschiedlicher Tonhöhe verbindet. Der Bogen zwischen zwei Tönen gleicher Tonhöhe ist ein Bindebogen – der (wie du bereits weißt), die Dauer der ersten Note um die der zweiten verlängert.

ÜBUNG 33, **CD-TRACK 25** / E-Moll-Pentatonik

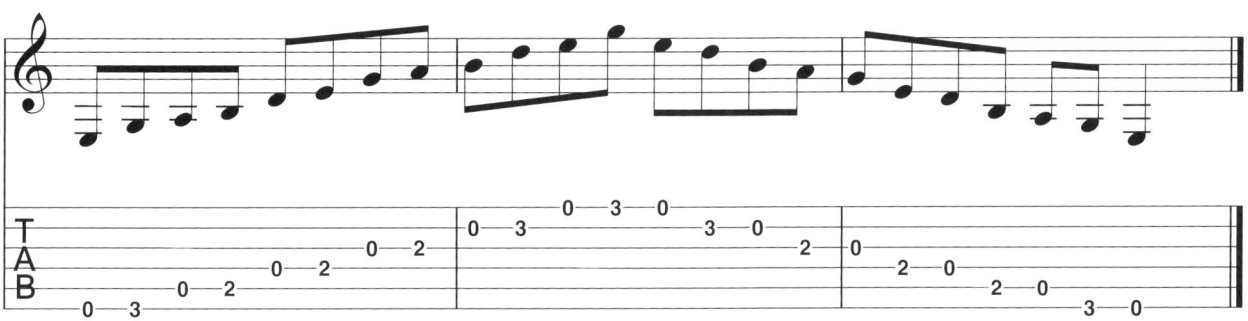

Die Blues-Tonleiter ist genaugenommen eine Moll-Pentatonik mit einem zusätzlichen Durchgangston (in E-Dur der Ton B♭). Begriffe wie Dur und Moll werden später ausführlich erläutert, aber der Begriff Pentatonik ist einfach zu erklären, er bedeutet „Fünf Töne", und es gibt zahlreiche Tonleitern mit fünf Tönen, von denen die Moll-Pentatonik nur eine ist. Sie wird an dieser Stelle erwähnt, weil einige Musiker bei der Konstruktion von Riffs und Soli der Moll-Pentatonik den Vorzug gegenüber der Blues-Tonleiter geben. Es ist allerdings recht einfach, aus der Blues-Tonleiter eine Moll-Pentatonik zu machen, indem man einfach den zusätzlichen Ton weglässt. (Vergleiche diese Tonleiter einmal mit Übung 30). Wenn du in Zukunft neue Tonarten und Tonleiter-Pattern lernst, werden wir das anhand der Blues-Tonleiter besprechen, aber du kannst auf eigene Faust mit der Moll-Pentatonik experimentieren.

ÜBUNG 34, CD-TRACK 26 / C-Dur- und G-Dur-Pentatonik

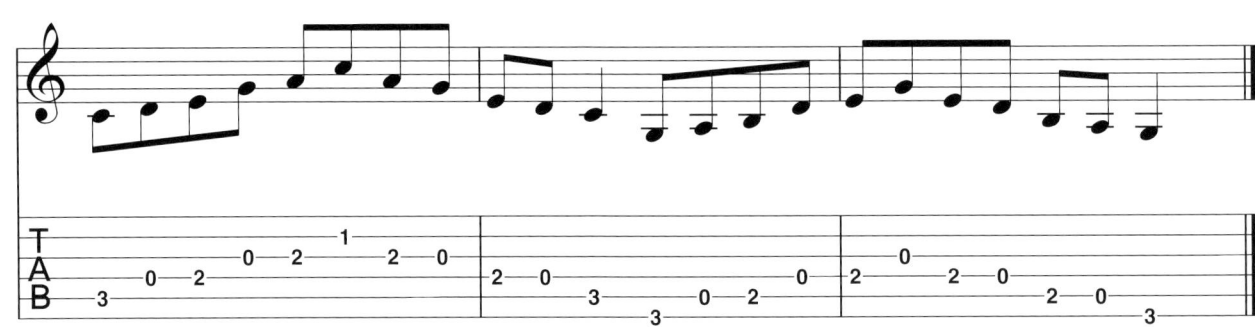

Da es eine Moll-Pentatonik gibt, existiert natürlich auch eine Dur-Pentatonik. Auf der CD hörst du die C-Dur-Pentatonik, unmittelbar gefolgt von der G-Dur-Pentatonik, beide nur über eine Oktave. Die Dur-Pentatonik klingt fröhlich und „twangy" und wird im Rock, Blues und Country verwendet, wenn die Blues-Tonleiter zu dunkel, traurig oder einfach nur zu „mollig" klingt. Die Tonleitern sind hier ohne Fingersatz notiert, aber mittlerweile solltest du in der Lage sein, dir einen vernünftigen Fingersatz selbst zu erarbeiten. Springe nicht mit der Greifhand auf dem Griffbrett herum, sondern verwende einen Finger pro Bund.

ÜBUNG 35, CD-TRACK 27 / „Country Cousin"

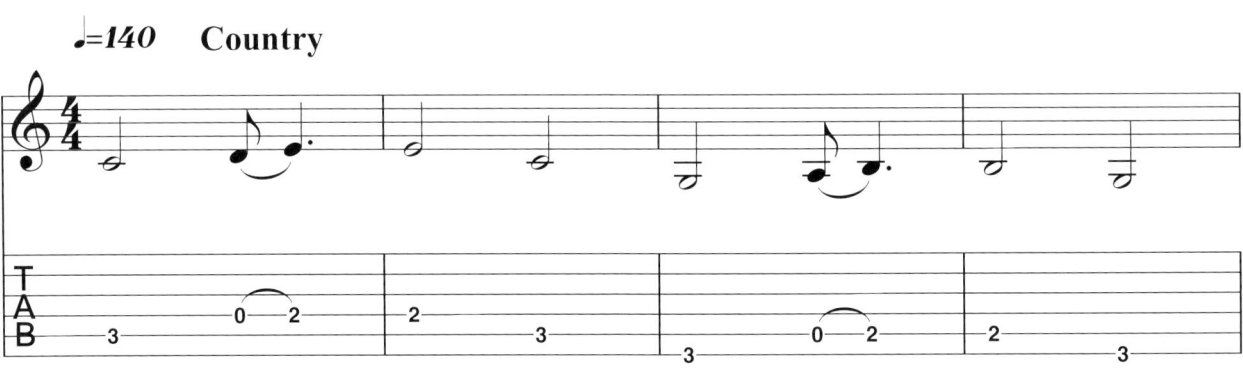

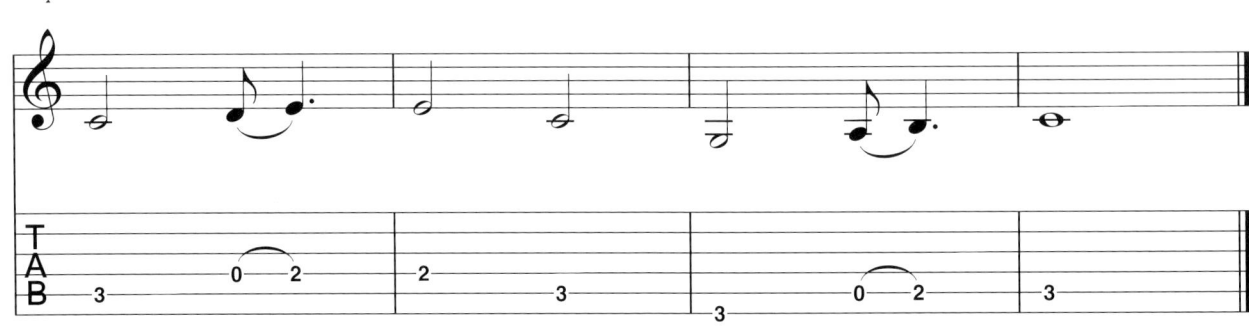

Übung 35 mit einigen Country- und Bluegrass-inspirierten Riffs verwendet wieder die tiefen Töne der Gitarre und die C-Dur- und G-Dur-Pentatonik. Die tiefen Töne betonen den „Country-Twang" dieser Übung, ebenso wie die Hammer-ons, die alle mit einer Leersaite beginnen und die mit dem Mittelfinger gespielt werden sollten. Verwende für diese Übung ausschließlich Abschläge und spiele mit dem Stegtonabnehmer.

Übung 36 zeigt dir, wie man eine Dur-Pentatonik um einen Durchgangston ergänzen kann. Die Übung ist ein typisches Country-Lick, das häufig am Ende eines Abschnittes oder am Ende eines Songes eingesetzt wird. Wie in Übung 35 wird dieses Lick in C und in G gepielt.

ÜBUNG 36, **CD-TRACK 28** / „Finger-Licking Good"

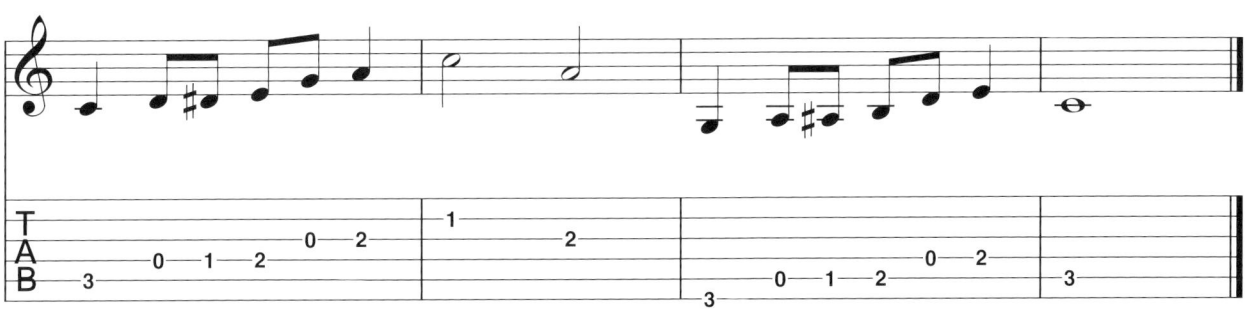

DUR-TONLEITERN UND DUR-TONARTEN

ÜBUNG 37, CD-TRACK 29 / C-Dur-Tonleiter

Nach den pentatonischen (fünftönigen) Tonleitern kommen wir jetzt zur Dur-Tonleiter. Die Dur-Tonleiter ist die wohl wichtigste Tonleiter. Von ihr sind nicht nur viele andere Tonleitern abgeleitet, sondern sie ist auch unverzichtbar für das Verständnis von Tonarten und Akkorden. In dieser Übung spielst du eine Dur-Tonleiter über eine Oktave in der 1. Lage mit so vielen Leersaiten wie möglich. In der C-Dur-Tonleiter kommen alle weißen Tasten des Klaviers vor. Sie hat keine Kreuze oder B und ihre spezielle Abfolge von Ganztonschritten und Halbtonschritten bildet das Muster für alle anderen Dur-Tonleitern:

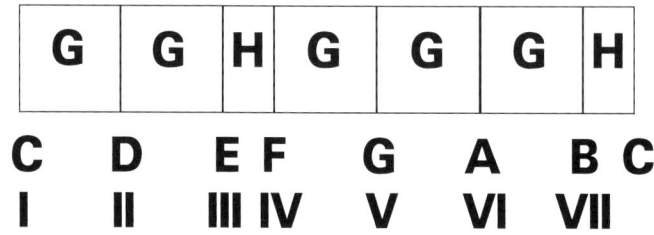

Die Stufen einer Tonleiter werden gewöhnlich mit römischen Ziffern nummeriert. Wenn man diese Abfolge von Ganzton- und Halbtonschritten von einem anderen Ausgangston aus beginnt, entsteht ebenfalls eine Dur-Tonleiter, allerdings in einer anderen Tonart. Hier ist zum Beispiel die G-Dur-Tonleiter:

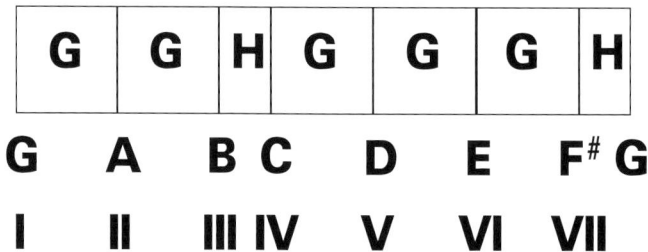

ÜBUNG 38 / G-Dur-Tonleiter

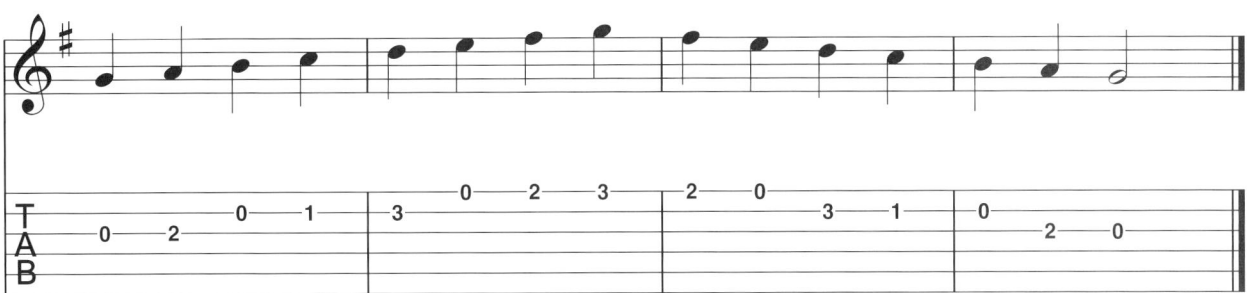

Übung 38 enthält dieselbe Information für Gitarre notiert. Zu dieser Übung gibt es keinen CD-Track – spiele sie einfach ohne.

Achte darauf, dass für die G-Dur-Tonleiter der Ton F zum Fis erhöht werden musste, um die genaue Abfolge von Ganzton- und Halbtonschritten einzuhalten. Wenn man ein Musikstück in G-Dur komponiert, schreibt man das Fis als Vorzeichen an den Anfang des Stückes und spart sich so, ein Kreuz vor jedes F zu notieren. Deshalb ist auch bei dieser Übung ein Fis vorgezeichnet.

Man kann eine Dur-Tonleiter von jedem beliebigen Anfangston aus bilden, auch von Anfangstönen mit Kreuz oder B. Zu jedem dieser Anfangs- oder Grundtöne gehört eine eigene Vorzeichnung aus Kreuzen bzw. B zu Beginn der Notenzeile. Auf der nächsten Seite findest du eine Übersicht der Vorzeichen und Tonnamen in den wichtigsten Tonarten.

Jeder Buchstabe des Noten-Alphabets kommt in jeder Dur-Tonleiter vor. Du kannst in dieser Übersicht sehen, dass D-Dur die Töne D E F♯ G A B C♯ D enthält. F-Dur hat die Töne F G A B♭ C D E F. Versuche, dir die anderen Dur-Tonleitern selbst zu erarbeiten. Spiele dann alle auf der Gitarre. Wenn dich die Bezeichnungen Eis und Ces verwirren: Eis ist derselbe Ton wie F und Ces ist derselbe Ton wie B.

Vorzeichnung und Tonnamen für die wichtigsten Tonarten

INTERVALLE

Bevor wir das Thema Dur-Tonleitern abschließen, sprechen wir noch über ein weiteres wichtiges Konzept, das man an der Dur-Tonleiter gut demonstrieren kann. Du weißt bereits, dass man die einzelnen Töne einer Tonleiter nummerieren kann. Es gibt in der Musik ein System, mit dem der Abstand zwischen zwei beliebigen Tönen mit einer Zahl angegeben werden kann: die Intervall-Schreibweise. Ein Intervall besteht aus zwei Elementen. Eine (lateinische) Zahl gibt den Abstand zwischen den Tönen an. Wenn der Ton C der tiefere Ton eines Intervalles ist, ist der Abstand zum D eine Sekunde (secundus = der zweite), zum E eine Terz (tertius = der dritte), zum F eine Quarte (quartus = der vierte) usw. Dieses Abzählen ist ganz einfach – betrachte den tieferen Ton als „eins" und zähle dann einfach die Tonnamen aufwärts, bis du den höheren Ton erreichst. Hier sind alle einfachen Intervalle vom Ton C aus. Beachte, dass du die Zählung über die Oktave (octavus = der achte) hinaus zur None, Dezime usw. weiterführen kannst.

Einfache Intervalle (Intervalle bis zu einer Oktave Umfang)

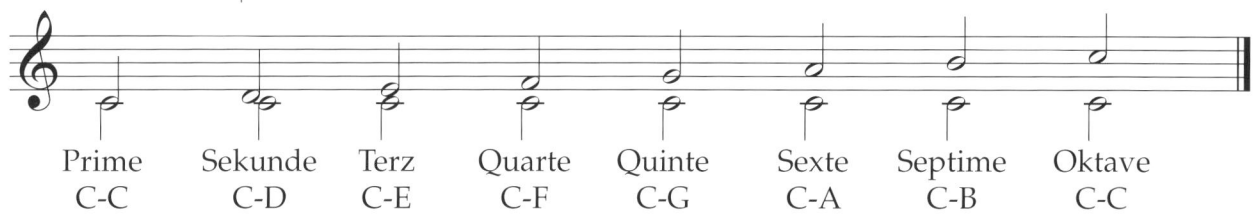

Zusammengesetzte Intervalle (Intervalle mit mehr als einer Oktave Umfang)

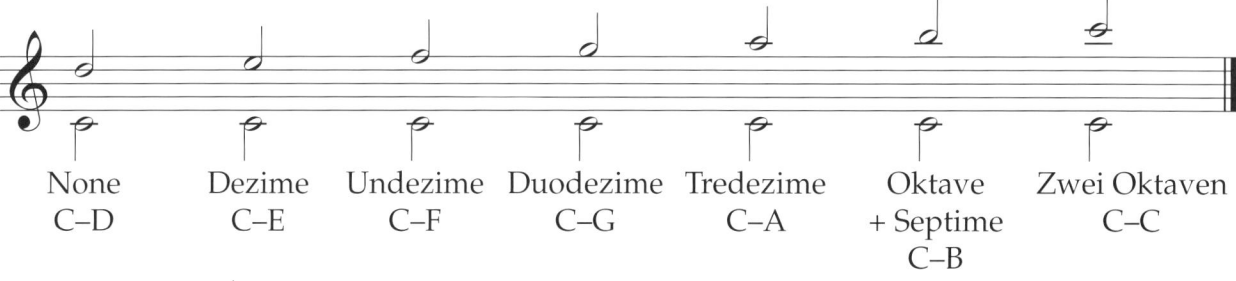

Das zweite wichtige Element eines Intervalles ist seine sogenannte Qualität. Die Qualität eines Intervalles kann rein, klein, groß, übermäßig oder vermindert sein. Hier sind die Intervalle in der Dur-Tonleiter mit ihren Qualitäten (immer vom Grundton aus):

Intervalle innerhalb der Dur-Tonleiter

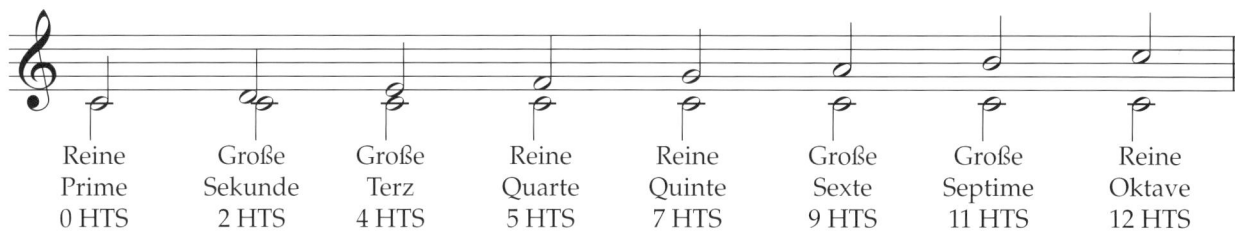

HTS = Halbtonschritte

Hier ist eine Übersicht einiger Intervalle, die nicht in der Dur-Tonleiter enthalten sind:

Nicht in der Dur-Tonleiter enthaltene Intervalle:

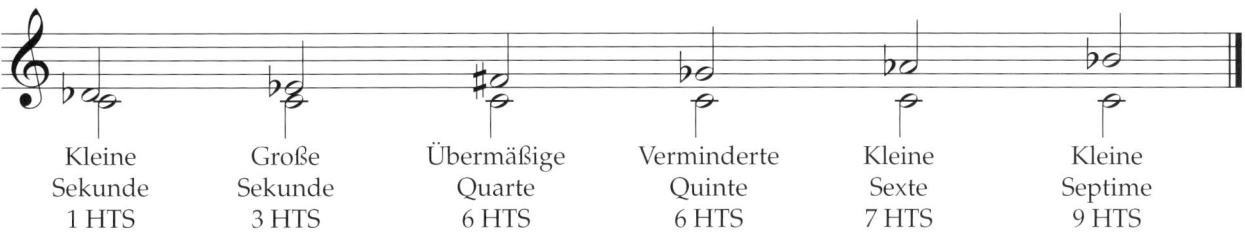

| Kleine Sekunde | Große Sekunde | Übermäßige Quarte | Verminderte Quinte | Kleine Sexte | Kleine Septime |
| 1 HTS | 3 HTS | 6 HTS | 6 HTS | 7 HTS | 9 HTS |

HTS = Halbtonschritte

In der ersten Grafik siehst du, dass alle Intervalle innerhalb der Dur-Tonleiter entweder reine oder große Intervalle sind (immer vom Grundton aus gesehen). Die zweite Grafik zeigt dagegen Intervalle, die mit nicht in der Dur-Tonleiter enthaltenen Tönen gebildet werden können. Sie sind alle klein, vermindert oder übermäßig.

Man sagt, dass Regeln dazu da sind, um sie zu brechen – im Zusammenhang mit Intervallen gibt es allerdings einige Regeln, die niemals gebrochen werden.

Quarten, Quinten und Oktaven sind entweder rein, übermäßig oder vermindert, niemals klein oder groß. Sekunden, Terzen, Sexten und Septimen sind kleine oder große, niemals reine Intervalle.

Im Moment fühlst du dich wahrscheinlich wie im Mathematik-Unterricht. Wenn dir die Intervalle noch nicht völlig klar sind, mache dir keine Sorgen, zumindest weißt du jetzt schon, dass es Intervalle gibt und sie aus einer Zahl und einem Wort, das ihre Qualität beschreibt, bestehen. Weil die Kenntnis der Intervalle für das Verständnis von Akkorden wichtig ist, werden wir uns in Teil 2 ausführlicher mit ihnen beschäftigen.

Du solltest dir im Moment über Intervalle vor allem merken, dass sie den Abstand zwischen zwei beliebigen Tönen beschreiben. Jede Melodie, jedes Riff und jeder Akkord besteht aus einer Abfolge von Intervallen und jedes Intervall hat einen eigenen Klang. Mit etwas Übung wirst du sie an ihrem charakteristischen Klang unterscheiden lernen. So wirst du selbst heraushören können, was auf deinen Lieblings-CDs gespielt wird.

Im Abschnitt 4 werden wir uns mit Blues-basierter Rhythmusgitarre befassen. Das Folgende hast du in Abschnitt 3 gelernt: die Töne auf der D-, A- und tiefen E-Saite; punktierte Notenwerte und Bindebögen; Akzente und Synkopen; die Tonnamen bis zum 5. Bund und das Stimmen nach dem 5. Bund; die Blues-Tonleiter in E und die Moll-Pentatonik; Pull-off und Hammer-on; C-Dur- und G-Dur-Pentatonik; Dur-Tonleitern und Vorzeichnungen; Intervalle.

Rhythmusgitarre

Für den Fall, dass du dich mit Theorie überfrachtet fühlst, ist hier das perfekte Gegenmittel: etwas Blues-Rhythmusgitarre.

Hier sind zwei sogenannte Akkorddiagramme. Im Folgenden werden dir noch mehr davon begegnen. Diese Diagramme sind leicht zu lesen. Die Angabe „O" bedeutet eine Leersaite. Die schwarzen Kreise geben an, wo gegriffen wird und die Zahl im Kreis, mit welchem Finger du greifen sollst. Mit einem „X" markierte Saiten dürfen nicht klingen (nicht anschlagen oder dämpfen) – hier verwenden wir nur die A- und die D-Saite, um diese Zweiklänge (oder Diads) zu spielen. Unter dem Diagramm stehen die Tonnamen der gespielten Töne, um Zahlen zur Beschreibung der Akkordstruktur ergänzt. Beim A5-Akkord spielst du den Grundton (A) und seine Quinte, deshalb stehen dort eine 1 und eine 5. Für den A6-Akkord spielst du den Grundton und seine Sexte (Fis), also stehen dort die Zahlen 1 und 6.

A5- und A6-Akkord

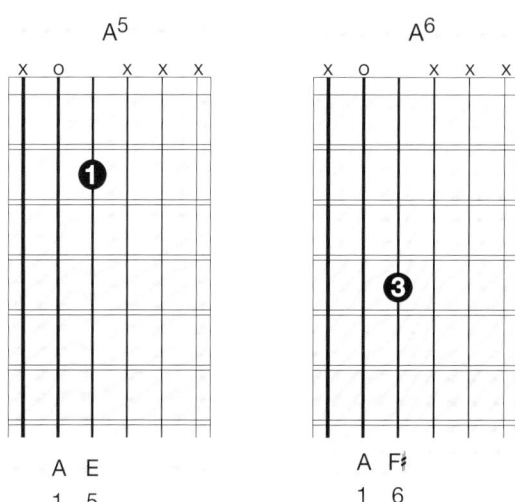

Wenn du von alleine gemerkt hast, dass der A5-Akkord eine reine Quinte enthält und der A6-Akkord eine große Sexte, kannst du dir selbst einen Preis verleihen. Es tut mir leid – schon wieder geht es um Intervalle!

In Übung 39 werden diese beiden Akkorde als Blues-Vamp gespielt; dabei wird jeder Akkord im Achtelrhythmus zweimal angeschlagen. Verwende nur Abschläge.

Höre dir CD-Track 31 an und achte dabei auf den Sound der Rhythmusgitarre. In Übung 40 verwendest du genau diese auch „palm muting" (Dämpfen mit dem Handballen) genannte Technik. Lege dafür den Handballen der Anschlagshand direkt vor dem Steg leicht auf die tiefen Saiten auf und spiele beide Töne mit einem Abschlag.

ÜBUNG 39 CD-TRACK 30 / Blues-Vamp in A

ÜBUNG 40 CD-TRACK 31 / Vamp mit Dämpfen

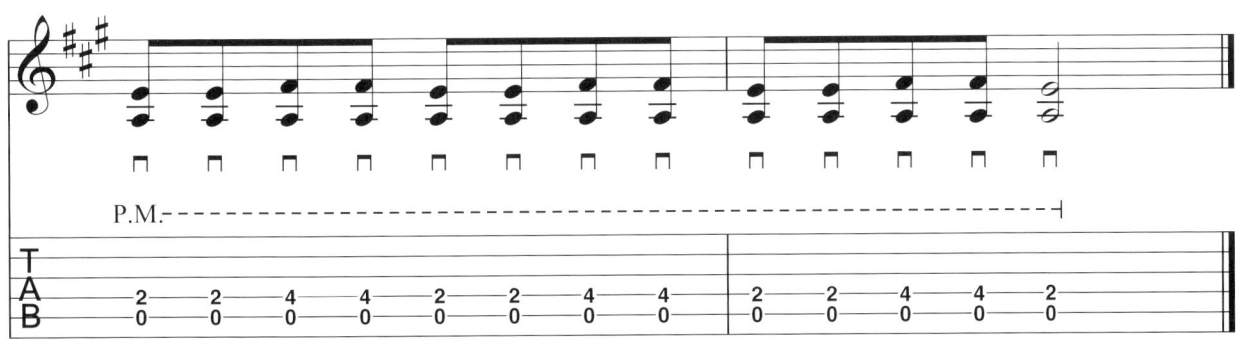

Das Dämpfen erzeugt einen fetteren Sound und passt hervorragend zum Rhythmusspiel. Probiere beim Dämpfen mit dem Handballen verschiedene Handpositionen aus – der Klang hat weiter vom Steg entfernt mehr „click" und bekommt immer mehr „thud", je näher du mit dem Handballen dem Steg kommst. Wenn du zu nahe am Steg dämpfst, erhältst du wieder den ganz normalen Gitarrenklang. Für diese Technik wirst du hier ausschließlich Abschläge spielen.

■ THEORIE

Das Dämpfen mit dem Handballen wird manchmal mit den Buchstaben PM (palm muting) und einer punktierten Linie notiert, die dir angibt, wie lange gedämpft werden soll. Manchmal werden nur ein oder zwei Töne gedämpft, aber dir wird auch die Anweisung „durchgehend dämpfen" (palm muting throughout) begegnen.

E5- und E6-Akkord

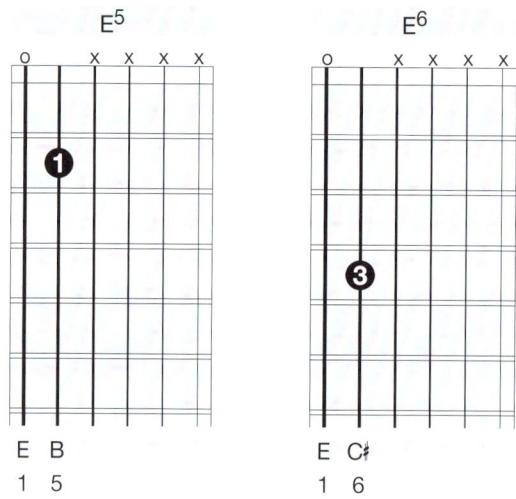

Das fantastische am Blues-Vamp in A ist, dass du ihn einfach um eine Saite verschieben kannst und so einen Blues-Vamp in E erhältst. Die Übung 41 besteht aus vier Takten E5 und E6, dieses Mal etwas heavier und mit verzerrtem Gitarrensound. Die Übung wird komplett mit Abschlägen gespielt, beachte wie die Downbeats hier akzentuiert (stärker gespielt) werden; das hebt die Bewegung von E5 zu E6 klarer hervor.

Spiele mit dem mittleren Tonabnehmer oder dem Halstonabnehmer und etwas Verzerrung oder Overdrive für einen fetten und warmen Sound.

■ THEORIE

Bei diesem Beispiel stehen unterhalb der Tabulaturzeile die Akkorde, die du spielst, nämlich E5 und E6; an dieser Stelle werden die Akkordsymbole im Normalfall notiert. Manchmal werden die tatsächlich gespielten Akkorde angegeben (so wie in diesem Fall); manchmal wird auch die zugrundeliegende Harmonie angegeben (die nicht unbedingt das sein muss, was du tatsächlich spielst). Das hängt davon ab, welche Information der Komponist für wichtiger hält.

PROFI-TIPP

Experimentiere bei diesem Rhythmus auch mit anderen Akzentformen; versuche zum Beispiel, nur die Taktschläge zwei und vier zu betonen.

ÜBUNG 41 **CD-TRACK 32** / Blues-Vamp in E

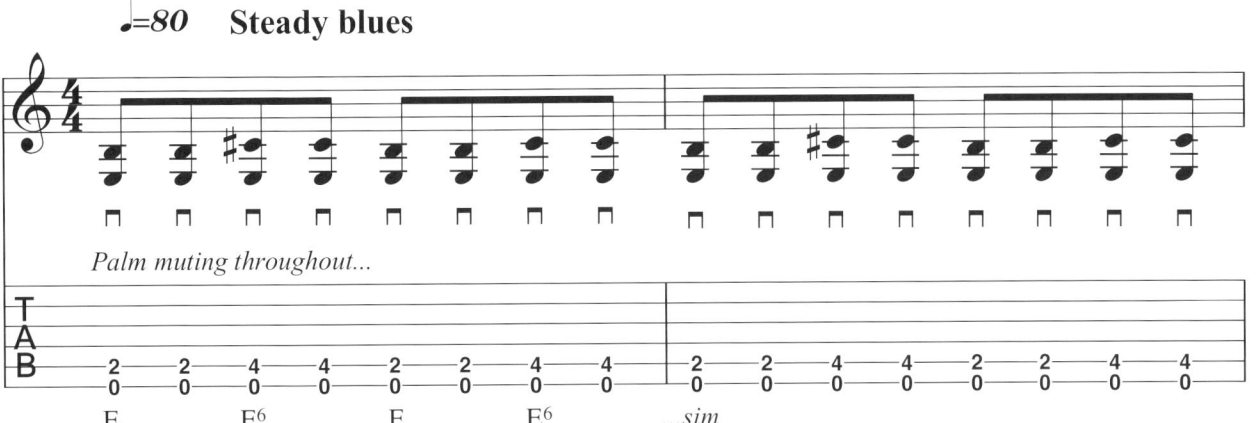

D5- und D6-Akkord

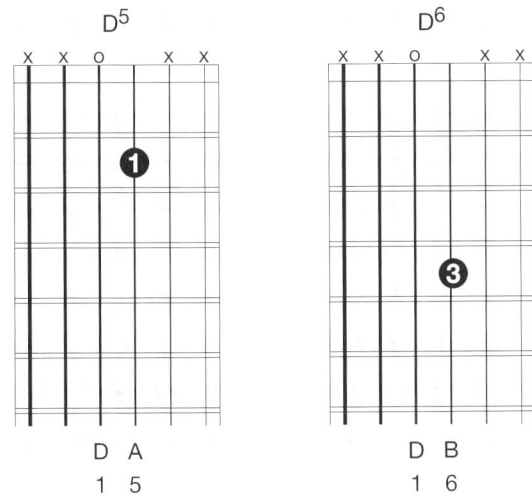

ÜBUNG 42 **CD-TRACK 33** / 12-taktiger Blues in A

Wenn man jetzt noch den D5-D6-Vamp hinzufügt, hat man alles, was für einen 12-taktigen Blues benötigt wird. Der 12-taktige Blues ist so bekannt, dass Bars und Musikgeschäfte nach ihm benannt worden sind. Er ist 12 Takte lang (natürlich) und hat eine ganz bestimmte Akkordfolge. Man kann ihn in jeder Tonart spielen und er verwendet die Akkorde I, IV und V. (Das bedeutet, die Akkorde auf den Tonleiterstufen eins, vier und fünf) Wenn A die I ist, dann ist D die IV und E ist die V.

Das hier ist die genaue Akkordfolge, mit einem Akkord pro Takt:

I	I	I	I
IV	IV	I	I
V	IV	I	V

oder

A	A	A	A
D	D	A	A
E	D	A	E

Dieser Track ist auf der CD komplett gedämpft eingespielt; du solltest nur Abschläge verwenden, um den Rhythmus besonders zu betonen.

■ THEORIE

In einem Song kann dieses 12-taktige Blues-Schema einfach ständig wiederholt werden. Man nennt dann jeden Durchgang einen Chorus. Sowohl der Blues-Vamp als auch der 12-taktige Blues kommen im Blues und im Rock häufig vor, von den frühen Bluesern wie Robert Johnson („Sweet Home Chicago") über Rock'n'Roller wie Chuck Berry („Johnny B. Goode") und klassische Rockgitarristen wie Eric Clapton („Crossroads") bis zum heutigen Tag.

B5-AKKORD

Wenn du den Akkord B5 hinzufügst, hast du bereits alles was du brauchst, um den 12-taktigen Blues auch in E zu spielen. In der Tonart E-Dur ist nämlich E die I und A die IV; du benötigst also nur noch B (die V).

E	E	E	E
A	A	E	E
B	A	E	B

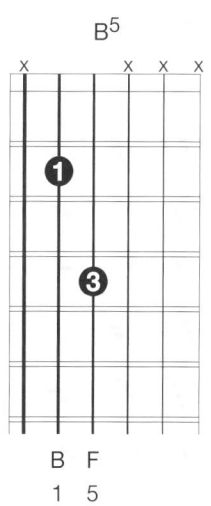

Für dieses Beispiel gehen wir noch mal zurück zu Übung 31 (CD-Track 23). Die Rhythmusgitarre spielt hier ein viertaktiges Intro, so dass man den Groove ohne die Leadgitarre deutlich erkennen kann. Im Rhythmusgitarren-Part kommen die Zweiklänge E5 und E6 in einer von Übung 41 rhythmisch leicht unterschiedlichen Form vor. Hier wird der komplette Zweiklang nur auf den Hauptzählzeiten („1", „2", „3", 4") gespielt; auf den Nebenzählzeiten („und") spielst du nur den Grundton des Akkords.

ÜBUNG 43 **CD-TRACK 23** / 12-taktiger Blues in E

♩=76 **Steady blues**

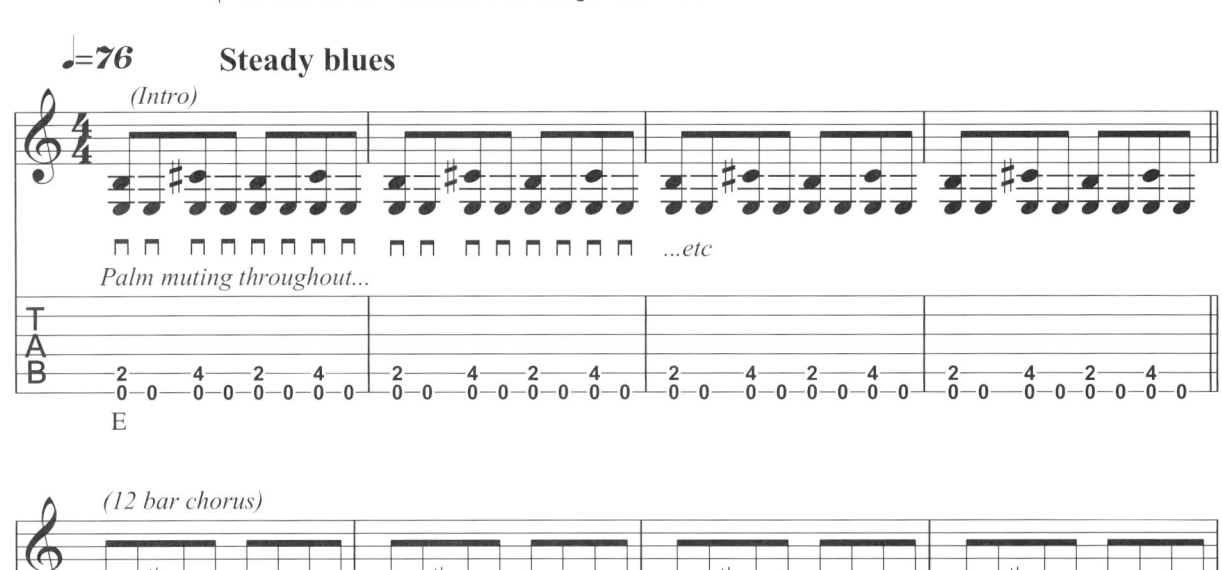

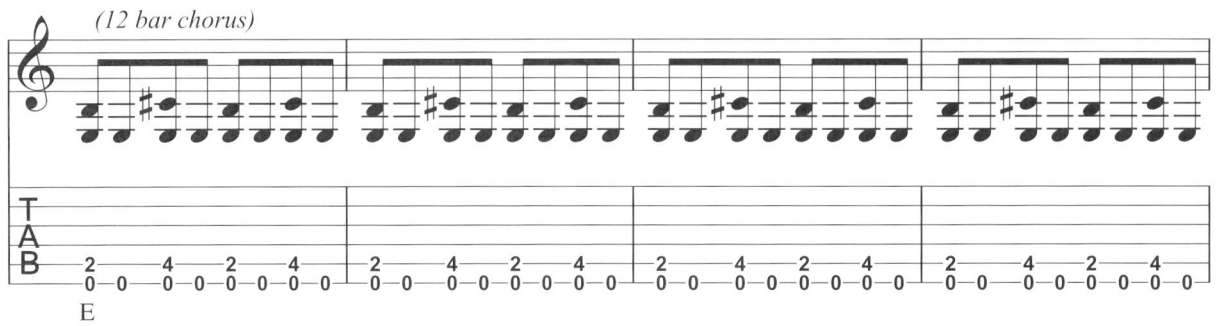

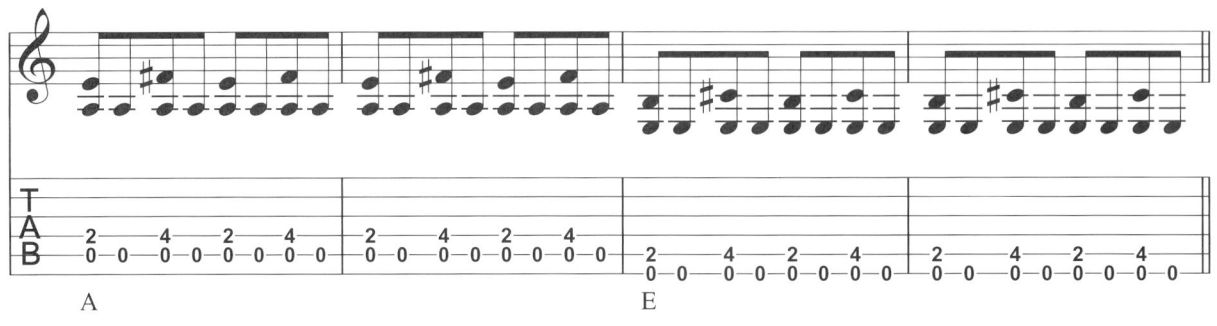

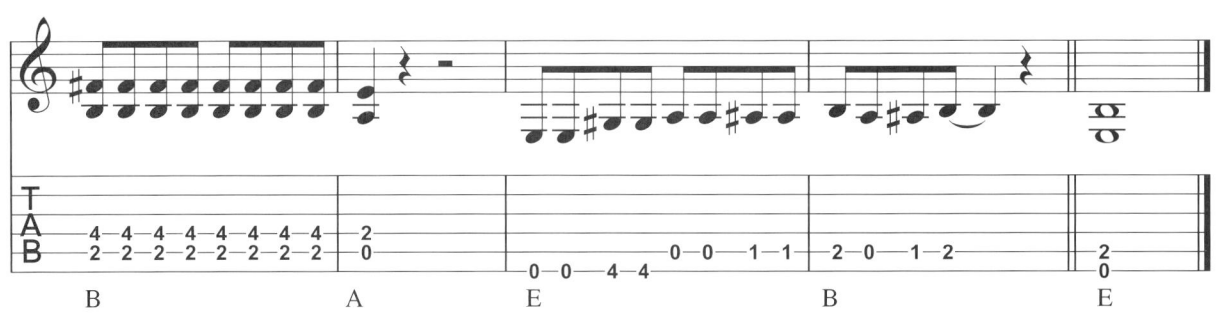

Das macht den Groove abwechslungsreicher, als jedesmal beide Töne zu spielen – höre dir einfach einmal den CD-Track an. Nach vier Takten wird der Vamp als 12-taktiges Blues-Schema gespielt, bei dem die Leadgitarre mit den Akkordformen A5, A6, und B5 begleitet wird. Weil der B-Akkord nur einen einzigen Takt lang gespielt wird, benötigen wir hier keinen B6 – wenn du einfach nur B5 spielst, klingt das schon klasse. In den letzten drei Takten verlassen wir den Vamp-Rhythmus durch eine Einzelton-Melodie mit starker Schlusswirkung.

Wenn du dir Übung 31 erneut ansiehst, wird dir auffallen, dass du jetzt sowohl die 1. Gitarre als auch die 2. Gitarre dieses Duos beherrschst. Falls du einen gitarrespielenden Freund hast, könnt ihr dieses Stück jetzt zusammen spielen und euch bei jeder Wiederholung mit der Lead- und der Rhythmusgitarre abwechseln. Versuche auch eigene Riffs mit der Blues-Tonleiter zu bilden und wechselt euch mit eigenen Blues-Tonleiter-Soli ab.

SWING ODER SHUFFLE

Bisher wurden alle Achtelnoten im sogenannten „Straight Feel" gespielt. Anders ausgedrückt, waren alle Töne genau gleichlang und alle Abstände zwischen den Tönen gleich groß. Jetzt wirst du lernen, einen Shuffle zu spielen. Beim sogenannten „Shuffle-Feel" bleiben die vier Hauptzählzeiten an ihrer Stelle, aber die Achtelnoten dazwischen werden später gespielt als üblich. Du kannst es dir so vorstellen, dass du zu jeder Zählzeit drei Achtelnoten zählst, aber nur die erste und die dritte davon tatsächlich spielst. Die folgenden drei Diagramme sollen das verdeutlichen:

Straight Feel

Clap	1 &	1 &	1 &	1 &
Tap	1	2	3	4

Triolen

Clap	123	123	123	123
Tap	1	2	3	4

Shuffle-Feel

Clap	1 3	1 3	1 3	1 3
Tap	1	2	3	4

PROFI-TIPP

Es ist wichtig, in mehreren Tonarten spielen zu können. Nicht alle Songs in derselben Tonart zu spielen, macht die Musik für den Zuhörer interessanter; es kann auch sein, dass du die Tonart wechseln musst, damit sie besser zur Tonhöhe deiner Stimme (oder zu der deines Sängers) passt.

ÜBUNG 44 **CD-TRACK 34** / 12-taktiger Shuffle in A

TEIL 1 ABSCHNITT 4

■ THEORIE

Manchmal werden drei Töne in der Zeit von zweien gespielt, also beispielsweise drei Achtelnoten während eines Viertel-Taktschlags. Diese Gruppen von drei Tönen pro Taktschlag nennt man „Triolen" und sie werden meist mit einem Balken und einer „3" notiert:

In vielen modernen Ausgaben wird die kleine „3" weggelassen, weil man normalerweise leicht erkennen kann, dass es sich um Triolen handelt. Man kann Triolen mit jedem Notenwert bilden. Man kann beispielsweise drei Viertelnoten anstelle einer halben Note spielen. Sogar drei halbe Noten anstelle einer ganzen Note sind möglich.

Notiert wird Musik mit Shuffle-Feel (auch Swing-Feel genannt) genauso wie Musik mit Straight-Feel. Zu Anfang eines Musikstückes steht dann allerdings die Angabe „Shuffle" oder „Swing" oder dieses Zeichen:

Übung 44 ist ein 12-taktiger Blues, genau wie Übung 42, allerdings mit einem Shuffle-Feel. Beim Anhören des CD-Tracks wird dir bestimmt auffallen, dass du diesen rhythmischen Effekt schon gehört hast, der Shuffle wird nämlich im Jazz und im Blues andauernd verwendet.

Nachdem du das Spiel im Shuffle-Rhythmus jetzt beherrschst, werden wir uns der Tonart E-Dur zuwenden. Die Übung 45 ist ein Blues und beginnt mit einem Chorus (Durchgang) eines Blues-Vamps. Es folgen zwei weitere mit Einzelton-Riffs, die auf der in Abschnitt zwei gelernten Blues-Tonleiter basieren. Achte auf das Zeichen zu Beginn des Stückes oberhalb der Notenzeile. Dieses Zeichen gibt an, dass jeweils zwei Achtelnoten als erster und dritter Ton einer Triole gespielt werden sollen – anders ausgedrückt, du spielst hier im Shuffle-Rhythmus!

Der zweite Chorus beschränkt sich auf die tiefen Töne der Blues-Tonleiter. Spiele mit Abschlägen auf den Downbeats und mit Aufschlägen auf den Upbeats. Der erste Takt ist als Beispiel mit Anschlagsymbolen notiert.

Im dritten und letzten Chorus spielst du die höheren Töne der Blues-Tonleiter. Du beginnst hier mit einigen Doublestops (Zweiklängen) – zwei gleichzeitig gespielten Tönen.

Wir sind jetzt beinahe am Ende des 1. Abschnittes angekommen. Wir haben uns mit einer ganzen Menge Themen befasst, und du solltest dich allmählich zuversichtlich fühlen, dass du nicht nur Gitarre spielen kannst, sondern auch verstehst, was in der Musik so vor sich geht. Wir haben uns mit spieltechnischen Aspekten der Anschlags- und der Greifhand beschäftigt, alle Töne bis zum 5. Bund der Gitarre behandelt, mit dem Notenlesen und der Tabulatur befasst und verschiedene Tonleitern sowie einige Aspekte der Musiktheorie kennengelernt.

PROFI-TIPP

„Stehle" einige dieser Riffs für deine eigenen Soli!

ÜBUNG 45 CD-TRACK 35 / Blues-Rhythmus in E

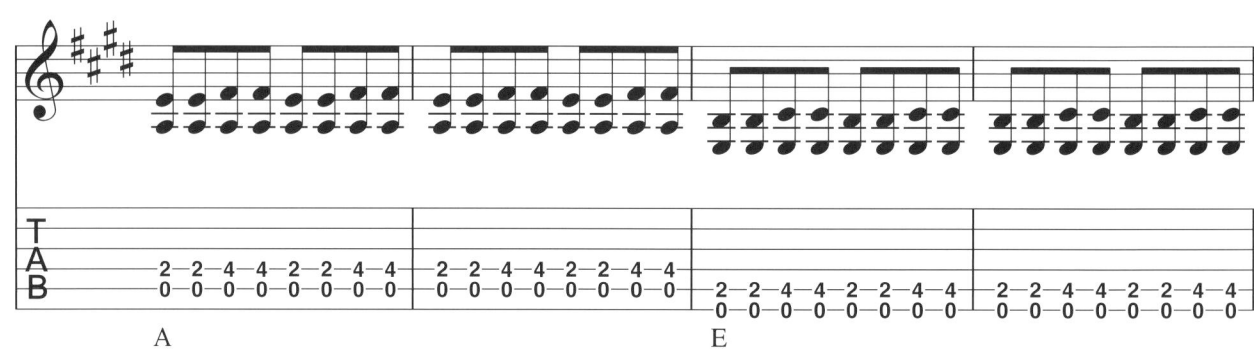

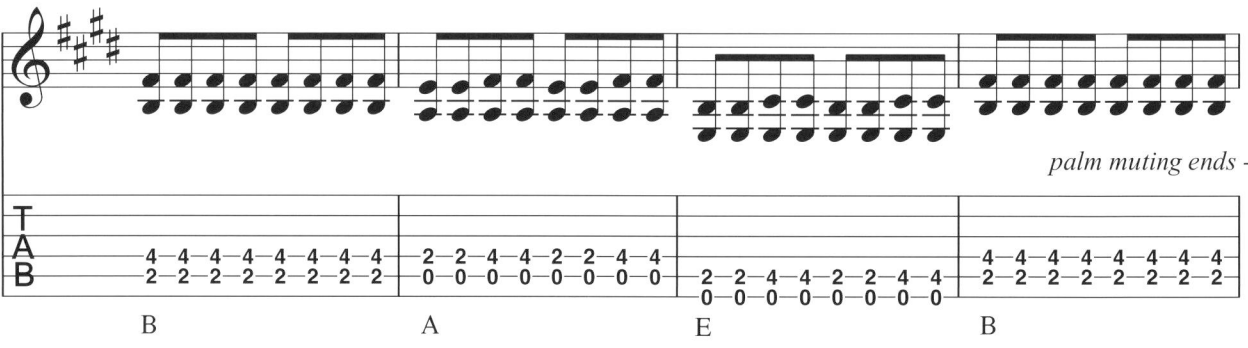

ÜBUNG 45 **CD-TRACK 35** / Blues-Solo Nr. 1 in E

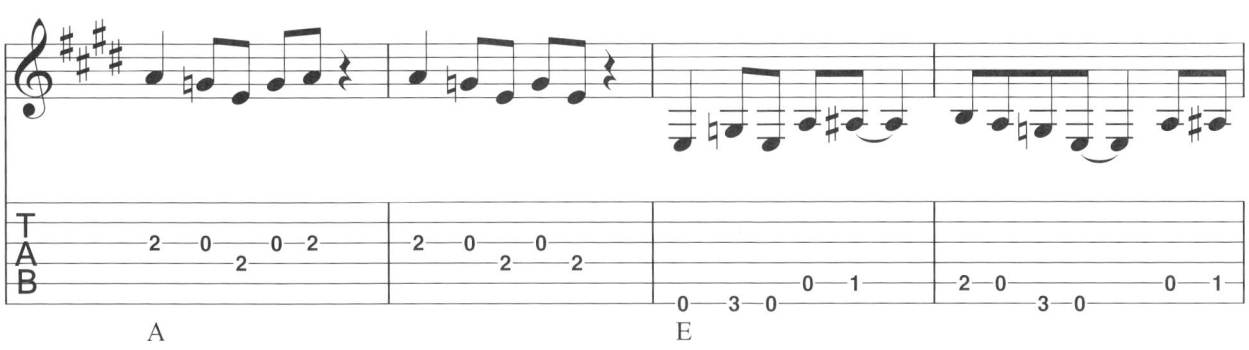

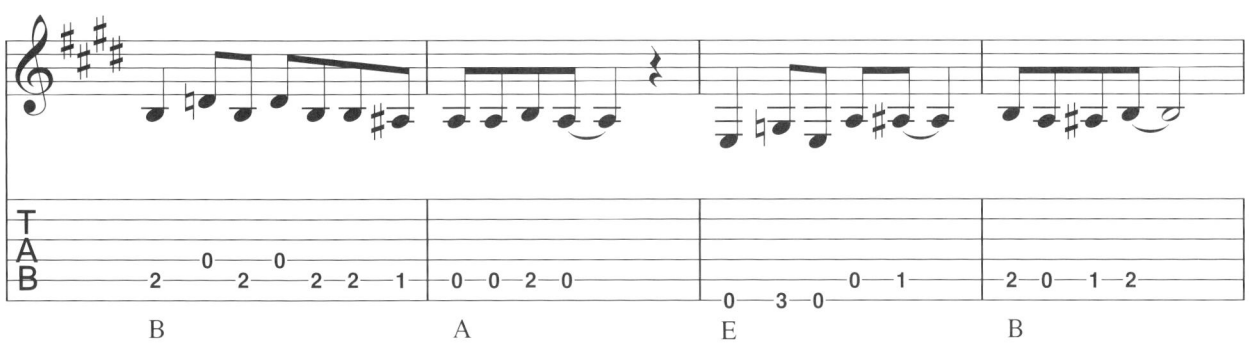

ÜBUNG 45 **CD-TRACK 35** / Blues-Solo Nr. 2 in E

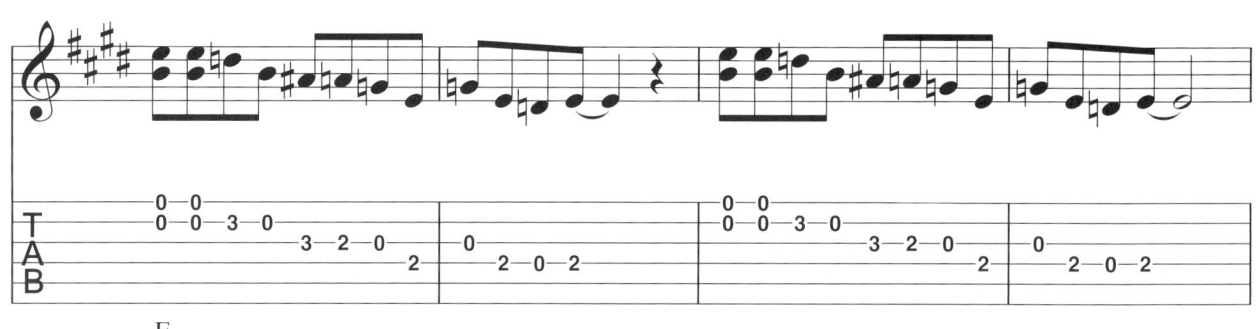

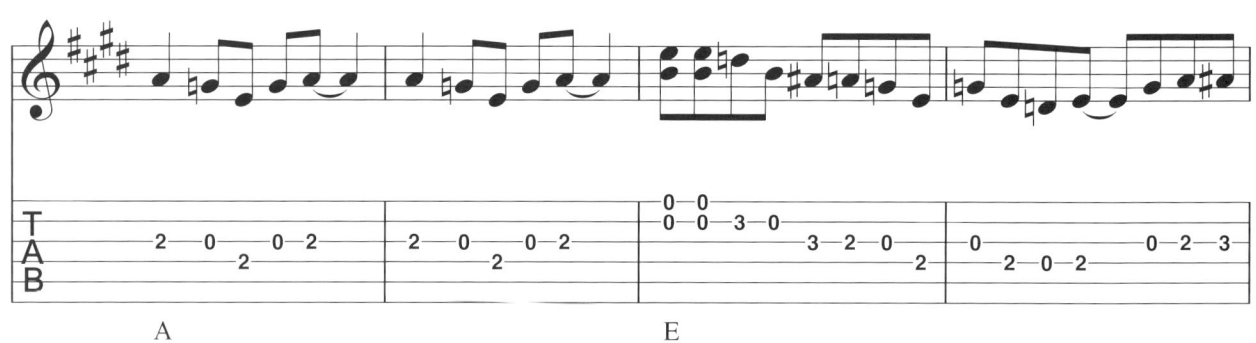

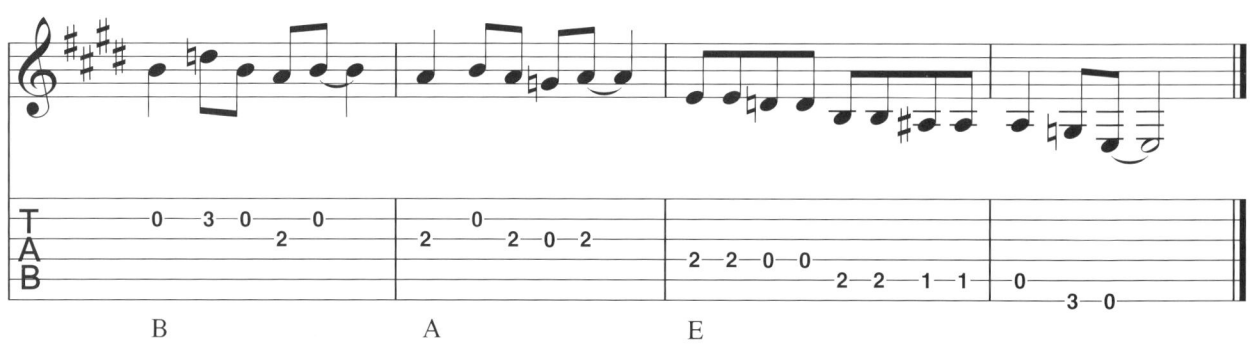

PROFI-TIPP

Versuche, den jeweils nächsten Ton zu singen, bevor du ihn auf der Gitarre spielst, das fördert die Entwicklung einer klaren Tonvorstellung in deinem Gehirn.

Zum Abschluss dieses Kapitels würde ich dich noch gerne mit der Idee des Spielens nach Gehör bekanntmachen. Dafür habe ich drei bekannte Songs ausgesucht, von denen hier nur die ersten paar Takte notiert sind. Ich weiß, dass dies keine Rocksongs sind, aber für diese Übung benötigen wir Songs, die wirklich jeder kennt. Diese Songs sind nicht auf der CD; deine Aufgabe ist es, den notierten Teil der Songs zu spielen und den Rest der Melodie erst in deinem Kopf zu hören und dann auf der Gitarre die richtigen Töne zu finden. Wenn das klappt, versuche andere Songs, die du gut kennst, auf der Gitarre nachzuspielen. Du kannst auch versuchen, Riffs von deiner Lieblings-CD nachzuspielen.

ÜBUNG 46 / „Twinkle Twinkle Little Star"

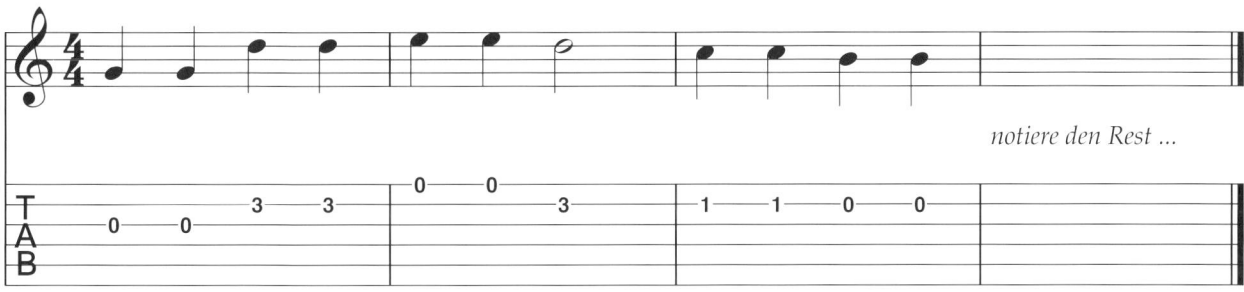

ÜBUNG 47 / „My Country 'Tis Of Thee" / „God Save The Queen"

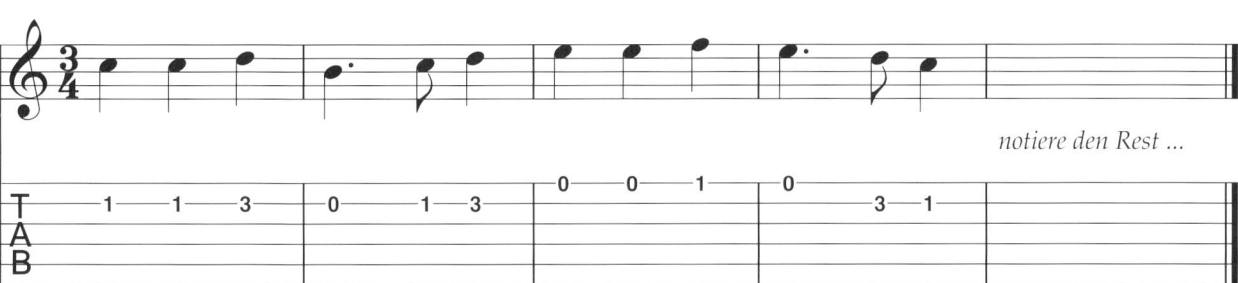

ÜBUNG 48 / „Yankee Doodle"

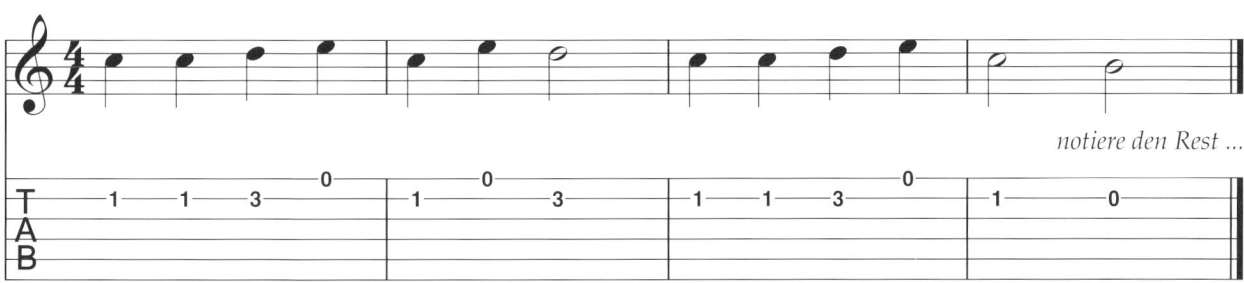

Das E-Gitarren-Handbuch

Teil 2

- Akkorde
- Akkord-Konstruktion
- Arpeggien
- Erweiterte Akkorde
- Dynamik
- Verschiebbare Akkorde

Akkorde

Im vorigen Abschnitt sind dir schon Akkord-Diagramme für Zweiklänge begegnet. Jetzt werden wir uns mit Akkorden mit vier, fünf und sechs Tönen befassen.

Greife den rechts abgebildeten E-Dur-Akkord und schlage alle Saite nacheinander mit einem Abschlag an. Höre genau hin und achte darauf, dass alle sechs Töne erklingen und du nicht versehentlich eine der Leersaiten mit der Unterseite eines deiner Finger abdämpfst.

PROFI-TIPP
Beim Greifen von Akkorden ist es besonders wichtig, nur mit den Fingerspitzen zu greifen.

Höre dir jetzt CD-Track 36 an. Du hörst hier den E-Dur-Akkord (rechts), zuerst einmal gespielt, dann zweimal, dann vier- und schließlich achtmal in einem Takt. Nimm dir deine Gitarre, greife den Akkord und spiele mit.

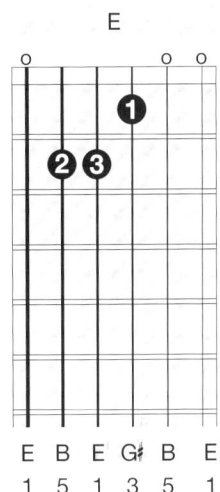

ÜBUNG 49, **CD-TRACK 36** / E-Dur-Akkord

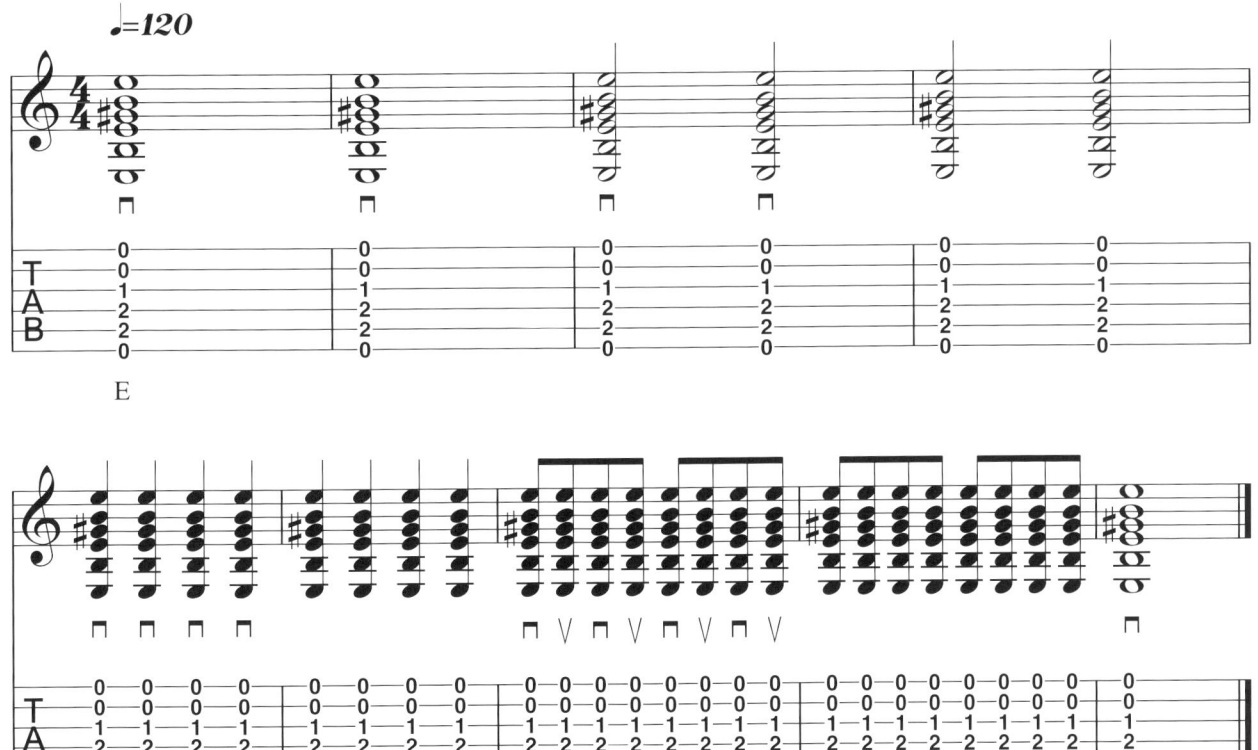

AKKORDE

TEIL 2 ABSCHNITT 1

Verwende ausschließlich Abschläge, bis du Takt 7 erreichst. Ab hier solltest du die Achtelnoten mit Wechselschlag spielen. Die Anschlagsrichtung ist in den Noten angegeben. Achte darauf, immer alle sechs Saiten anzuschlagen.

■ THEORIE
Diese Spieltechnik nennt man auch „Strumming" (Akkordanschlag).

Akkorde mit Leersaiten

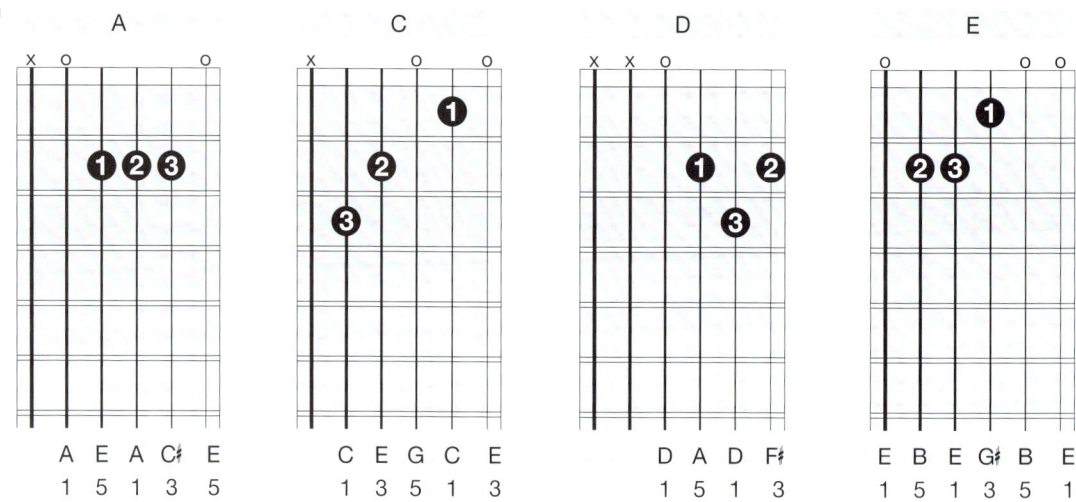

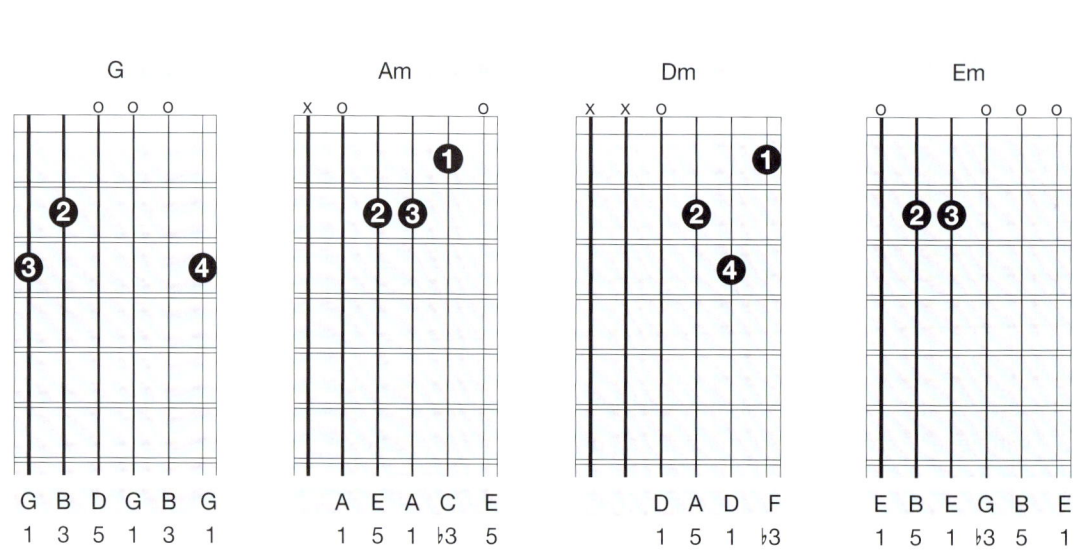

Nach Übung 49 sollte deine Anschlagshand locker genug sein, also lernst du jetzt noch ein paar neue Akkorde kennen. Solche Diagramme werden auch als „Griff-Formen" bezeichnet und diese speziellen Griff-Formen gehören in die Kategorie „Akkorde mit Leersaiten" weil sie alle Leersaiten in Kombination mit gegriffenen Tönen enthalten. Weil dies die grundlegenden und einfachsten Gitarrenakkorde sind, solltest du sie gründlich lernen – und vergiss nicht, dir auch ihre Namen zu merken.

Das E-Gitarren-Handbuch

ÜBUNG 50, **CD-TRACK 37** / Weitere Akkorde

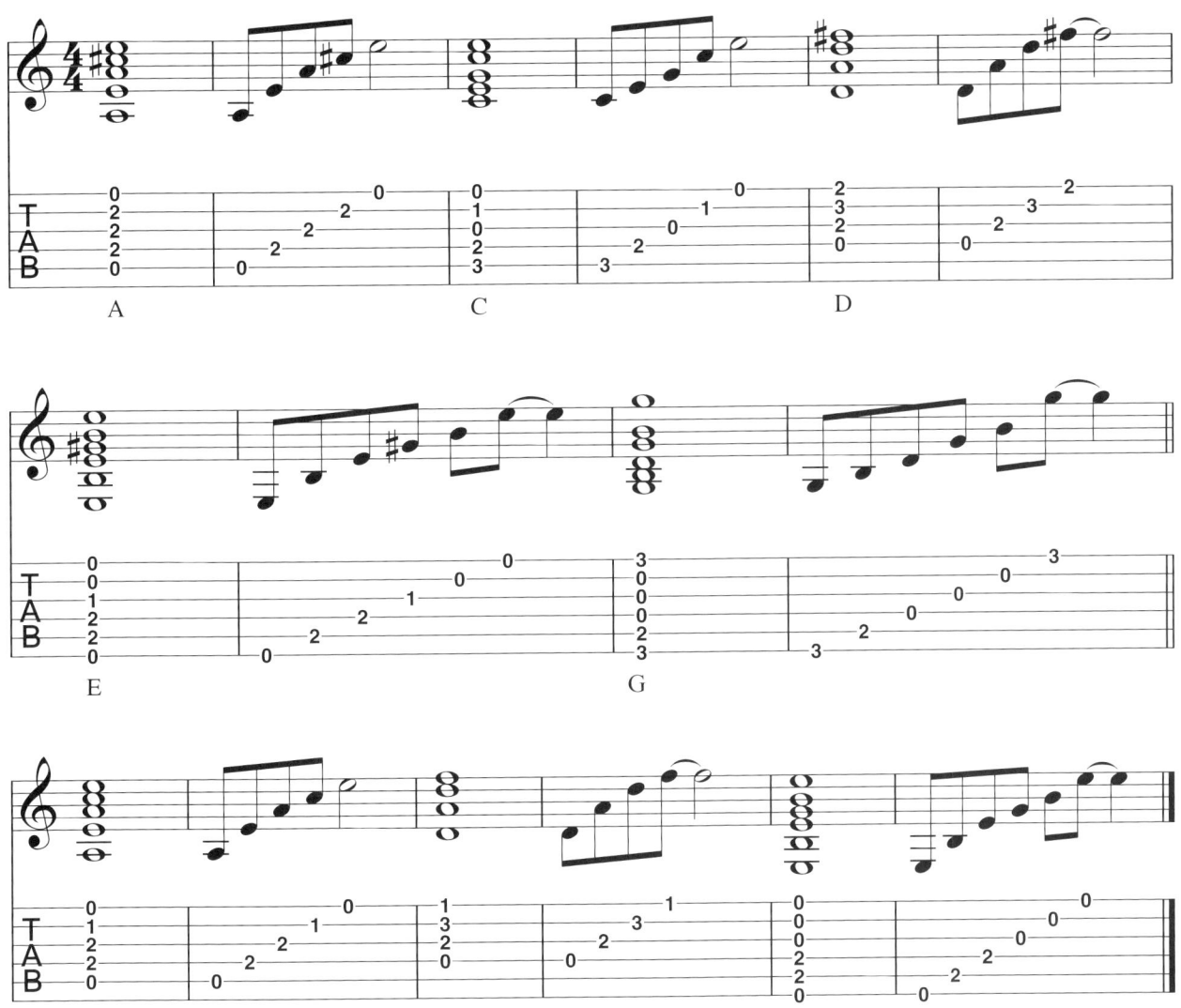

Viele der folgenden Übungen enthalten eine oder mehrere dieser Griff-Formen, deshalb könnte es eine gute Idee sein, diese Seite mit einem Lesezeichen zu versehen. Höre dir den CD-Track 37 an, damit du weißt, wie jeder dieser Akkorde klingen sollte. Auf der CD wird jeder Akkord mit einem Abschlag gespielt, gefolgt von einem Arpeggio – also alle Töne einzeln nacheinander.

■ THEORIE

Wenn man über Dur-Akkorde spricht, verwendet man meistens nur den Buchstaben des Akkordes und lässt den Zusatz „Dur" weg. D-Dur wird also einfach „D" genannt. Moll-Akkorde dagegen werden immer mit dem vollen Namen gesprochen, beispielsweise A-Moll oder D-Moll usw. Moll-Akkorde werden in Noten und Diagrammen normalerweise mit dem Buchstaben „m" versehen, also beispielsweise Am für A-Moll oder Dm für D-Moll.

AKKORDE

94 TEIL 2 ABSCHNITT 1

ÜBUNG 51, **CD-TRACK 38** / „Majors Moving"

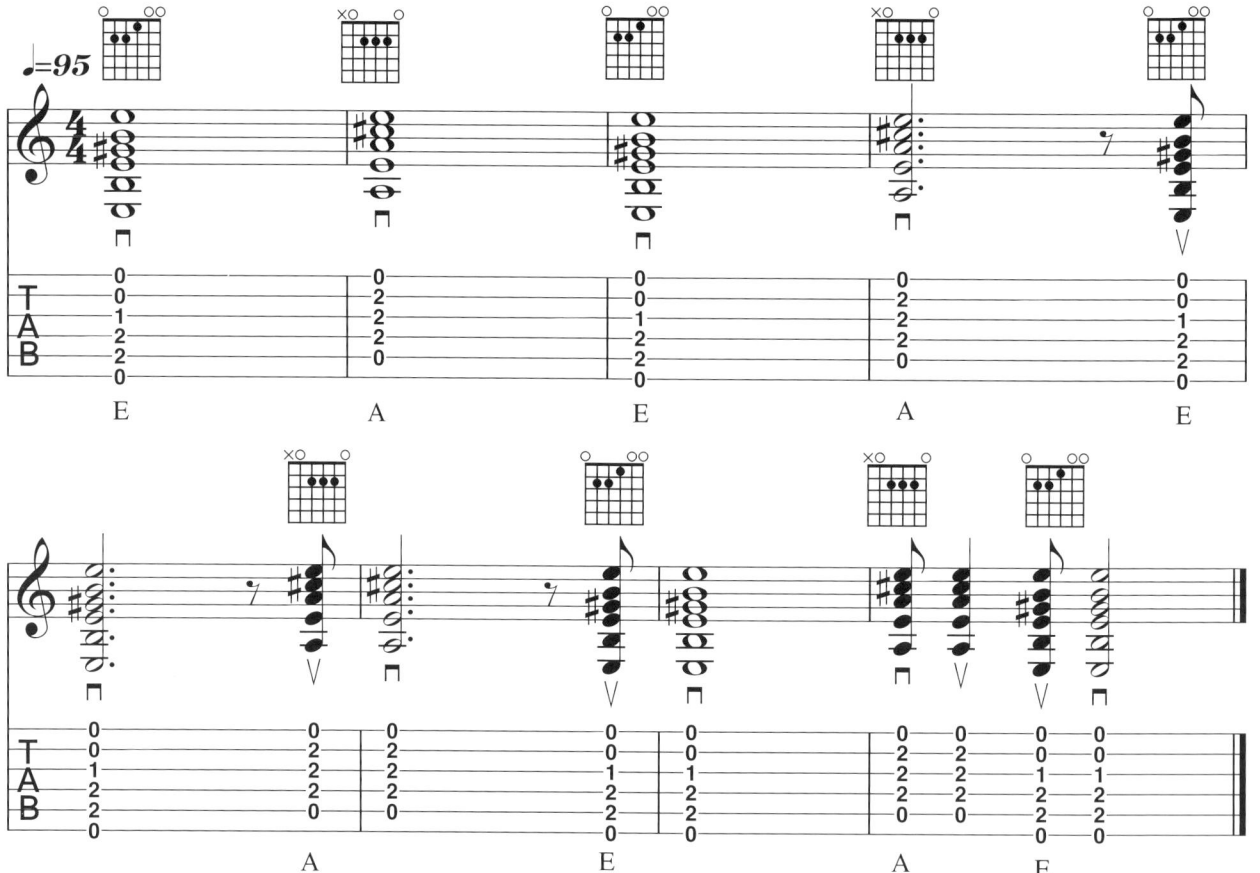

In Übung 51 geht es einzig und allein um das Wechseln zweier Akkorde. Einen Akkord richtig zu greifen ist die eine Sache, aber kannst du auch einen Akkordwechsel genau im Timing spielen? E-Dur und A-Dur sind nicht besonders schwer zu greifen, und der Trick beim Akkordwechsel ist es, die Finger möglichst nahe am Griffbrett zu behalten und jeden Finger so flüssig und direkt wie möglich an seine neue Position zu bewegen. Das mag offenkundig erscheinen, aber du wärst überrascht, wie häufig Anfänger beim Akkordwechsel alle drei Finger von der Gitarre wegreißen und anschließend versuchen, sie alle rechtzeitig für den nächsten Akkord wieder aufzusetzen. Übe falls nötig langsamer als der CD-Track, und achte mehr auf Genauigkeit als auf Geschwindigkeit. Du startest mit Abschlägen, aber nach den ersten vier Takten kommt ein zusätzlicher Aufschlag vor jedem Abschlag hinzu. Im letzten Takt musst du die Akkorde schneller wechseln – mit etwas Übung klappt das schon!

■ THEORIE

In dieser Übung sind über der Notenzeile Griff-Diagramme in Miniatur angegeben. Das ist bei Gitarrenmusik nicht immer so; manchmal stehen die Griffdiagramme auch am Anfang des Stückes oder fehlen ganz, so dass du dir selber überlegen musst, welche Griff-Formen du spielen willst. In diesem Buch sind die Griff-Formen, die du verwenden sollst, immer angegeben, allerdings nicht immer als Miniaturen.

PROFI-TIPP

Spiele diesen Track mit dem Steg-Tonabnehmer deiner Gitarre und drehe den Gainregler an deinem Verstärker soweit auf, dass die Verzerrung gerade einsetzt. Die meisten Verstärker haben einen Mastervolume-Regler, mit dem du die Lautstärke der Endstufe (und damit die Endlautstärke) runterregeln kannst. Verwende nur wenige Höhen, so dass der Klang fett und warm ist und nicht höhenreich und crunchy. Bei diesem Track spielen nur Schlagzeug und Gitarre; diese Form von abgespeckter, minimalistischer Rockmusik ist von Bands wie The White Stripes inspiriert.

AKKORDE

ÜBUNG 52, **CD-TRACK 39** / „Joe Strumming"

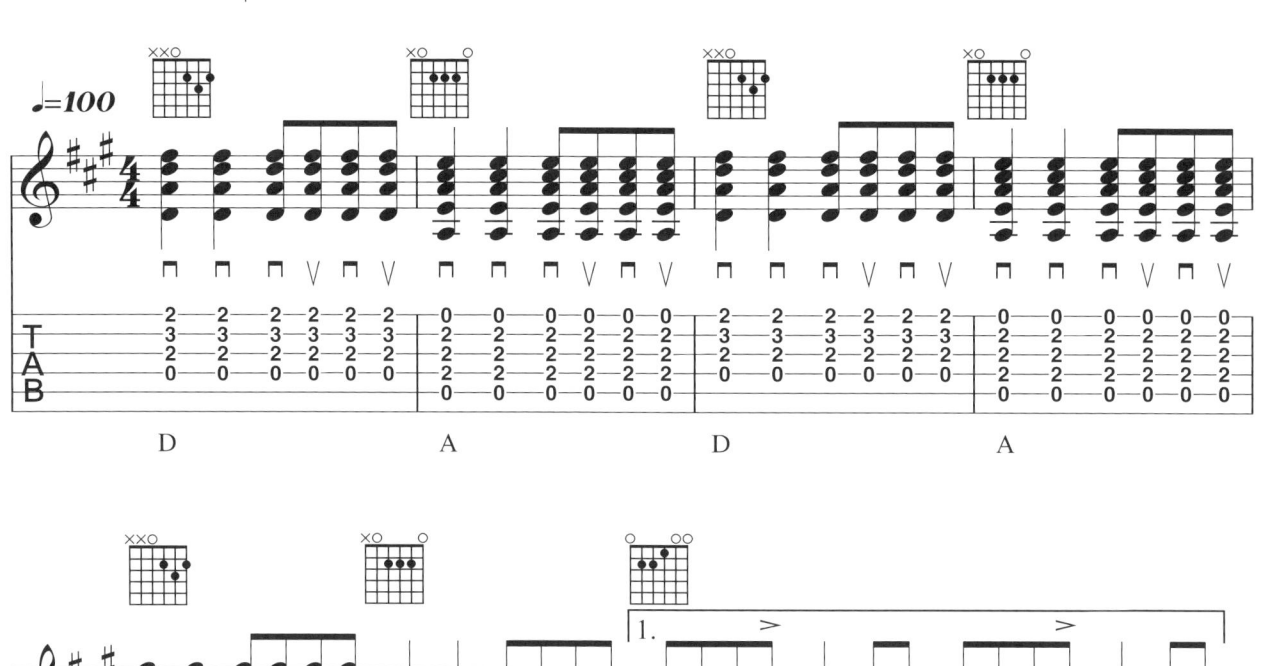

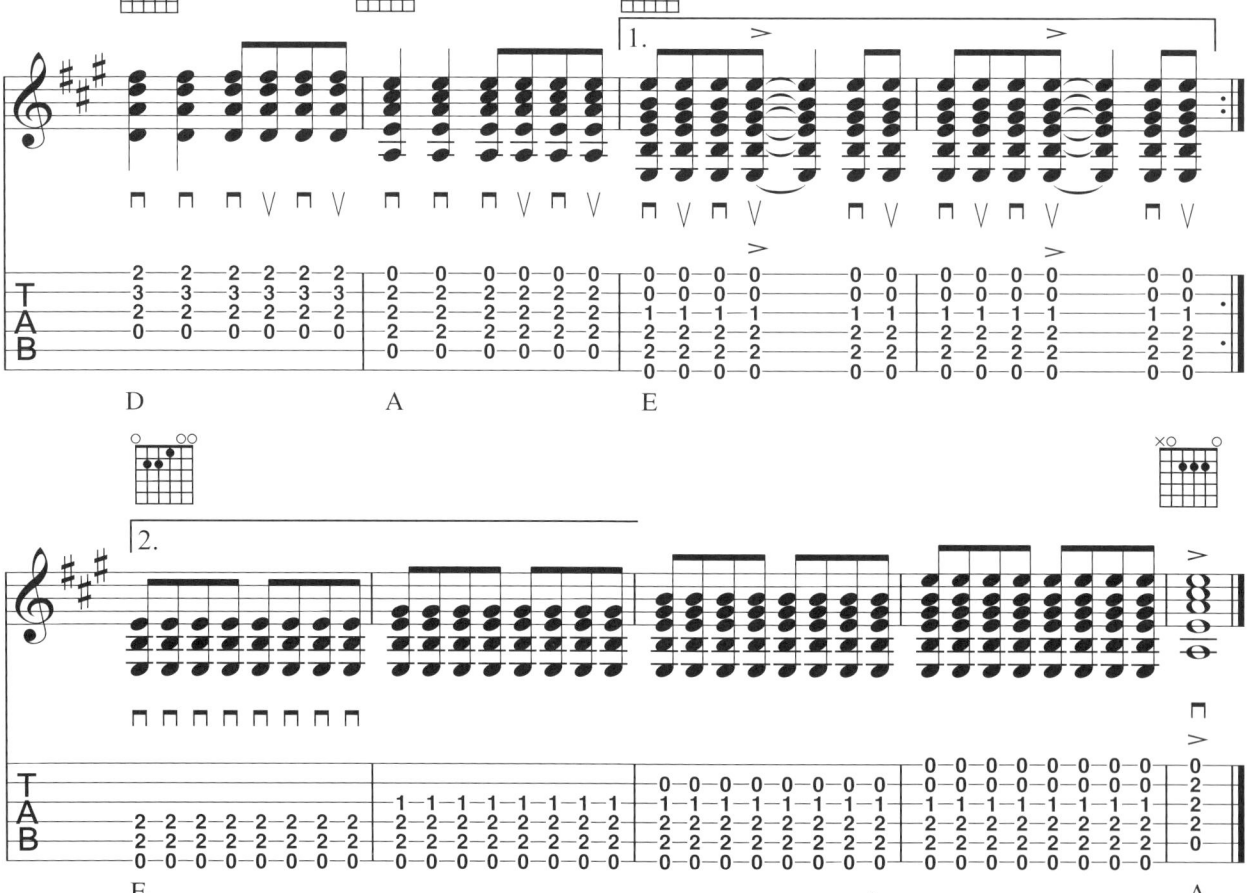

Akkordanschläge werden normalerweise mit einer Mischung von Ab- und Aufschlägen gespielt, wie in Übung 52. Hier kommt zusätzlich der D-Dur-Akkord vor; neu sind ebenfalls die Akzente. Akzente werden mit dem folgenden Symbol notiert:

>

Dieses Zeichen gibt an, dass ein Einzelton oder ein Akkord lauter sein soll als seine Nachbarn – so wird der Rhythmus an der entsprechenden Stelle besonders betont. Höre dir die akzentuierten E-Dur-Akkorde dieses Beispiels auf der CD genau an. Verwechsle das Akzentzeichen nicht mit dem Symbol für den Aufschlag:

V

■ THEORIE

Sind dir die drei Kreuze zu Beginn der Notenzeile aufgefallen? Du spielst hier also in der Tonart A-Dur. Außerdem kommt in diesem Stück ein Schlusstakt für den ersten Durchgang (notiert mit der eckigen Klammer oberhalb von Takt 4) und ein anderer für die Wiederholung (die eckige Klammer 2) vor. Du spielst also bis Takt 4, wiederholst das Stück von Anfang an und spielst dann von der zweiten Klammer bis zum engültigen Ende des Stückes. Die Musik der letzten Takte steigert sich langsam zum E-Dur-Akkord und kehrt schließlich im letzten Takt zum A-Dur-Akkord zurück.

ÜBUNG 53, **CD-TRACK 40** / „Slight Return"

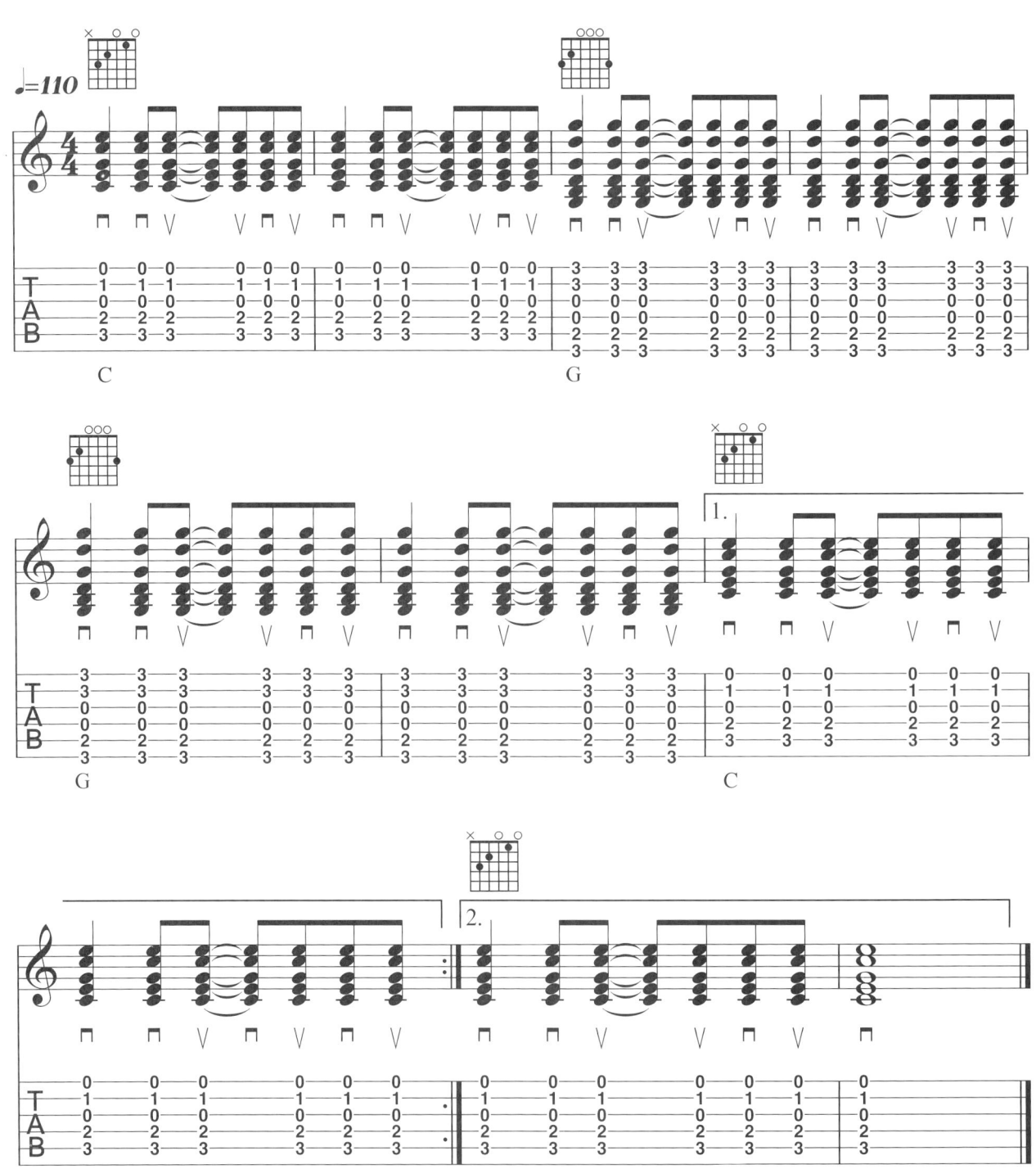

In Übung 53 werden durch Bindebögen in der Taktmitte synkopierte Akkordanschläge erzeugt (das bedeutet, die Betonungen fallen auf normalerweise unbetonte Taktschläge). Hier kommen noch zwei weitere Akkorde hinzu: C-Dur und G-Dur. Auf dem CD-Track 7 kannst du diesen Rhythmus im Kontext hören. Die Akkorde sind einfach, aber um das Feeling richtig hinzubekommen, solltest du die Anschlagssymbole genau beachten. Genau wie beim Einzeltonspiel liegt den Anschlägen auch hier ein bestimmtes Prinzip zugrunde – alle Downbeats werden mit Abschlägen gespielt und alle Upbeats mit Aufschlägen. Dabei bewegt deine Anschlagshand sich geschmeidig über der Gitarre hin und her und schlägt die Saiten nur wenn nötig an. Die Leadgitarre auf Track 7 ist in den Vordergrund gemischt, deshalb musst du ganz genau auf die Rhythmusgitarre hören.

Auf dem CD-Track 40 ist der Rhythmuspart alleine aufgenommen, so dass du dich gut auf diesen „eins zwei-und (drei)-und vier-und"-Rhythmus konzentrieren kannst. Bei diesem Stück ist eine Wiederholung mit einer Klammer 1 und einer Klammer 2 notiert.

PROFI-TIPP

Die Tonarten C und G kommen in Gitarrenmusik sehr häufig vor; deshalb ist es besonders wichtig, den Wechsel zwischen diesen Akkorden zu beherrschen. Greife den D-Dur-Akkord mit Zeigefinger, Mittelfinger und Ringfinger – das ist auf lange Sicht leichter. Achte beim Üben besonders darauf, die Finger der Greifhand auf dem kürzesten Weg zum nächsten Akkord zu bewegen. Wenn du langsam übst (was ich dir empfehle), stelle dir beim Üben im Kopf immer einen zugrundeliegenden Takt der Musik vor, so dass du auch das Spielen im Takt mitübst.

ÜBUNG 54, **CD-TRACK 41** / „Minor Mishap"

Dur-Akkorde klingen hell und kräftig, während Moll-Akkorde einen eher dunklen und traurigen Charakter haben. Das Stück „Minor Mishap" enthält die drei Moll-Akkorde mit Leersaiten, mit denen wir uns hier befassen werden: Am, Dm und Em. Wir befinden uns hier im Gebiet des Surf-Gitarren-Spiels; auf jeden Akkord folgt eine kleine Arpeggio-Melodie. Achte auf den in Takt 13 plötzlich auftauchenden E-Dur-Akkord. Vor jedem Akkord steht hier eine nach oben zeigende Schlangenlinie. Das bedeutet, du spielst einen langsamen Abschlag, bei dem jeder einzelne Ton hörbar ist (einen sogenannten „gebrochenen Akkord"). Es gibt zwei Ausnahmen (in Takt 5 und in Takt 13), hier zeigt die Spitze der Schlangenlinie nach unten; deshalb spielst du hier Aufschläge. Einen gebrochenen Akkord bezeichnet man auch als „Arpeggio" (nach Art einer Harfe). Wenn du ein Delay-Pedal besitzt, experimentiere einmal mit einem rhythmischen Delay-Effekt, so wie du ihn auf der CD hören kannst.

PROFI-TIPP
Wenn du einen D-Dur- oder D-Moll-Akkord spielst, darfst du die leere tiefe E-Saite (also die 6. Saite) nicht mit anschlagen, denn dieser Ton gehört nicht zum Akkord. Du kannst die leere A-Saite zwar mit anschlagen, weil das A zum Akkord gehört, aber meistens klingen Akkorde mit dem Grundton (das ist der Ton, nach dem der Akkord benannt ist, hier also das D) im Bass am besten.

■ **THEORIE**
Wenn der Grundton eines Akkordes im Bass liegt, nennt man das die „Grundstellung" dieses Akkordes.

AKKORD-KONSTRUKTION 1

Woraus besteht ein Akkord? Theoretisch betrachtet sind mehrere gleichzeitig gespielte Töne ein Akkord, welche Töne ist egal. Die Akkorde, die in unserer täglich gehörten Musik vorkommen (mit Ausnahme von Avantgarde und zeitgenössischer Klassik), haben allerdings eine bestimmte, jahrhundertealte Struktur. Der einfachste Akkord ist der Dreiklang. Ein Dreiklang besteht aus Grundton, Terz und Quinte, und es gibt nur vier verschiedene Dreiklänge:

Ein Dur-Akkord besteht aus Grundton, großer Terz und Quinte. C-Dur = C E G
Ein Moll-Akkord besteht aus Grundton, kleiner Terz und Quinte. C-Moll = C E♭ G
Ein verminderter Akkord besteht aus Grundton, kleiner Terz und verminderter Quinte.
C vermindert = C E♭ G♭
Ein übermäßiger Akkord besteht aus Grundton, großer Terz und übermäßiger Quinte.
C übermäßig = C E G♯

Von diesen vier Dreiklangsarten sind Dur- und Moll-Akkorde die meistverwendeten. Jetzt könntest du dich fragen: „Was hat das alles mit den Akkorden zu tun, die ich spiele?" Sieh dir einmal das Diagramm für den C-Dur-Akkord (S. 92) an und achte besonders auf die Tonnamen der Akkordtöne – sie stehen unterhalb des Diagramms. Alle Töne sind entweder ein C, E oder ein G. Also Grundton, Terz oder Quinte. Wenn du dir irgendeinen der bisher gelernten Dur-Akkorde ansiehst, wird dir auffallen, dass alle diese Akkorde nur aus drei verschiedenen Tönen bestehen und dass diese drei Töne immer der Grundton, die große Terz und die Quinte sind. Alle Moll-Akkorde, die du bisher gelernt hast, enthalten den Grundton, die kleine Terz und die reine Quinte.

Die Akkordtöne der wichtigsten Dur-Akkorde.

DUR-AKKORDE

Akkord	Grundton	Terz	Quinte
C	C	E	G
D♭	D♭	F	A♭
D	D	F♯	A
E♭	E♭	G	B♭
E	E	G♯	B
F	F	A	C
F♯	F♯	A♯	C♯
G♭	G♭	B♭	D♭
G	G	B	D
A♭	A♭	C	E♭
A	A	C♯	E
B♭	B♭	D	F
B	B	D♯	F♯

Wenn du aus einem Moll-Akkord einen Dur-Akkord machen willst, erhöhe einfach die Terz um einen Halbton (das entspricht einem Bund auf der Gitarre). Schau dir noch einmal die Griff-Formen für D-Moll und D-Dur (bzw. A-Moll/A-Dur oder E-Moll/E-Dur) an und achte auf die Unterschiede. Die Akkorde unterscheiden sich jeweils nur in einem Ton, dieser Ton ist immer die Terz und sie ist beim Dur-Akkord immer einen Halbton höher als beim Moll-Akkord. Übermäßige und verminderte Akkorde sind wesentlich seltener, aber du kannst sie nach den folgenden Regeln von den Dur- und Moll-Akkorden ableiten.

Ein Dur-Akkord mit um einen Halbton erhöhter Quinte ist ein übermäßiger Akkord. Ein Moll-Akkord mit um einen Halbton erniedrigter Quinte ist ein verminderter Akkord.

Gitarristen können dieses Wissen über Dreiklänge gut gebrauchen. Im Moment ist ein C-Dur-Akkord einfach nur eine Griff-Form auf dem Griffbrett. Im Prinzip sind aber die Töne C, E und G, egal wo man sie spielt, immer ein C-Dur-Akkord. Man kann also auswählen, ob man diese Töne tief oder hoch, eng zusammen oder weit auseinander etc. spielt. Du kannst nur drei Töne spielen, oder jeden beliebigen Akkordton verdoppeln, um einen fetteren Klang zu erzeugen. Für diesen einen Dreiklang gibt es bereits buchstäblich hunderte von Möglichkeiten.

Jeder Gitarrist lernt als erstes ein paar Akkorde; wenn du ein wenig über Akkord-Konstruktion weißt, kannst du die Klänge, die du hören möchtest, selbst zusammenstellen, anstatt nur auf die Akkorde beschränkt zu sein, die du kennst. Im nächsten Abschnitt werden wir uns erneut mit Dreiklängen und der Akkord-Konstruktion befassen.

Die Akkordtöne der wichtigsten Moll-Akkorde.

MOLL-AKKORDE

Akkord	Grundton	Terz	Quinte
C	C	E♭	G
C♯	C♯	E	G♯
D	D	F	A
D♯	D♯	F♯	A♯
E♭	E♭	G♭	B♭
E	E	G	B
F	F	A♭	C
F♯	F♯	A	C♯
G	G	B♭	D
G♯	G♯	B	D♯
A♭	A♭	C♭	E♭
A	A	C	E
B♭	B♭	D♭	F
B	B	D	F♯

AKKORDE

104 TEIL 2 ABSCHNITT 1

ÜBUNG 55, **CD-TRACK 42** / „Big Chords One"

In dem Maße, wie sich dein Gitarrenspiel verbessert, wirst du auch die unterschiedlichsten Musikstile entdecken und lernen, wie verschiedene Bands ihren Sound erzeugen. In Übung 55 kommen die Dur-Akkorde vor, die du bisher gelernt hast, aber auch der neue Akkord Dsus4 (rechts), mit dem du den Indie-Rock erkundest.

Bei einem Sus4-Akkord wird die Terz des Dur-Akkordes durch die Quarte ersetzt. Wenn du dieses Griff-Diagramm mit dem normalen D-Dur-Akkord vergleichst, wird dir der höhere Ton auf der E-Saite (G anstelle von Fis) auffallen. Zuerst spielst du einige Dur-Akkorde (in diesem Stück kommen übrigens alle fünf Akkorde mit Leersaiten vor), wobei du nur den ersten Taktschlag spielst und die Akkorde weiterklingen lässt. Während die Musik sich langsam steigert, spielst du lockerer und mit mehr Anschlägen, aber du solltest trotzdem größtenteils Abschläge spielen. Spiele zur CD mit und höre sorgfältig hin, damit dein Timing nicht schwankt. Das mag offensichtlich klingen, aber um in einer Band mit anderen Musikern zu spielen, muss man sich gegenseitig zuhören können, und das ist nicht ganz einfach, wenn du gleichzeitig damit beschäftigt bist, die Akkorde richtig zu greifen und im Timing zu bleiben. Lerne deinen Part also sorgfältig und halte beim Spielen deine Ohren offen.

Wenn du bei dem Dsus4-Akkord angekommen bist, wiederholst du die Akkordfolge; insgesamt wird sie viermal gespielt. Im nächsten Abschnitt erhält dieses Stück eine Leadgitarre.

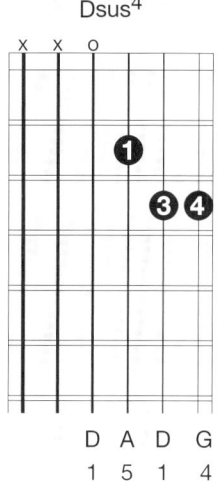

PROFI-TIPP

Einfache Heavy-Rhythmen wie diesen spielst du am besten durchgehend mit Abschlägen. Wie du weißt, ist normalerweise der Wechselschlag üblich.

■ THEORIE

„Sus" ist die Abkürzung von „suspended". Es gibt zwei gebräuchliche Arten von Sus-Akkorden, den sus2 und den sus4. Bei diesen Akkorden wird die Terz ersetzt; entweder durch die Quarte (sus4) oder durch die Sekunde (sus2). Sus-Akkorde klingen ruhelos und passen zu den unterschiedlichsten Musikstilen, aber sie sind besonders bei den Gitarristen von „jangly" Rock- oder Indie-Bands beliebt.

Bisher hast du – abhängig vom jeweiligen Akkord – auf vier, fünf oder sechs Saiten gespielt. Die meisten Gitarristen variieren ihren Anschlag häufig, wobei manchmal die tieferen und manchmal die höheren Saiten gespielt werden. Das Stück „Low Strum, High Strum" demonstriert dir diese Technik an einer langsamen Rockballade. Zusätzlich hast du hier Gelegenheit, einige der gelernten Dur- und Moll-Akkorde miteinander zu kombinieren. Diesmal sind keine Akkord-Diagramme angegeben – verwende die Griff-Formen mit Leersaiten aus Übung 51. Diese Griff-Formen solltest du auswendig lernen – genauso wie den Dsus4, der in Übung 55 das erste Mal auftauchte.

Der Anschlag besteht größtenteils aus Achtelnoten, mit einem Bindebogen zwischen der vierten und der fünften Achtel-Zählzeit in jedem Takt. Das ist ein gebräuchlicher Rock-Rhythmus, den du in vielen dir bekannten Songs wiedererkennen wirst. Für die ersten Takte ist die Anschlagsrichtung angegeben; an einigen Stellen spielst du Sechzehntel-Anschläge, um einen oder mehrere Taktschläge aufzufüllen. Auf dem CD-Track sind nur Schlagzeug und Gitarre, so dass du zum Mitspielen genau hören kannst, was die Gitarre spielt. Die tiefen Akkordtöne werden fast immer zu Beginn des Taktes gespielt, während die höheren den Rhythmus für den restlichen Takt ergänzen. Lies die Noten und die Tabulatur mit, um ein Gefühl für diese Spieltechnik zu entwickeln.

Wenn dir die Akkordwechsel schwerfallen, zerlege das Stück in leichtere Teilstücke. Übe zuerst den Anschlag immer und immer wieder mit einem einzigen Akkord, bis du das Feeling richtig hinkriegst. Als Nächstes spiele die komplette Akkordfolge, allerdings mit nur einem Akkord auf dem ersten Taktschlag jedes Taktes. Versuche anschließend, die Akkordwechsel und den Anschlag langsam zusammen zu spielen. Wenn du das beherrschst, erhöhe langsam das Tempo, bis du das Stück zum Schluss in voller Geschwindigkeit spielen kannst.

PROFI-TIPP

Am Ende von Takt 8 stehen einige Töne mit einem „X" anstelle des Notenkopfes; damit sind Leersaiten gemeint, die mit der linken Hand gedämpft werden. Zwischen den Akkordwechseln auch einmal Leersaiten (egal ob gedämpft oder nicht) anzuschlagen ist nicht ungewöhnlich; achte aber darauf, es nicht zu übertreiben.

TEIL 2 ABSCHNITT 1 — 107

ÜBUNG 56, **CD-TRACK 43** / „Low Strum, High Strum"

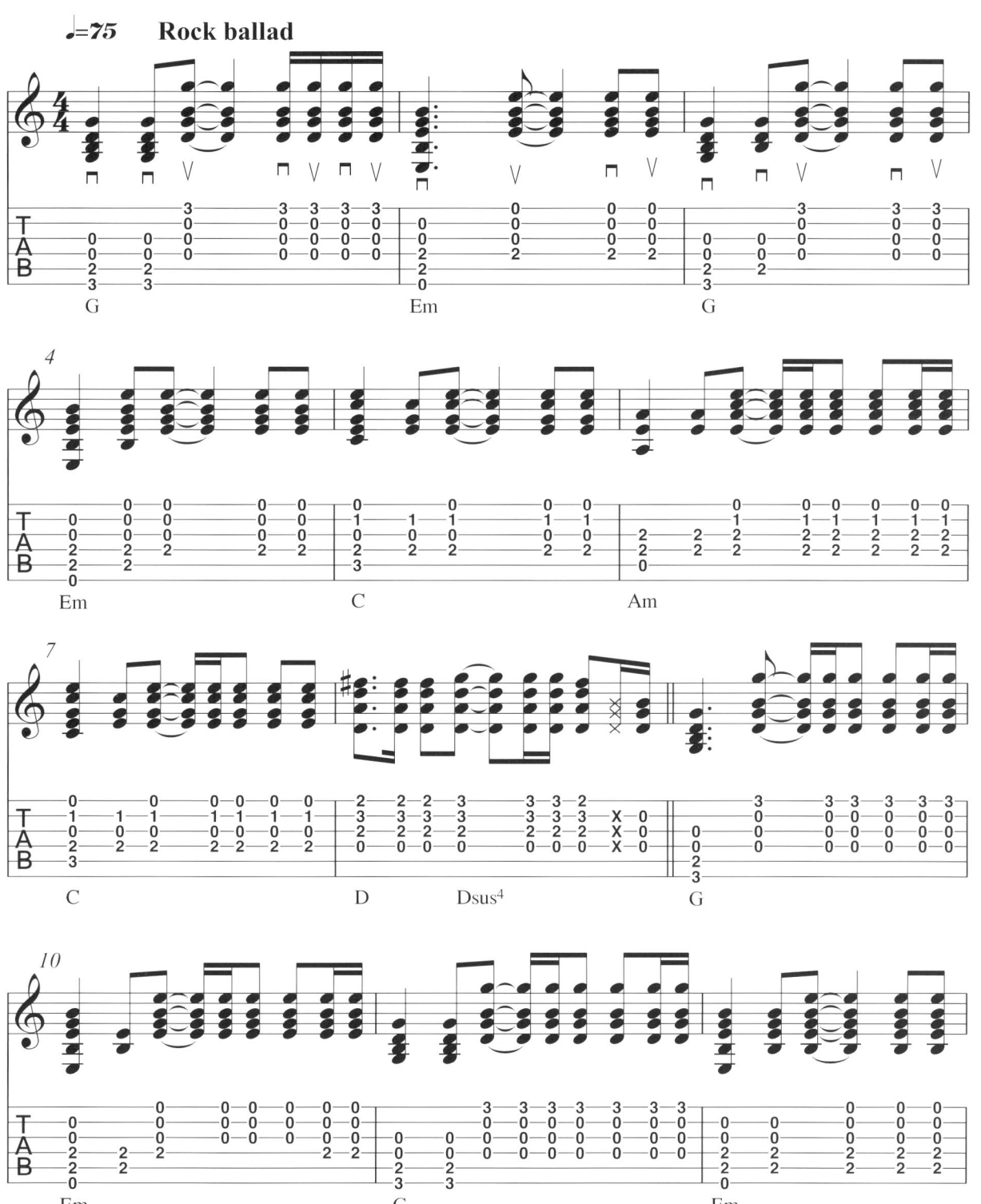

Fortsetzung nächste Seite

ÜBUNG 56 Fortsetzung

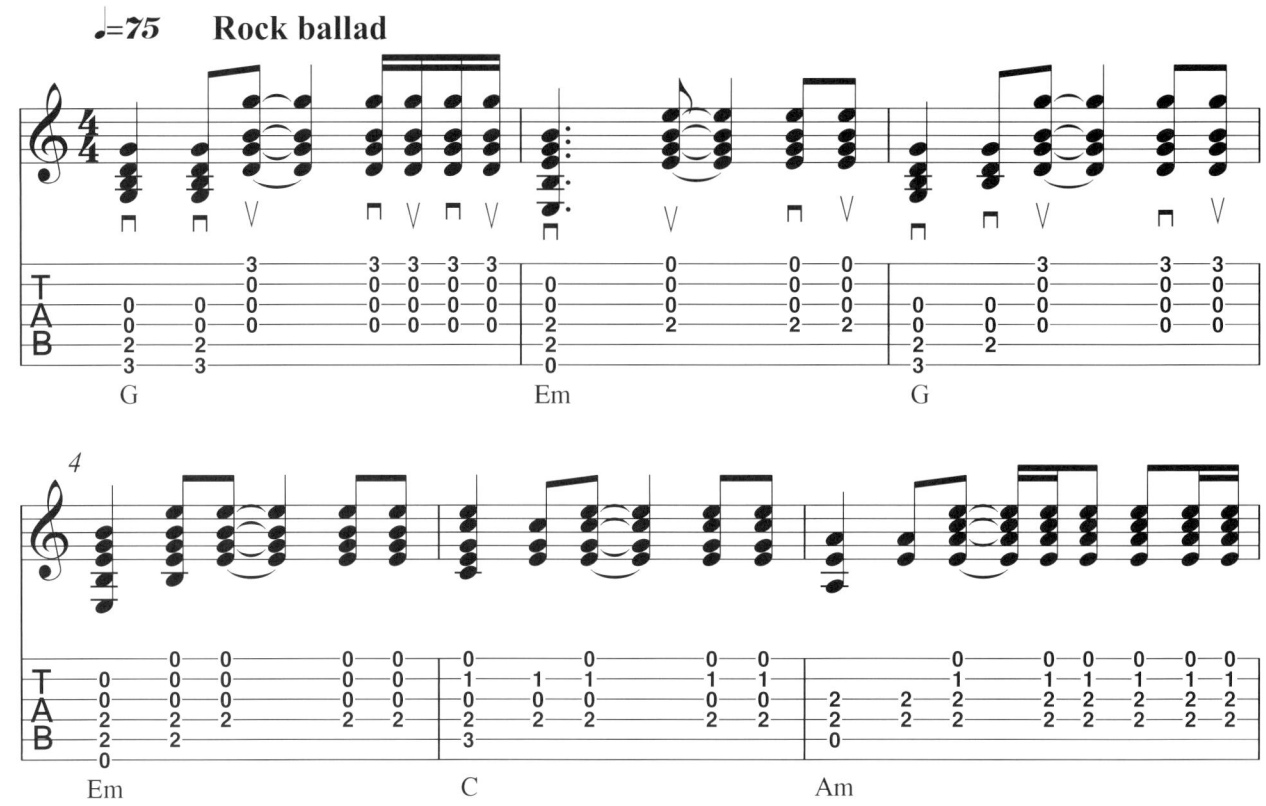

In Übung 57 kommt dieselbe Akkordfolge vor wie in Übung 56, aber anstelle des dort verwendeten tiefe Töne/hohe Töne-Prinzips beginnst du hier jeden Takt nur mit dem Grundton des Akkordes. Wenn du den Grundton so für sich alleine spielst, entsteht eine effektive Bass-Stimme, und die Gitarre imitiert zwei Instrumente, die zusammenspielen. Bei der Wiederholung der Akkordfolge wird die Bass-Stimme um sogenannte „Durchgangstöne" zwischen den Grundtönen erweitert; manchmal werden Durchgangstöne auch „Verbindungstöne" genannt – hier es ist offensichtlich, warum. Achte genau auf die Anschlagsrichtung und passe die Lautstärke deiner Bass-Stimme an die angeschlagenen Akkorde an.

PROFI-TIPP

Höre dir den CD-Track genau an. Dir wird auffallen, dass die Rhythmusgitarre mal leichter und mal etwas kräftiger spielt und die Bass-Stimme größtenteils kraftvoll gespielt wird. Wenn du auf diese Art sozusagen „Licht und Schatten" in dein eigenes Spiel integrierst, klingst du interessanter.

ÜBUNG 57, **CD-TRACK 44** / „Low Strum, High Strum" (mit Bass-Stimme)

Fortsetzung nächste Seite

ÜBUNG 57 *Fortsetzung*

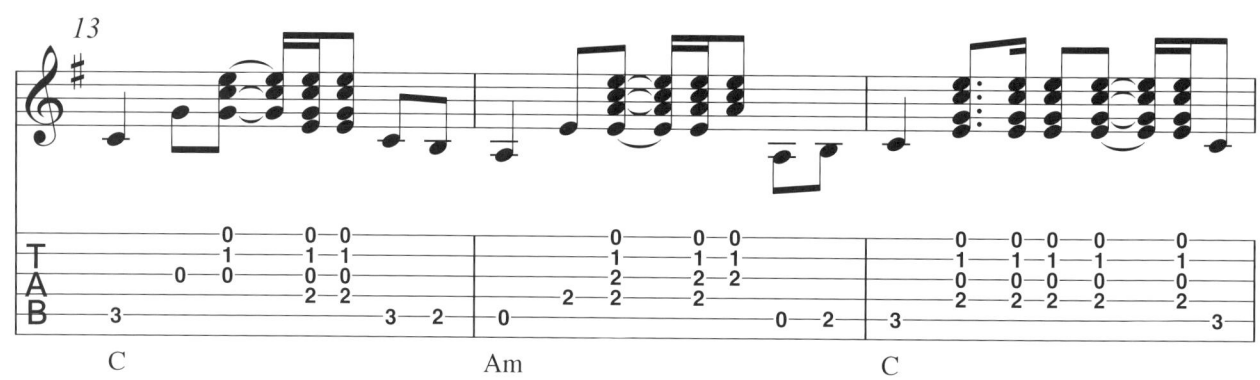

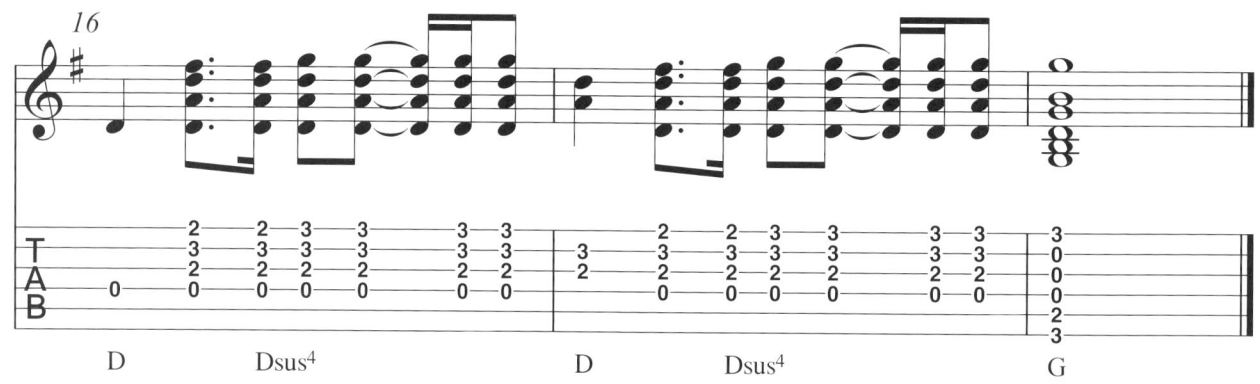

In Übung 58, „Big Chords Two", wird dasselbe Prinzip angewendet wie in Übung 57, allerdings durch eine schnellere und kompliziertere Bass-Linie zusätzlich erschwert. Ab Takt 9 wird die Bass-Linie durch kräftige Akkordanschläge ersetzt, bei denen nur die tieferen Akkordtöne gespielt werden. Die Muaik wird in diesem Abschnitt stufenlos immer lauter; das nennt man crescendo, (abgekürzt „cresc."). Ein crescendo kann auch mit dem folgenden Zeichen notiert werden, der sogenannten Lautstärke-Gabel:

Im nächsten Abschnitt werden wir uns erneut mit dieser Übung befassen und sie um einen Leadgitarren-Part erweitern.

■ THEORIE

Das Gegenteil von crescendo ist das sogenannte decrescendo oder diminuendo. Diminuendo wird häufig „dim." abgekürzt. Außerdem kann man für die Notation einer Abnahme der Lautstärke auch die (umgedrehte) Lautstärke-Gabel verwenden:

PROFI-TIPP

Verwende für zusätzliche Power ausschließlich Abschläge, wenn du Takt 9 erreichst; steigere die Kraft deiner Plektrum-Anschläge für das crescendo langsam und gleichmäßig.

ÜBUNG 58, **CD-TRACK 45** / „Big Chords Two"

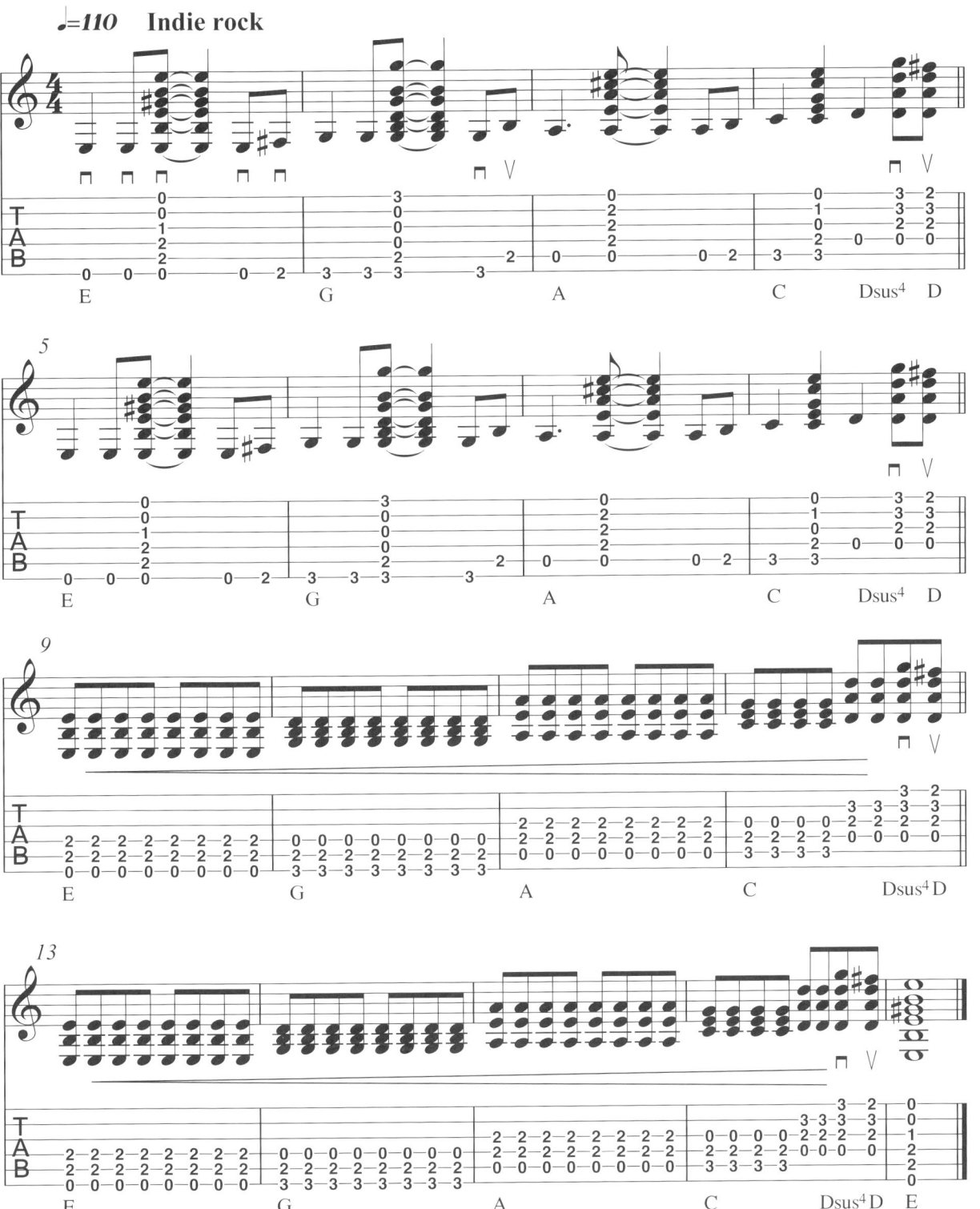

Eine einfache, zu jedem Akkord passende Bass-Linie kann man mit dem Grundton und der Quinte des betreffenden Akkordes erzeugen. In Folk- und Country-Musik ist das eine gängige Praxis. Der Grundton wird dabei auf dem 1. Taktschlag und die Quinte auf dem 3. Taktschlag gespielt. Die Taktschläge 2 und 4 werden durch Anschlagen der höheren Akkordtöne ausgefüllt. In Übung 59 wird diese Spieltechnik nur mit C- und G-Dur angewendet; du solltest auch bei anderen Akkorden den Grundton und die Quinte herausfinden und diese Technik auf sie anwenden.

In der zweiten Hälfte des Stückes (ab Takt 8) wird die Bass-Linie um Verbindungstöne erweitert. Wir befinden uns in der Tonart C-Dur, und alle vorkommenden Töne stammen aus der C-Dur-Tonleiter. Wenn dir dieser Stil gefällt, versuche einmal, in andere dir bekannte Songs solche Bass-Linien mit Verbindungstönen einzubauen.

PROFI-TIPP

Wenn du einen C-Dur-Akkord spielst, greift dein Ringfinger den Grundton, das C. Am bequemsten greifst du das G auf der tiefen E-Saite, indem du einfach mit diesem Finger zum G „hüpfst" (und anschließend wieder zurück zum C).

■ THEORIE

Bekommst du heraus, welcher Akkordton der Grundton und welcher die Quinte ist? Der Grundton sollte einfach sein; er gibt dem Akkord den Namen. Um die Quinte zu finden, zähle einfach fünf Töne die Dur-Tonleiter aufwärts, wobei der Grundton als „1" zählt. Ein Beispiel:

1	2	3	4	5
C	D	E	F	G

1	2	3	4	5
G	A	B	C	D

Unter den Akkord-Diagrammen in diesem Buch sind die jeweiligen Akkordtöne mit Ziffern angegeben, zum Beispiel der Grundton (1) oder die Quinte (5).

ÜBUNG 59, **CD-TRACK 46** / G und C, Bass-Linie mit Grundton und Quinte

Im ersten Abschnitt des Buches, genauer gesagt in Übung 35, hast du ein cooles Hammer-on-Lick im Country-Stil gelernt. In Übung 60 wird dieses Lick als Bass-Linie verwendet und durch mit dem Plektrum gespielte Akkorde (im echten Country-Stil) ergänzt. Hier wird die Bass-Linie ausschließlich mit Abschlägen gespielt; auf jeden Basston mit Hammer-on folgen die drei höchsten Akkordtöne mit Wechselschlag. Greife den C-Dur- bzw. G-Dur-Akkord immer solange, bis ein Akkordwechsel erforderlich wird. Dieses Stück ist ganz schön knifflig und erfordert einen sehr präzisen Anschlag; spiele die Bass-Linie kräftig und die Akkorde nur leicht. Wahrscheinlich wirst du das anfangs langsam üben müssen.

Dieser Stil stammt aus den frühen Tagen der Countrymusik und von den Aufnahmen der Carter Family und anderer Interpreten; er ist außerdem eines der tragenden Elemente der Bluegrass-Rhythmusgitarre. Wenn diese Spieltechniken und Stile dir nicht gefallen sollten, lerne sie trotzdem und versuche, sie in deinen eigenen Stil einzubauen; wer weiß, vielleicht entsteht so eine völlig neue Musikrichtung ...

PROFI-TIPP
Wenn du diesen Track beherrschst, spiele ihn, ohne dabei auf deine Hände zu sehen.

AKKORD-KONSTRUKTION 2: SEPTAKKORDE

Akkorde werden aus Terzen gebildet; vom Grundton zur Terz oder von der Terz zur Quinte sind es immer genau drei Töne aufwärts. Wenn man auf diese Art einen Akkord um weitere Terzen ergänzt, ist der nächste Ton die Septime. Es gibt zwei verschiedene Septimen, die große und die kleine. Der Abstand von C zu B ist eine große Septime, der von C zu B♭ ist eine kleine Septime. Eine Methode, die Septimen zu unterscheiden ist der Vergleich mit der Oktave. Von C zu B (eine große Septime), ist einen Halbtonschritt weniger als eine volle Oktave; Von C zu B♭ (eine kleine Septime), ist einen Ganztonschritt weniger als eine Oktave.

Man kann jeden beliebigen Dreiklang um eine kleine oder große Septime ergänzen, dabei entstehen einige großartig klingende – und ein paar merkwürdig klingende – Akkorde. Wir betrachten als erstes, welche Akkorde entstehen, wenn man einen Dur-Dreiklang um eine kleine Septime erweitert.

Hier sind acht neue Griffdiagramme, von denen die meisten von den Dur-Akkorden mit Leersaiten abgeleitet sind, die du in Übung 50 gelernt hast.

Aus dem E-Dur-Akkord ist ein E7 geworden; es gibt zwei Versionen, weil es zwei verschiedene Möglichkeiten gibt, den E-Dur-Akkord um ein D zu erweitern. Auch von A7 gibt es zwei Varianten, bei beiden wird der A-Dur-Akkord um den Ton G erweitert.

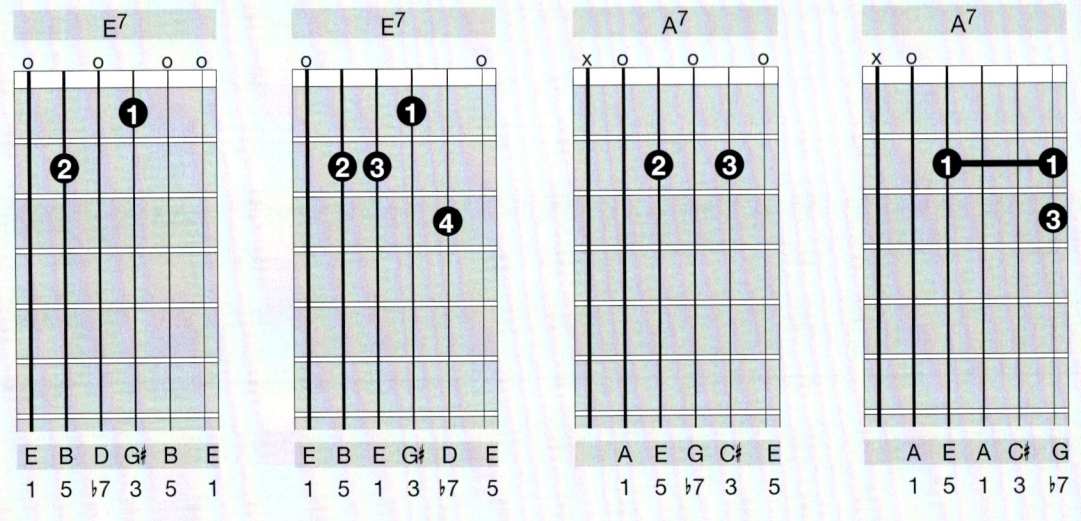

Septakkorde klingen im Blues und verwandten Musikstilen fantastisch. Tatsächlich klingen sie besser als Dur-Akkorde und die meisten Blues-Gitarristen würden instinktiv Septakkorde anstelle von Dur-Akkorden verwenden. In Übung 61, „Drive-in Groove", spielst du einen Zwei-Akkord-Groove (G7 und C7) in einem 1960er Rhythm & Blues-Stil mit einem zusätzlichen Turnaround auf A7 und D7; spiele zwei Durchgänge und dann das zweitaktige Ending.

Für C7 haben wir den C-Dur-Akkord um den Ton B♭ erweitert.

Für D7 haben wir den D-Dur-Akkord um den Ton C erweitert.

Für G7 haben wir den G-Dur-Akkord um den Ton F erweitert.

B7 ist ein neuer Akkord, der bisher noch nicht vorkam, er enthält die Töne von B-Dur (B, Dis und Fis), um das A ergänzt.

Gewöhne dich daran, diese Akkorde mit ihrem vollen Namen zu bezeichnen. A7 heißt also „A sieben"; E7 heißt „E sieben" und so weiter. Aus Gründen, die erst später erklärt werden, nennt man diese „Dur-Dreiklänge mit kleiner Septime" auch „Dominant-Septakkorde".

Wir werden uns bald erneut mit der Akkord-Konstruktion befassen, aber zuerst einmal etwas Musik, in der diese neuen Akkorde tatsächlich vorkommen.

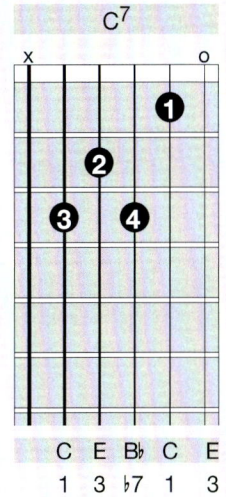
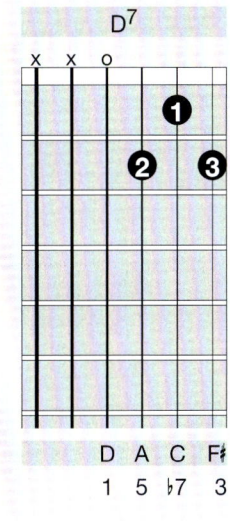
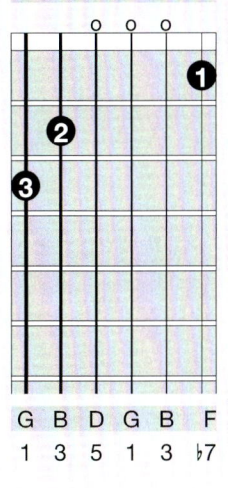
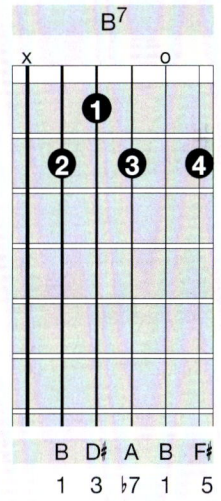

Am Anfang des Stückes und als Übergang zwischen den Akkorden spielst du ein cooles Einzelton-Lick; eine gute Übung für den Wechsel von Akkordanschlag zu Einzeltonspiel. Einige der Anschläge stehen hier in Klammern, womit ein kaum oder vielleicht auch gar nicht zu hörender Anschlag angedeutet werden soll. Der Track wurde mit dem mittleren Tonabnehmer einer Strat und einem klaren, hellen Sound eingespielt.

Das E-Gitarren-Handbuch

ÜBUNG 61, **CD-TRACK 48** / „Drive-in Groove"

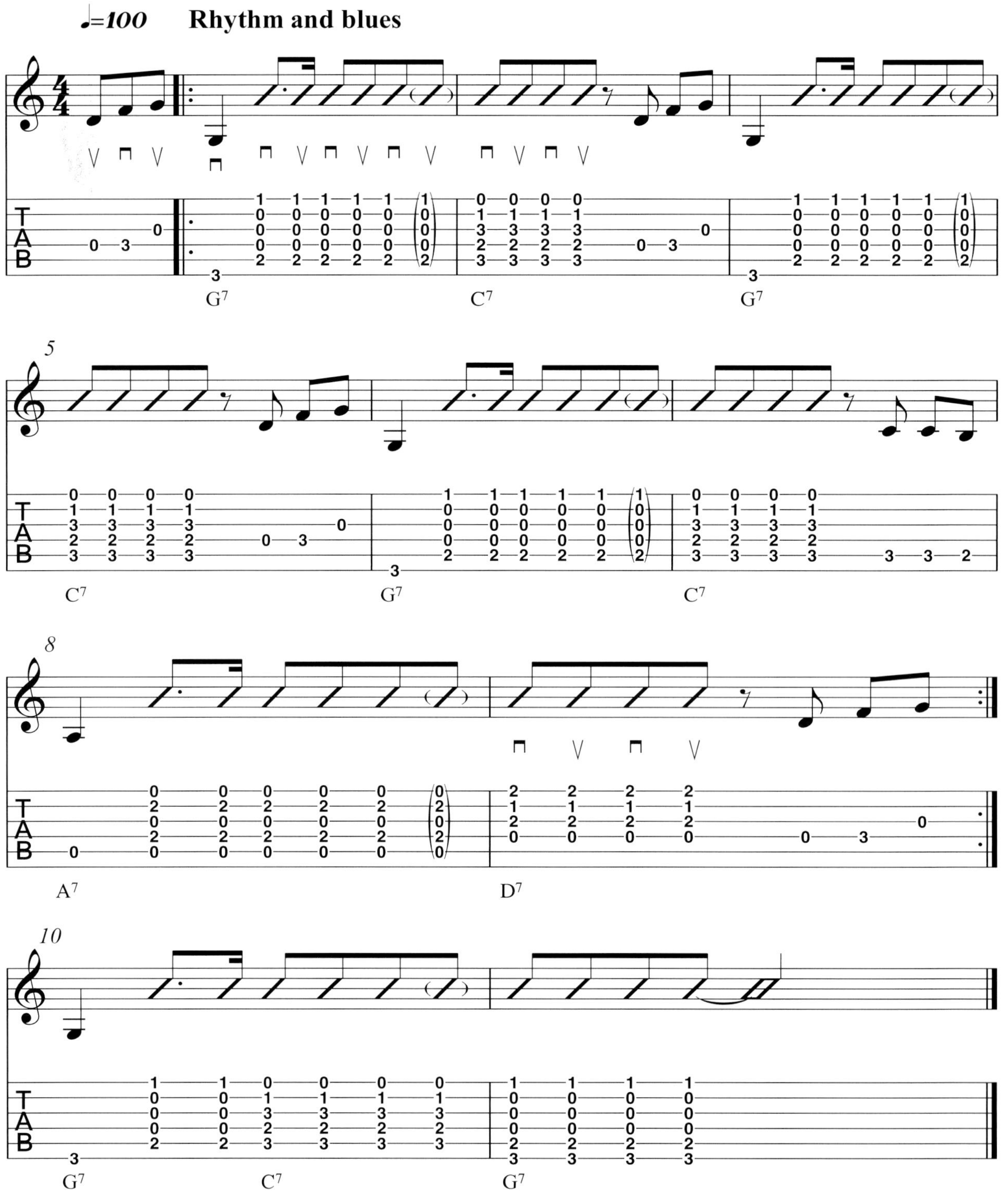

TEIL 2 ABSCHNITT 1

■ THEORIE

Die Akkordanschläge in der Notenzeile sind hier anders notiert: die Notenköpfe sind durch Schrägstriche ersetzt worden. Diese Rhythmus-Notation zeigt dir nur den Rhythmus, in dem du spielen sollst; welche Töne du genau spielst, musst du in diesem Fall der Tabulatur-Zeile entnehmen. Diese unterschiedlichen Notationsformen können dir durchaus auch miteinander gemischt begegnen, abhängig davon, was der Komponist im jeweiligen Moment oder für den jeweiligen Song für besser hält.

PROFI-TIPP

Du solltest mittlerweile an die folgende Zahlweise für Achtelnoten gewöhnt sein: „eins-und zwei-und drei-und vier-und". Sechzehntelnoten sind schwieriger zu zählen, am besten du zählst so: „eins-e-und-a zwei-e-und-a drei-e-und-a vier-e-und-a". Beim zweiten Taktschlag von Takt 2 spielst du beispielsweise einen Abschlag bei „zwei," bewegst deine Hand bei „e" und „und" weiter und spielst einen Aufschlag auf „a". Höre dir den CD-Track an und spiele nach, was du hörst.

Hier sind die Zählweisen für unterschiedliche Sechzehntel-Gruppierungen.

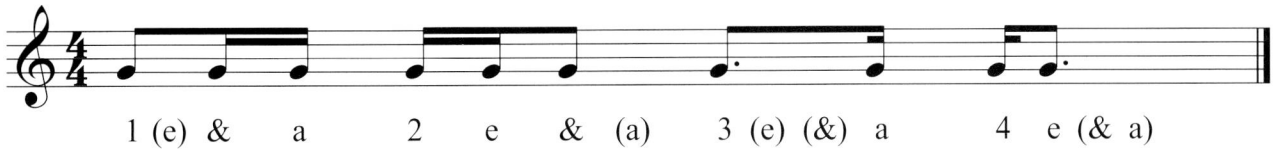

Zum Abschluss dieses ersten Abschnittes von Teil 2 befassen wir uns mit der Rhythmusgitarre von CD-Track 15, „Shadow Walk". Die Leadgitarre dieses Stückes findest du in Übung 19. In diesem Stück kommen alle Dur-Akkorde mit Leersaiten vor, die du bisher gelernt hast, zusätzlich die meisten der Moll-Akkorde und die Akkorde E7 und B7. Außerdem spielst du unterschiedliche Anschlagstechniken, von arpeggierten und gehaltenen Akkorden zu Anfang des Stückes über betonte Downbeats in Takt 8 bis hin zu Achtelanschlägen (beispielsweise in Takt 16).

Auf dem CD-Track hörst du einen Stereo-Echo-Effekt; die Rhythmusgitarre ist leicht zur linken Seite des Stereo-Panoramas gemischt, das Echo hingegen zur rechten Seite, was dem Sound einen leicht mysteriösen Beigeschmack verleiht.

PROFI-TIPP

Wenn du B7 greifst, dämpfe die tiefe E-Saite mit der Spitze des Mittelfingers. Diese Saite darf nicht klingen und wenn du sie dämpfst, kannst du entspannter anschlagen und musst nicht darauf achten, sie versehentlich mit dem Plektrum zu berühren.

AKKORDE

■ THEORIE

Achte auf die Crescendo-Gabel in Takt 15; sie bedeutet, dass du in diesem Takt lauter werden sollst, indem du mit dem Plektrum stärker anschlägst.

ÜBUNG 62, **CD-TRACK 15** / „Shadow Walk", Rhythmusgitarre

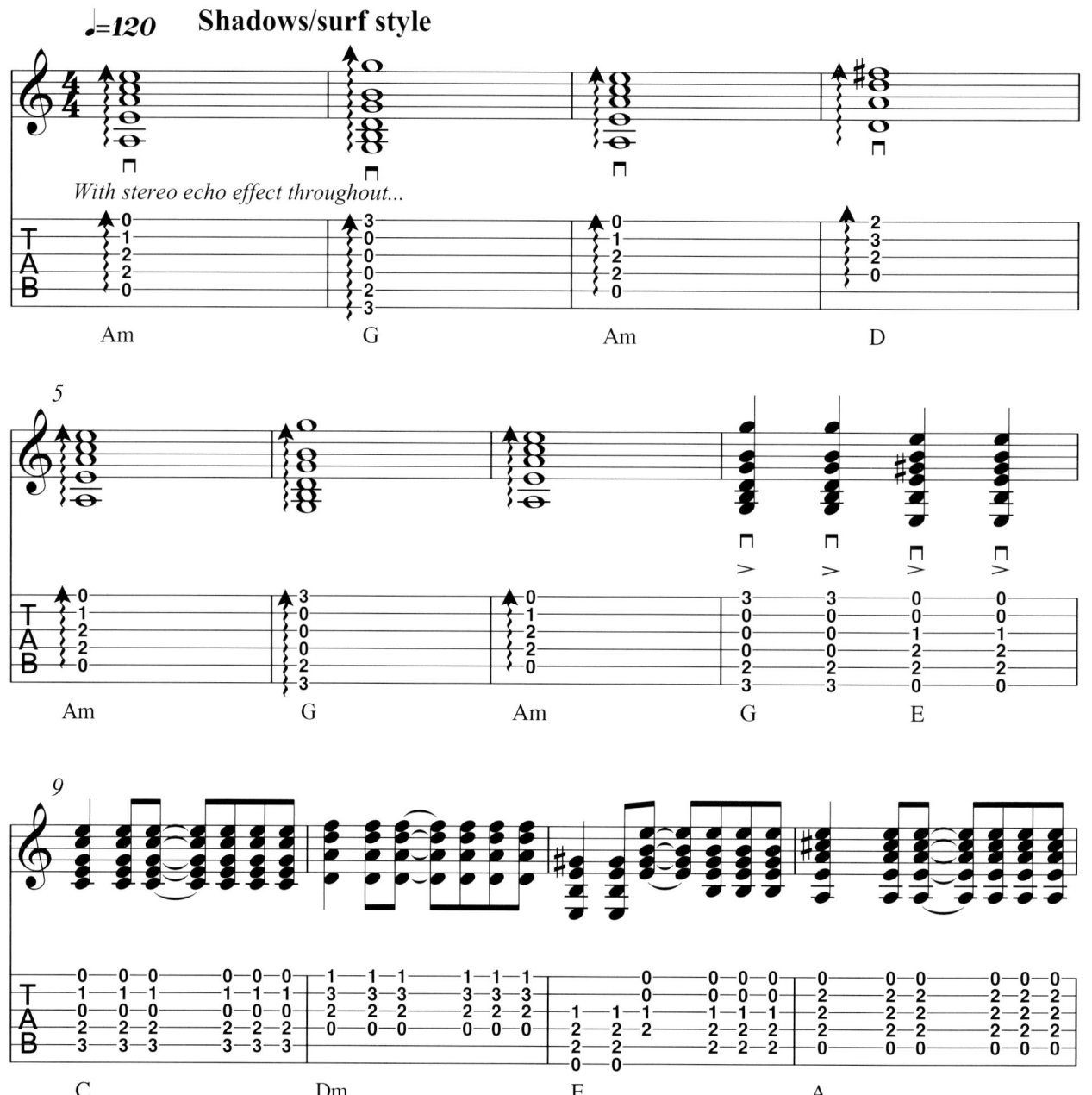

Das E-Gitarren-Handbuch

TEIL 2 ABSCHNITT 1 | 121

In diesem Abschnitt hast du die grundlegenden Griff-Formen für Dur-, Moll- und Sept-Akkorde und das Wechseln zwischen diesen Akkorden gelernt. Du hast einfache und schwierigere Anschlagsmuster und die ersten Arpeggien gespielt und mit zusätzlichen Bass-Linien und Durchgangstönen experimentiert. Im nächsten Abschnitt befassen wir uns wieder mit Arpeggien, außerdem lernst du, wie man aus den Akkorden eines Songs einen zweiten Gitarrenpart erstellen kann. Weitere Themen sind einige neue Spieltechniken und komplexere Anschlagsmuster.

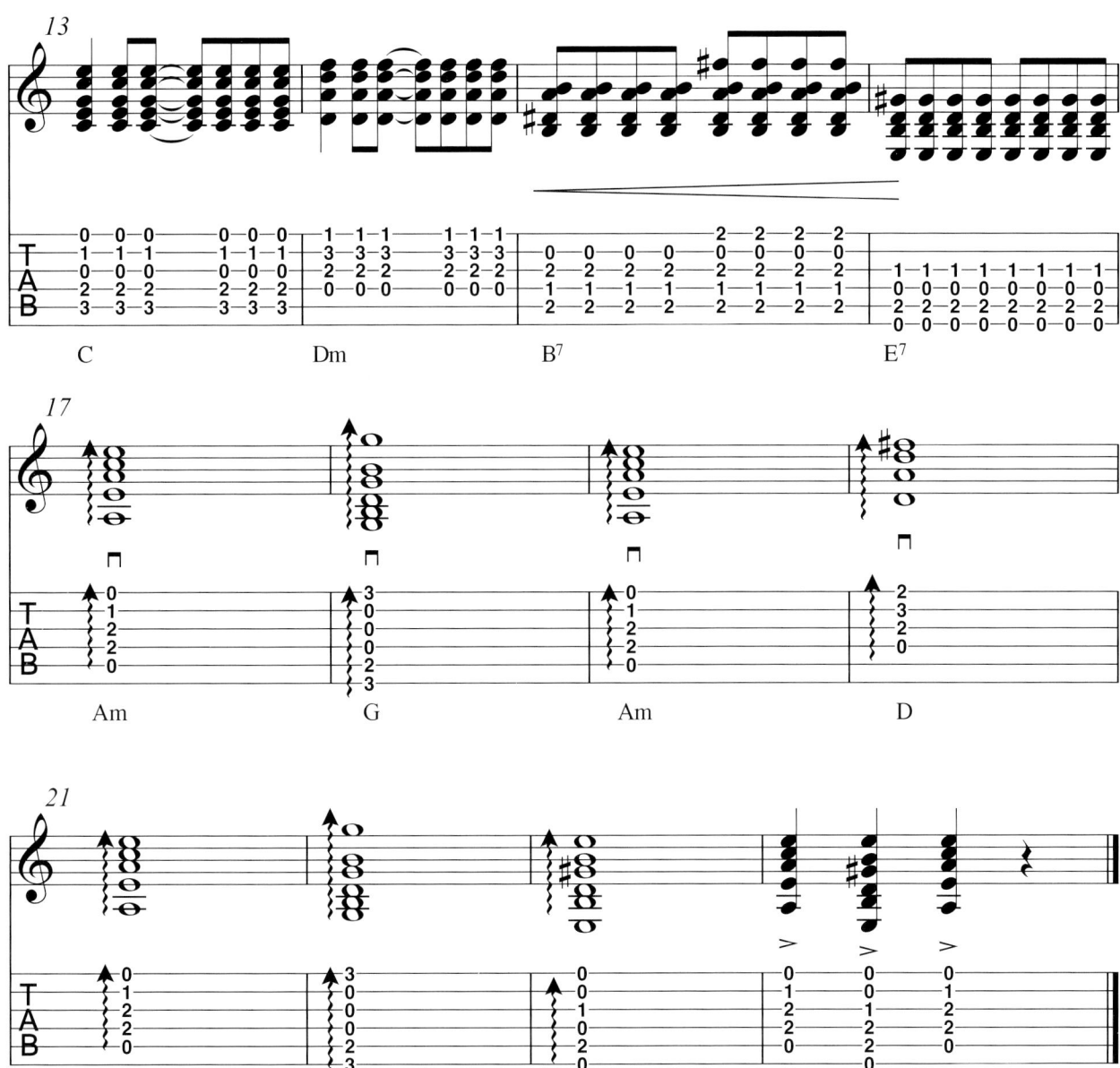

Das E-Gitarren-Handbuch

Akkorde und Arpeggien

Die Töne eines Akkordes nacheinander gespielt ergeben ein Arpeggio. Die Leadgitarrenparts im Hintergrund, die du auf Aufnahmen häufig hörst, verwenden meist Arpeggien. In diesem Beispiel ist der Rhythmuspart von Übung 55 (CD-Track 42) mit einer arpeggierten Leadgitarre kombiniert. Hier begegnet dir eine neue Spieltechnik: der Slide. Der Slide wird mit einem Strich zwischen zwei Tönen notiert:

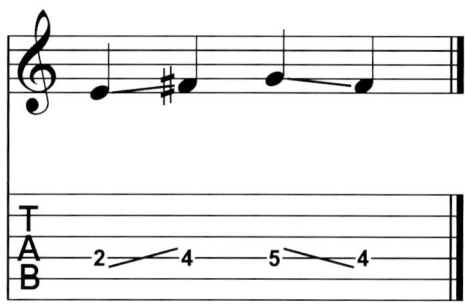

PROFI-TIPP

Arpeggien auf drei Saiten spielst du am besten mit „Wechselschlag" – also „Ab, auf, ab, auf" usw. Du kannst auch „fingerstyle" spielen – dabei spielst du die tiefen Töne mit dem Daumen und die hohen mit dem Zeige- und dem Mittelfinger. Als dritte Möglichkeit kannst du mit dem Plektrum und den Fingern spielen; diese Variante heißt Hybrid-Picking. Dabei schlägst du den tiefsten Ton mit dem Plektrum und die anderen mit dem Mittel- und dem Ringfinger an. Experimentiere und entscheide selbst, welche dieser Spieltechniken dir liegt.

Spiele den ersten Ton und rutsche mit dem Finger (dabei den Fingerdruck aufrecht erhalten) auf der Saite bis zum angegebenen Bund. Sieh dir Takt 4 und Takt 8 an und höre dir auf der CD an, wie das klingen soll.

Die Leadgitarre spielt hier zuerst Arpeggien auf den mittleren drei Saiten, bevor sie auf die drei hohen Saiten wechselt. Dieser Sprung in der Tonhöhe unterstützt den Spannungsaufbau, während die Rhythmusgitarre ebenfalls zunehmend geschäftiger spielt.

Beachte die Anweisung „let ring" (klingen lassen) zu Beginn des Stückes – beim Arpeggienspiel lässt man gerne die einzelnen Töne soviel wie möglich überlappen. Die Töne der Arpeggien entstammen zum größten Teil den Griff-Formen der Rhythmusgitarre, außer in den Takten 4 und 8 beim Slide zum 4. Bund zum Dsus4-Akkord. Wenn die Arpeggien auf die hohen drei Saiten wechseln, klingt die hohe E-Saite zum G-Dur-Akkord mit, obwohl der Ton E kein Akkordton ist. Wenn du Arpeggien spielst, kannst du (wie hier) versuchsweise Töne hinzufügen, die nicht zum Orginal-Akkord gehören – auf diese Art wirst du einige sehr interessante Klänge entdecken.

Das E-Gitarren-Handbuch

ÜBUNG 63, **CD-TRACK 49** / „Big Chords One" Leadgitarre

> **DOUBLETRACKING**
>
> Gemeinsam mit anderen Musikern zu spielen ist sehr befriedigend und macht eine Menge Spaß – auf jeden Fall mehr, als alleine zu üben. Im weiteren Verlauf dieses Buches werden dir viele Stücke für zwei Gitarren begegnen und ich hoffe, dass du sie mit gitarrespielenden Freunden ausprobieren kannst.
>
> Tatsächlich könntest du alle Stücke mit zwei Gitarristen spielen – zwei Gitarren die exakt synchron dasselbe spielen, können sehr gut klingen – man nennt das „Doubletracking" und es wird häufig eingesetzt, um Gitarrenparts „fetter" zu machen. Es klingt besonders gut mit unterschiedlichen Gitarrensounds; der eine zum Beispiel dick und fett, der andere hell und höhenreich. Bei Aufnahmen können die beiden Parts nach links und rechts gemischt werden, um den Sound aufzufüllen. Wenn die Parts allerdings nicht präzise gespielt sind, klingt es einfach nur chaotisch.
>
> Ein anderer Ansatz wäre, dass die zweite Gitarre etwas ganz anderes machen kann, wenn die erste Gitarre Akkorde spielt. Ein zusätzliches Arpeggio wie in unserem Beispiel kann interessanter klingen als zwei Gitarren, die einfach dasselbe schrammeln.

Während wir uns noch ein wenig weiter mit Arpeggien befassen, möchte ich dich mit dem sogenannten Pedalton bekannt machen. Ein Pedalton ist ein Ton, der konstant bleibt, während die Akkorde wechseln. Das kann ein hoher Ton, ein tiefer Ton oder etwas irgendwo dazwischen sein. In Übung 63 hat die leere E-Saite ab Takt 9 die Funktion eines Pedaltons. In Übung 64 klingt der Pedalton E die ganze Zeit durch und im 9. Takt kommt noch ein zweiter Pedalton, das B, hinzu (zwei Pedaltöne gleichzeitig sind möglich). Dieses wiederholte Pattern nennen wir hier Riff, wobei man in der traditionelleren Musiktheorie eher von einem „ostinato" sprechen würde. Als besonderer Effekt wird die leere E-Saite mit einem gegriffenen E (5. Bund der B-Saite) gedoppelt. Höre dir den CD-Track an – ein Pedalton erzeugt Spannung, als ob die Akkorde sich wegbewegen, aber gleichzeitig fest verankert sind. Die Rhythmusgitarre dieses Stückes stammt aus Übung 58 und der CD-Track enthält nur Rhythmus- und Leadgitarren. Mit einer Bass-Linie im Rhythmuspart und den Arpeggien der Leadgitarre entsteht hier ein sehr ausgefüllter Sound – versuche dieses Stück einmal zusammen mit einem anderen Gitarristen. Spielt dabei abwechselnd verschiedene Parts.

■ THEORIE

Der Begriff „Pedal" stammt aus der Orgelmusik, wo der Musiker tatsächlich über mit den Füßen gespielte (Bass-)Pedale verfügt. Wie du bereits gesehn hast, muss heutzutage der Pedalton nicht unbedingt im Bass liegen.

PROFI-TIPP
Wenn du denselben Ton gleichzeitig als Leersaite und gegriffen spielst, ergibt das einen vollen, klirrenden Klang. Die Leersaite mitklingen zu lassen ist hier einfacher, wenn du mit den Fingerspitzen greifst.

ÜBUNG 64, **CD-TRACK 50** / „Big Chords Two" (Leadgitarre)

Übung 65 verwendet einen vollen und klaren Ton für die Arpeggien der Akkorde mit Leersaiten, ganz im Stil von REM-Gitarrist Peter Buck. Einige der Griff-Formen sind leicht abgewandelt (s. unten); weil hier nicht der ganze Akkord benötigt wird, sind überflüssige Töne einfach ausgelassen. Diese Griff-Formen solltst du üben, auch wenn sie zuerst ungewohnt erscheinen mögen: möglichst ökonomische Bewegung – das bedeutet, alle überflüssigen Bewegungen wegzulassen – ist ein wichtiges Prinzip des fortgeschrittenen Gitarrenspiels.

Akkorde mit Leersaiten für Übung 65

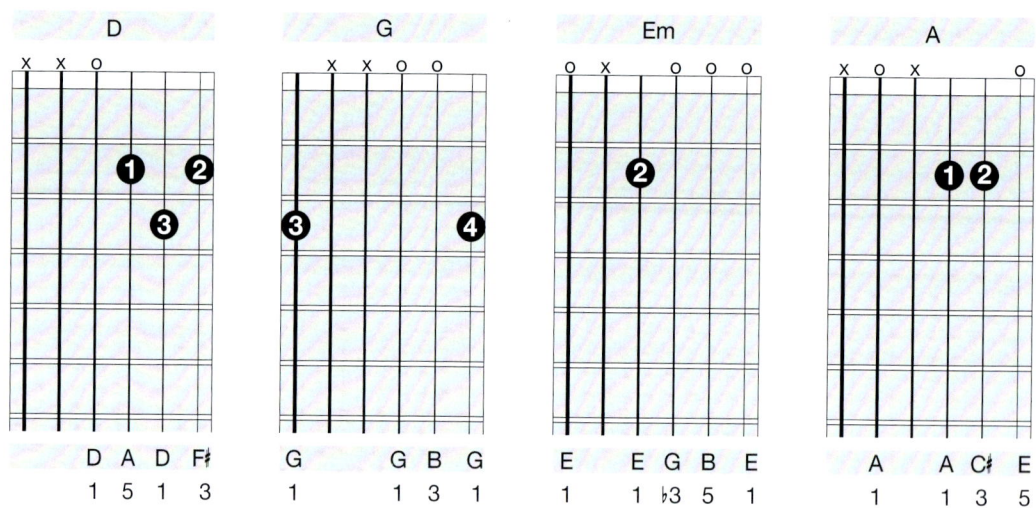

Dir wird aufgefallen sein, dass dieses Beispiel nicht im nahezu alle Rockmusik durchdringenden 4/4-Takt steht. Du spielst hier im 6/8-Takt, bei dem du Achtelnoten pro Takt zählen musst, aber mit Akzenten auf den Taktschlägen 1 und 4:

<u>1</u>   2   3   <u>4</u>   5   6

Versuche einmal, beim Zählen mit dem Fuß mitzuklopfen und auf Taktschlag 1 und 4 zu klatschen, damit du ein Gefühl für diesen Rhythmus bekommst. Erfinde dann eigene Arpeggien mit anderen bereits bekannten Griff-Formen. Du kannst auch versuchen, ab und an eine verbindende Bass-Linie einzubauen, ähnlich den hier notierten.

PROFI-TIPP

Denke daran, die Töne so lange wie möglich klingen zu lassen und spiele entweder mit Wechselschlag oder mit Sweep-Picking. Den Wechselschlag kennst du bereits; beim Sweep-Picking spielst du durchgehend Abschläge, wenn deine Hand sich abwärts bewegt und durchgehend Aufschläge, wenn sie sich aufwärts bewegt. In diesem Stück verwende ich sowohl Wechselschlag als auch Sweep-Picking; probiere aus, was für dich richtig ist.

Das E-Gitarren-Handbuch

ÜBUNG 65, **CD-TRACK 51** / „Buck The Trend"

Wir bleiben beim Indie-Stil und werden jetzt Akkordanschläge und Melodietöne miteinander kombinieren. Die Griff-Formen kennst du alle, aber dir wird vielleicht auffallen, dass die A-Saite im G-Dur-Akkord ausgelassen wird, du spielst also dieselbe Griff-Form wie in Übung 64. Beim Anschlag dieses Akkordes wird die A-Saite mit der Unterseite des Fingers gedämpft, der bereits das G auf der tiefen E-Saite greift. Die Einzeltöne spielst du am besten mit Wechselschlag nach dem Prinzip „Abschlag für den Downbeat – Aufschlag für den Upbeat"; die ersten Takte sind mit Anschlagssymbolen versehen.

In Übung 66 kommen einige der Ideen aus dem vorigen Abschnitt vor, zum Beispiel der Anschlag von Teilen eines Akkordes. Beachte auch, dass hier die Akkordwechsel nicht immer auf dem ersten Taktschlag erfolgen. Der G-Dur-Akkord am Ende von Takt zwei erscheint erst auf der letzten Achtelnote und ist zum ersten Taktschlag von Takt 3 übergebunden; diese Art von Synkopierung, bei der ein Akkord zu früh auftaucht, nennen Musiker auch einen „Push".

PROFI-TIPP
Gibt es Songs, die du im Moment mit Akkordanschlägen spielst, aber genauso gut mit Arpeggien begleiten könntest? Beginne mit dem Grundton des Akkordes und füge dann höhere Töne hinzu, bis der Takt ausgefüllt ist. Erzeuge ein wiederholbares Pattern und spiele es mit dem Plektrum oder Fingerstyle.

ÜBUNG 66, **CD-TRACK 52** / „Faithless"

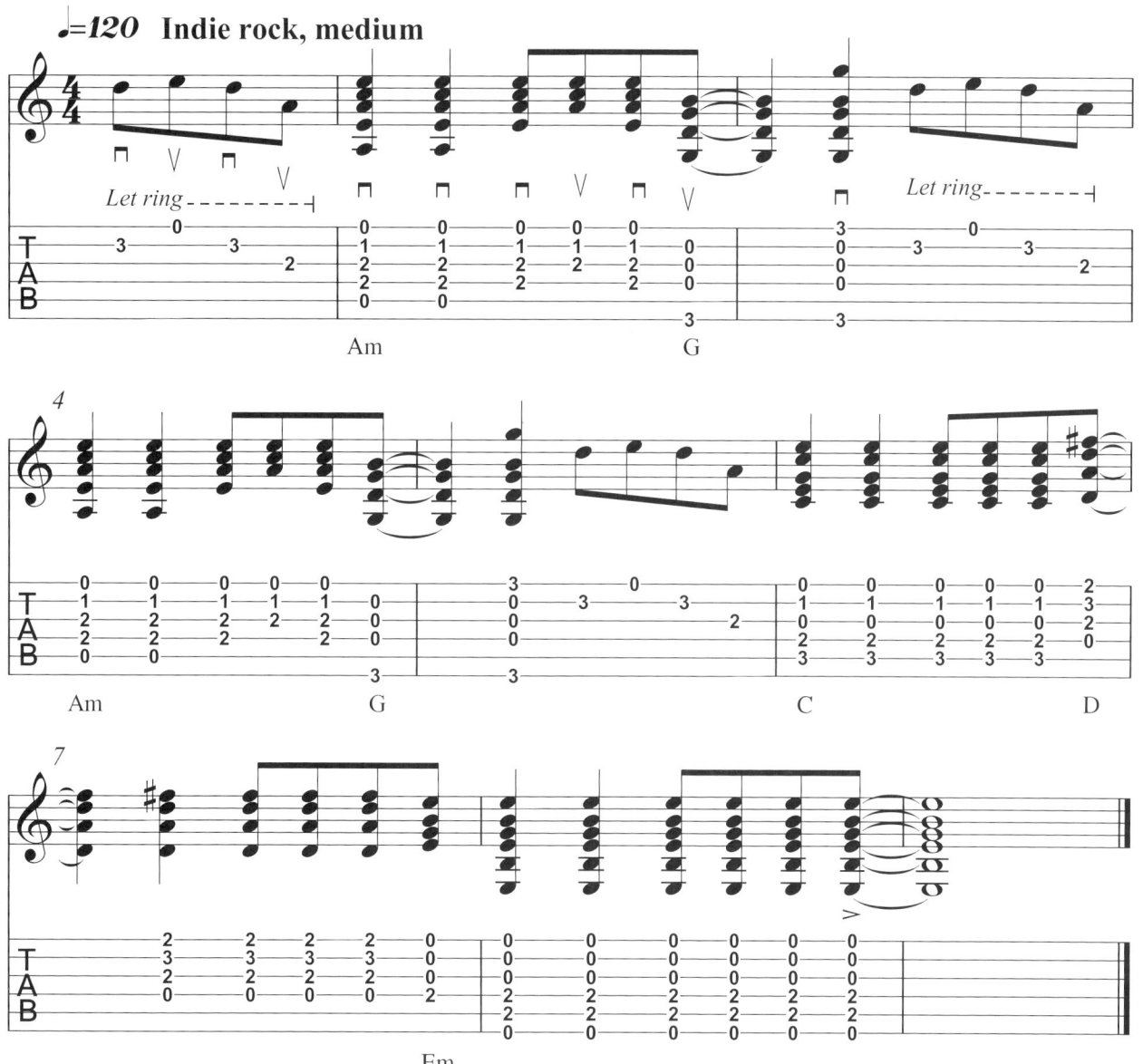

ÜBUNG 67, **CD-TRACK 53** / „Stay The Same"

Beim Spielen von Übung 66 wird dir aufgefallen sein, dass alle Phrasen mit demselben Vierton-Pattern anfingen. Das Prinzip ist in Übung 67 „Stay The Same", ähnlich, hier wird damit eine fließende arpeggio-ähnliche Melodie erzeugt. Die Anfangstöne kann man als Arpeggio eines für diesen Musikstil sehr nützlichen Akkordes betrachten, des sogenannten Sus2-Akkordes. Sus4-Akkorde sind dir bereits begegnet, und wir haben bei Übung 55 bereits über den Aufbau von Sus2- and Sus4-Akkorden gesprochen.

Im ersten Takt spielst du ein Pull-off vom 2. Bund zur leeren E-Saite; im zweiten Takt ein Slide vom 2. Bund zum 4. Bund der G-Saite. Der erste Ton des Slide ist kleingedruckt, weil es sich bei ihm um einen „Vorschlag" handelt – damit ist ein Ton gemeint, der keinen eigenen Zeitwert hat, sondern einfach möglichst kurz vor dem folgenden Hauptton gespielt wird (hier dem B auf dem 4. Bund).

Interessant an diesem Stück ist die Art, wie sich die Akkorde ändern, während die Melodie gleich bleibt. Einige der Melodietöne sind gleichzeitig auch Akkordtöne; D, Fis und A beispielsweise sind alle im D-Dur-Akkord enthalten, aber die Melodietöne E und B sind die Sexte bzw. die None und gehören nicht zum D-Dur-Akkord, klingen aber interessant, wenn man sie hinzufügt. Beim Wechsel zum B-Moll-Akkord gehört jetzt das B zum Akkord, während E und A (die Quarte und die Septime) plötzlich die „Outsider" sind. Das hat zur Folge, dass sich der musikalische Effekt bei jedem Akkordwechsel ändert, obwohl immer dieselbe Melodie wiederholt wird.

PROFI-TIPP

Für diesen Arpeggio-Stil ist es wichtig, so oft wie möglich Leersaiten zu verwenden und die Töne möglichst lange klingen zu lassen.

132 | TEIL 2 ABSCHNITT 2

ÜBUNG 68, **CD-TRACK 54** / Rock-Arpeggien

PROFI-TIPP

Hast du schon einmal versucht, eigene Songs zu komponieren? Wähle ein paar Akkorde aus, die du kennst und probiere, ob sie gut zusammenpassen. Spiele Anschläge, Arpeggien, Riffs und Verbindungstöne wie wir es bisher gemacht haben, um deine Gitarrenparts auszuarbeiten. Schreibe alle Akkordfolgen auf, aus denen man einen Song machen könnte oder nehme sie auf.

Aber Arpeggien sind natürlich nicht nur für Indie-Rock nützlich. Mit etwas Verzerrung und Dämpfen mit dem Handballen können sie auch in einem Rock-Kontext sehr effektiv eingesetzt werden. Übung 68 besteht aus drei Akkorden: A-Moll, G und F (gegenüberliegende Seite). Den A-Moll- und den G-Dur-Akkord kennst du bereits, aber mit dem F-Dur-Akkord lernst du eine neue Spieltechnik: das Greifen von zwei Saiten mit einem Finger. In diesem Fall greift der Zeigefinger die B-Saite und die E-Saite im 1. Bund; diese Spieltechnik nennt man Barré. Wenn nur einige Saiten als Barré gegriffen werden, wird dies häufig als „Halb-Barré" bezeichnet. Bei einem vollen Barré werden alle sechs Saiten mit einem einzigen Finger gegriffen.

Dieser Track wird ziemlich schnell gespielt und das Dämpfen macht ihn noch zusätzlich schwerer, aber es kommt eigentlich nur darauf an, dass deine Anschlagshand in der richtigen Position ist, um alle Saiten zu dämpfen. Versuche die in den ersten beiden Takten notierten Anschlagsrichtungen zu verwenden; sie basieren auf dem Sweep-Picking (durchgehende Ab- oder Aufschläge je nach Bewegungsrichtung). Meine persönliche Vorliebe für solche Tracks ist allerdings der Wechselschlag. Probiere beides und spiele dann, was dir besser unter den Fingern liegt.

Bassriffs und Verbindungstöne passen genauso gut zu Arpeggien wie zu angeschlagenen Akkorden. In Übung 69 wird die Musik von Übung 68 wiederverwendet, diesmal allerdings mit verbindenden Riffs in den Takten 2 und 4.

TEIL 2 ABSCHNITT 2

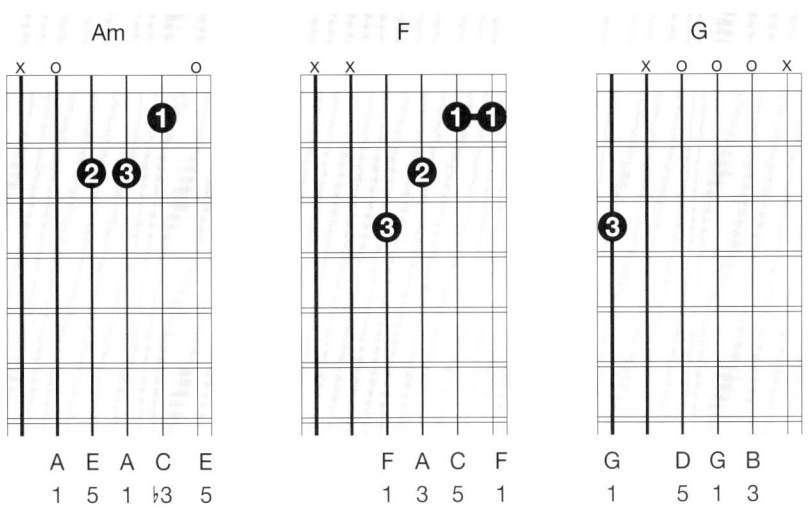

PROFI-TIPP

Beachte beim Greifen, dass dieses Stück auf Akkorden beruht, auch wenn immer nur ein Ton gleichzeitig gespielt wird. Verwende dieselben Fingersätze wie beim Akkordspiel, das erleichtert deiner Greifhand die Arbeit.

Für die Riffs musst du die Dämpfung kurzfristig aufheben; achte auch auf das Hammer-on von der Leersaite zum 3. Bund im vierten Takt. Dieser Track ist mit einem Phaser-Effekt und einem rhyhmisch zur Musik synchronen Delay aufgenommen. Experimentiere mit diesen Effekten, wenn du sie besitzt.

ÜBUNG 69, **CD-TRACK 55** / Rock-Arpeggien 2

Das E-Gitarren-Handbuch

AKKORD-KONSTRUKTION 3

Wir haben uns im Abschnitt Akkordkonstruktion 1 (S. 102) und Akkordkonstruktion 2 (S. 116) bereits mit dem Aufbau von Akkorden aus Grundton, Terz, Quinte und Septime befasst. In Teil 1 (S. 70) haben wir auch schon über Tonarten und die Vorzeichnung gesprochen. Wir nehmen jetzt die C-Dur-Tonleiter und machen jeden ihrer Töne zum Grundton eines Akkordes. Ergänze jeden Grundton um seine Terz und seine Quinte, so dass eine Folge von Dreiklängen entsteht.

Dabei entstehen sieben Akkorde, die alle nur Töne der C-Dur-Tonleiter enthalten. Diese Akkorde nennt man auch „leitereigene Akkorde" von C-Dur. In Übung 70 siehst du zwei mögliche Arten, diese Akkorde zu spielen; eine verwendet so oft wie möglich Leersaiten, während bei der anderen die Akkorde auf denselben drei Saiten entlang des Halses verschoben werden. Normalerweise werden diese Akkorde mit römischen Ziffern bezeichnet: Akkorde 1, 4 und 5 sind Dur-Akkorde und werden großgeschrieben. Die Akkorde 2, 3 und 6 sind Moll-Akkorde und werden kleingeschrieben. Der Akkord 7 ist ein verminderter Akkord, der normalerweise ebenfalls kleingeschrieben wird.

ÜBUNG 70 / Leitereigene Dreiklänge in C-Dur

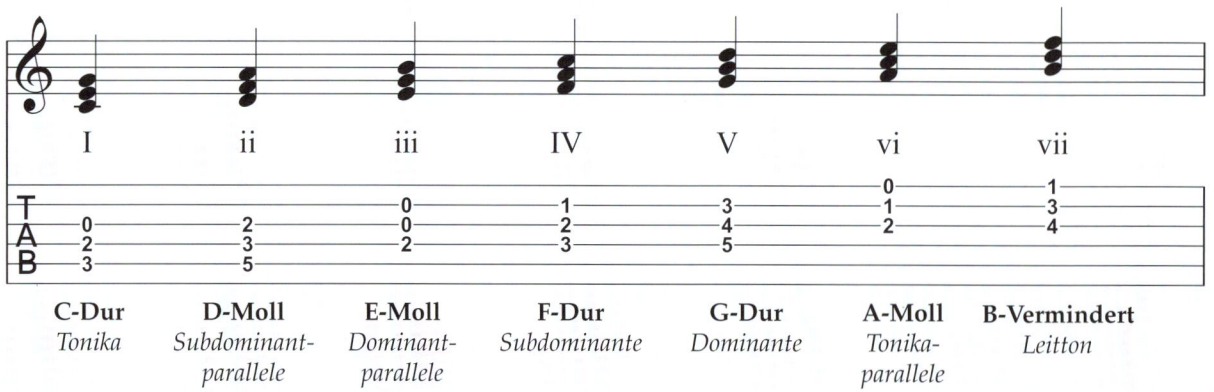

Weil jede Dur-Tonleiter dieselbe Abfolge von Ganz- und Halbtonschritten hat, ist die Akkordfolge von Dur-Akkorden, Moll-Akkorden und verminderten Akkorden in jeder Dur-Tonart identisch. Für G-Dur sieht diese Folge beispielsweise so aus:

G-Dur, A-Moll, B-Moll, C-Dur, D-Dur, E-Moll und Fis-vermindert.

Wenn du die Töne aller Dur-Tonarten kennst (Akkord-Konstruktion 1 auf Seite 72) solltest du die Akkorde für jede beliebige Dur-Tonart selbst ableiten können.

Zusätzlich zu ihrer Nummer hat jede Tonleiterstufe auch noch einen Namen, wie in der Grafik. Die Dominante in C-Dur ist also G-Dur und die Subdominante in C-Dur ist F-Dur. Manchmal wirst du Musiker diese Bezeichnungen verwenden hören, um Akkordfolgen zu beschreiben. Man könnte beispielsweise sagen, dass ein Musikstück „mit der I anfängt und dann zur V geht", oder auch „es beginnt auf der Tonika und geht dann zur Dominante". Auch wenn diese Bezeichnungen in der Welt der Rockmusik nicht unbedingt Allgemeinplätze sind, kann ihre Kenntnis den Unterschied zwischen „informiert wirken" und „keinen blassen Schimmer haben" ausmachen.

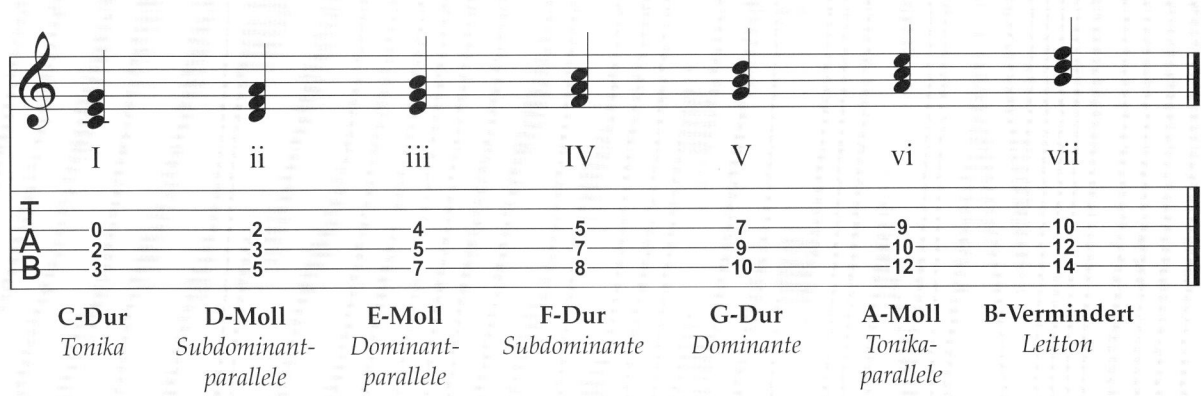

In diesem zweiten Abschnitt von Teil 2 haben wir uns ausführlich mit Arpeggien beschäftigt, uns Pedaltöne und Slides angesehen, und untersucht, wie man Akkordfolgen in ausgearbeitete, interessant klingende Gitarrenparts verwandelt. Im nächsten Abschnitt befassen wir uns dann damit, wie man den Klang von Akkorden mit Zusatztönen und Erweiterungen interessanter machen kann.

Erweiterte Akkorde

Hier werden wir uns mit Akkorden mit Zusatztönen und Erweiterungen befassen; diese Akkorde werden in moderner Rockmusik extrem häufig verwendet.

Lerne zuerst einmal die folgenden Griff-Formen und spiele den Rhythmuspart auf der nächsten Seite, dessen Leadgitarre dir bereits aus Übung 67 (CD-Track 53) bekannt ist.

Der erste echte Barré-Akkord ist der B-Moll-Akkord, für den der Zeigefinger der Greifhand quer über den 2. Bund gelegt wird und die fünfte und die erste Saite greifen muss. Dämpfe die tiefe E-Saite mit seiner Fingerspitze. Der Asus4-Akkord bedarf keiner Erklärung mehr, weil dir sus4-Akkorde früher schon begegnet sind. (Die hohe E-Saite könnte für Asus4 und A-Dur mitklingen, aber um der Melodie ein bisschen mehr Raum gegenüber den Akkorden einzuräumen, habe ich mich hier für das Dämpfen dieser Saite entschieden). D/C bedeutet „D-Dur mit C im Bass". Solche Akkorde nennt man „Slashchords" und sie werden notiert, wenn statt des Grundtons ein bestimmter anderer Basston gespielt werden soll.

Hier sind die Akkorde in Mini-Diagrammen über den Noten angegeben; das Anschlagsmuster ist ein einfaches sich wiederholendes Pattern, das du bereits gespielt hast.

PROFI-TIPP

Vergleiche einmal die Griff-Form für B-Moll mit der für den einfachen A-Moll-Akkord. Kannst du die Ähnlichkeiten erkennen? Die Griff-Form für B-Moll ist identisch mit der für A-Moll, nur zwei Bünde höher gespielt und mit einem Barré anstelle der Leersaiten.

Akkorde für Übung 71

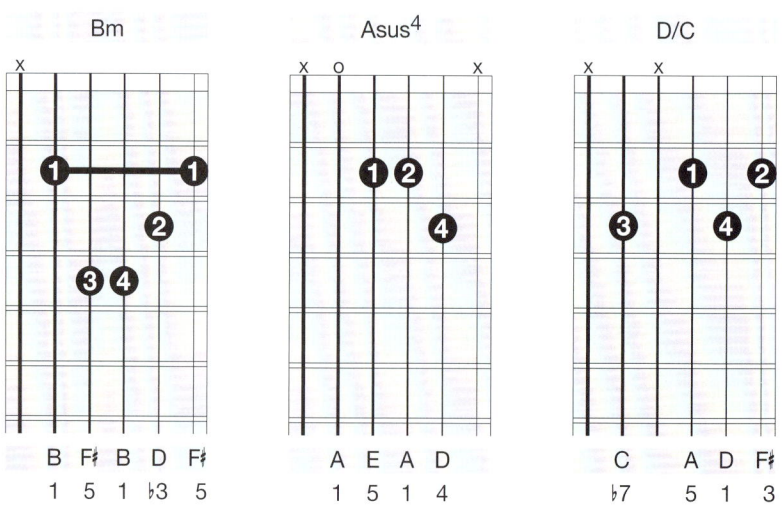

ÜBUNG 71, **CD-TRACK 53** / „Stay The Same" (Rhythmusgitarre)

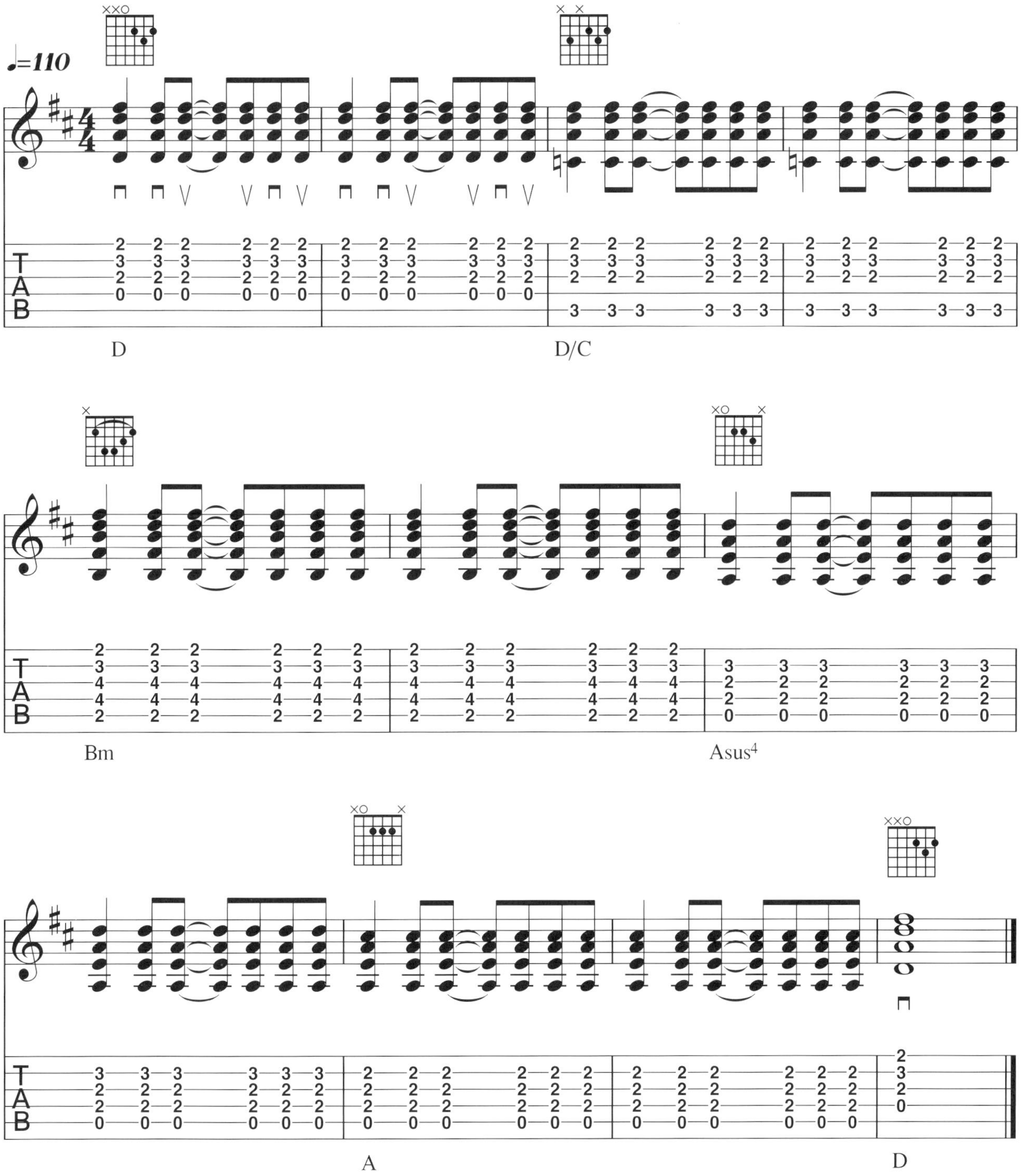

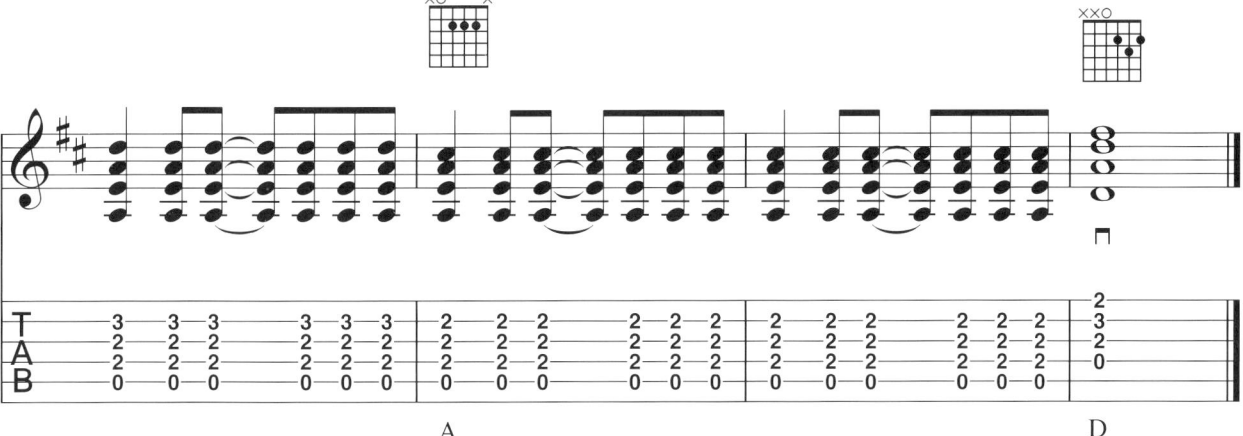

Akkorde für Übung 72

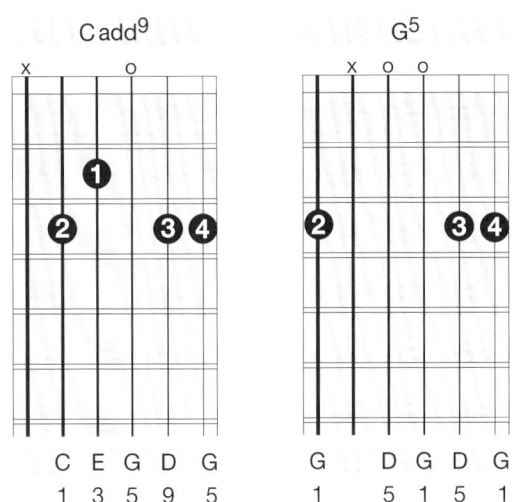

PROFI-TIPP

In Takt 3, 4, 7 und zahlreichen weiteren Takten kommen synkopierte oder „gepushte" Akkorde vor, wie du sie bereits aus früheren Übungen kennst.

In Übung 72, „Fives And Nines", werden die aus Abschnitt 1 bekannten Leersaiten-Akkorde C-Dur und G-Dur modifiziert. Der C-Dur-Akkord ist um die Töne D (auf der B-Saite) und G (auf der hohen E-Saite) erweitert. Das zusätzliche D ist die None der C-Dur-Tonleiter und gibt dem Akkord seinen Namen, nämlich Cadd9. (Das G ist die Quinte, die sowieso zum Akkord gehört).

Beim G-Dur-Akkord sind Töne weggelassen worden. Das B auf der A-Saite wird jetzt gedämpft und auf der B-Saite wird im 3. Bund ein D gegriffen. Von dem Akkord bleiben also nur das G und das D übrig, der Grundton und die Quinte, weshalb dieser Akkord G5 heißt. Dieser Akkord hat eine charakteristische „klingelnd, aber leer"-Qualität, die zu vielen Arten von Rockmusik passt. Wenn jetzt diese Akkordfolge um den Dsus4 ergänzt wird, folgen drei Akkorde aufeinander, bei denen zwei Oberstimmen gleich sind – interessant!

Das Stück beginnt mit gehaltenen Akkorden und sparsamen Anschlägen, bevor die Anschläge in Takt 9 häufiger und stärker akzentuiert werden. Der Punkt über dem ersten Akkord in Takt 9 und 10 ist ein „Staccato"-Zeichen; auf dem CD-Track kannst du hören, dass dieser Akkord nicht nur betont, sondern auch abgeschnitten wird. Die Takte 9-12 werden wiederholt und ab Takt 13 bleibst du für die letzten vier Takte bei einem D-Dur-Akkord. Einen solchen Schlussteil eines Musikstückes nennt man auch „Coda". Im dritten Teil wirst du einen Leadgitarren-Part zu diesem Track lernen.

Inspiriert ist dieser Track von den Rhythmustracks solcher Bands wie AC/DC oder Guns N' Roses.

ÜBUNG 72, **CD-TRACK 56** / „Fives And Nines" (Rhythmusgitarre)

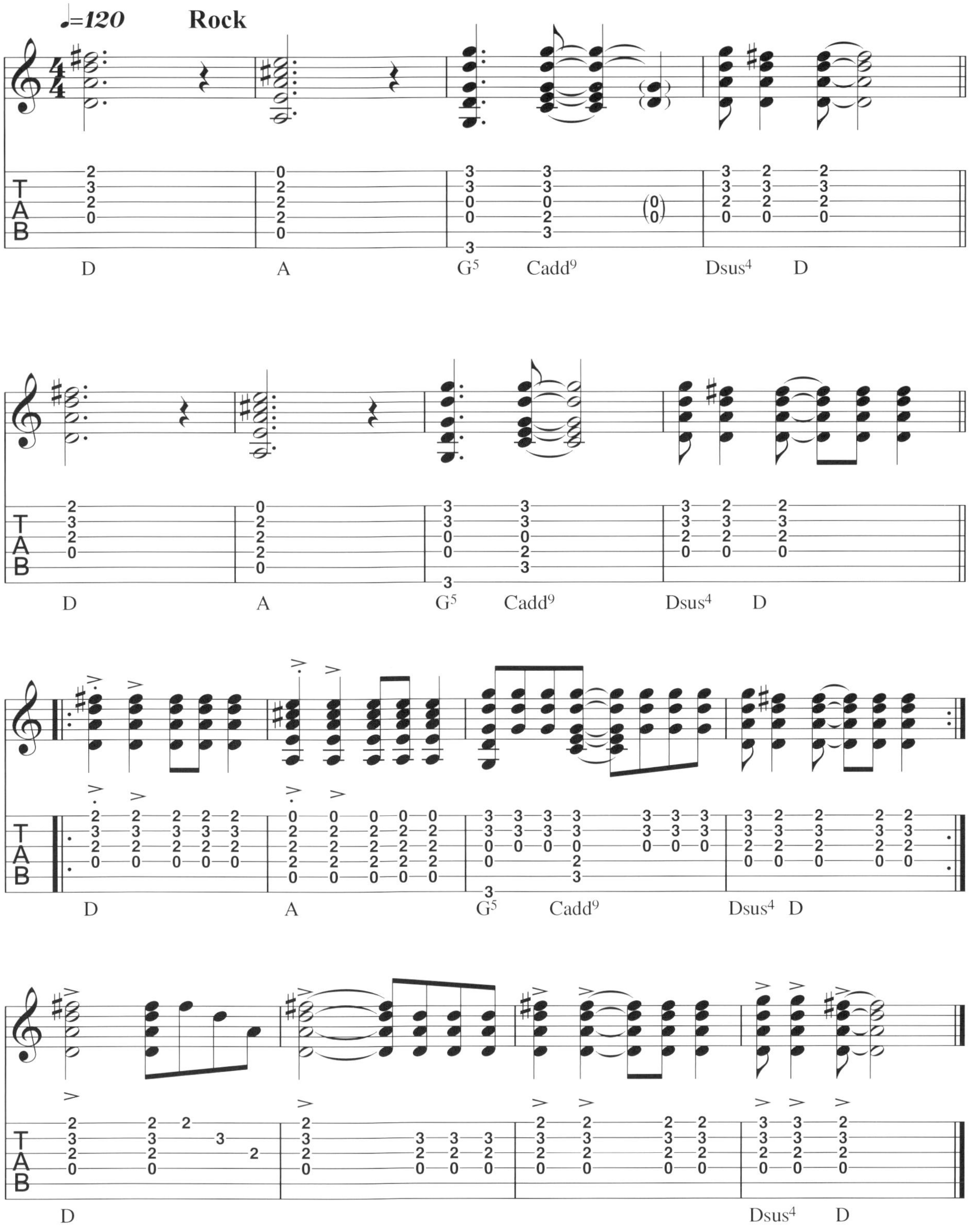

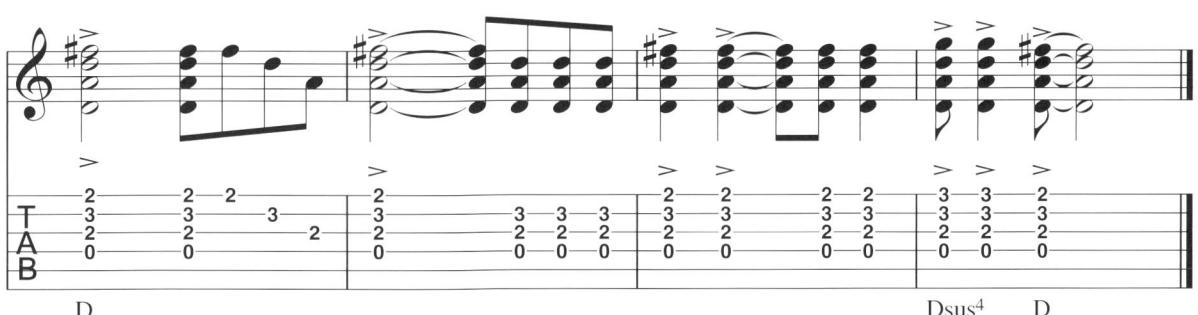

ERWEITERTE AKKORDE

WEITERE ERWEITERTE AKKORDE

Alle folgenden Griff-Diagramme sind abgewandelte Versionen der Leersaiten-Akkorde, die du ganz zu Anfang von Abschnitt 1 gelernt hast. Du prägst sie dir am einfachsten ein, indem du sie mit den Akkorden, die du bereits kennst, vergleichst und dir besonders die zusätzlichen Töne und Erweiterungen merkst. Das hier sind natürlich nur einige der vielen Möglichkeiten, und beim Experimentieren mit anderen Leersaiten-Akkorden werden dir eigene interessante und originelle Klänge einfallen.

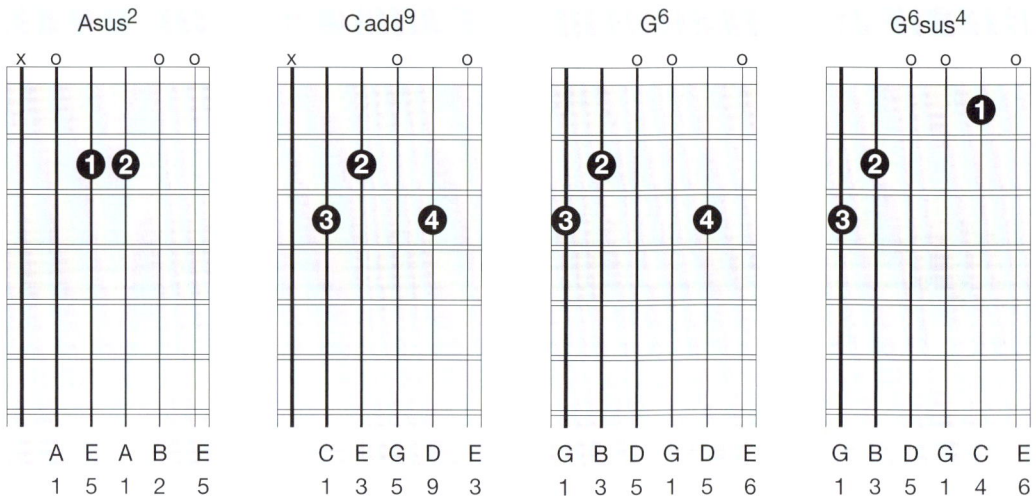

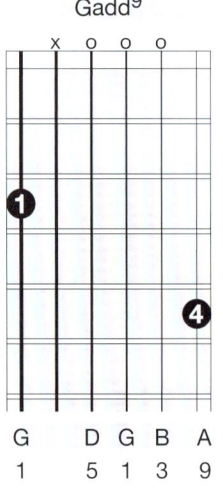 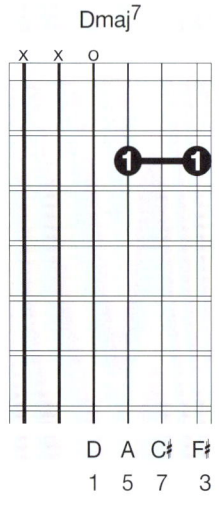 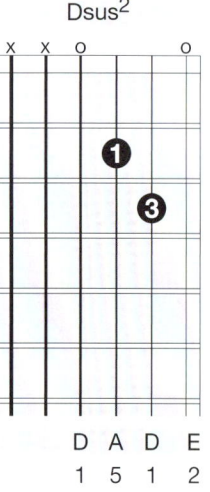 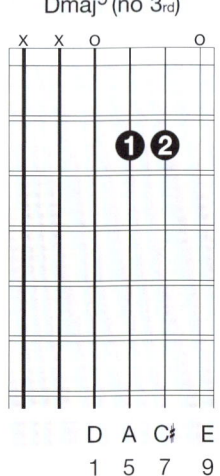 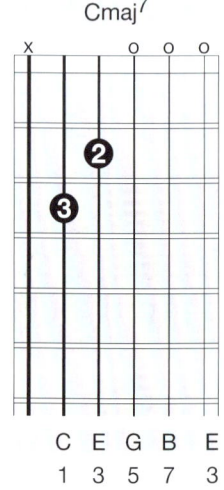

■ THEORIE

Beim Erweitern von Akkorden kann es schwierig sein, einem neuen Akkord sofort einen genauen Namen zu geben. Am besten ist es deshalb, immer einen Stift und Papier zur Hand zu haben, um schnell ein Akkord-Diagramm aufzeichnen zu können. Gib dem neuen Akkord anschließend einen Namen, der für dich etwas bedeutet, wie zum Beipiel „D mit zusätzlichem G". Dabei ist es wichtiger, dass der Name für dich eine Bedeutung hat, als dass es eine musiktheoretisch absolut korrekte Bezeichnung ist.

Das E-Gitarren-Handbuch

TEIL 2 ABSCHNITT 3

Die Akkorde, die ich dir hier gezeigt habe, werden dir auch in den unterschiedlichsten Songbüchern begegnen, allerdings manchmal unter anderem Namen – was zeigt, dass Gitarristen über die „richtige" Bezeichnung komplexer Akkorde oftmals uneins sind. Halte dich also in diesem Stadium nicht zu sehr mit Akkordbezeichnungen auf. Genieß einfach diese resonanten und glockigen Sounds und versuche einmal, mit diesen Klängen eigene Akkordfolgen zu erstellen.

In Übung 73 werden erweiterte Akkorde verwendet, um beim Akkordanschlag gleichzeitig Melodien zu erzeugen. Du spielst drei verschiedene Beispiele mit den Akkorden von der vorigen Seite; jedes Beispiel wird zweimal gespielt. Der Anschlag wird dir wahrscheinlich nicht schwer fallen, aber du musst sehr genau greifen, damit die gegriffenen Töne und die Leersaiten gemeinsam klingen können. Höre dir selbst aufmerksam zu und achte besonders darauf, dass wirklich alle Akkordtöne erklingen.

ÜBUNG 73, CD-TRACK 57 / Erweiterte Griff-Formen

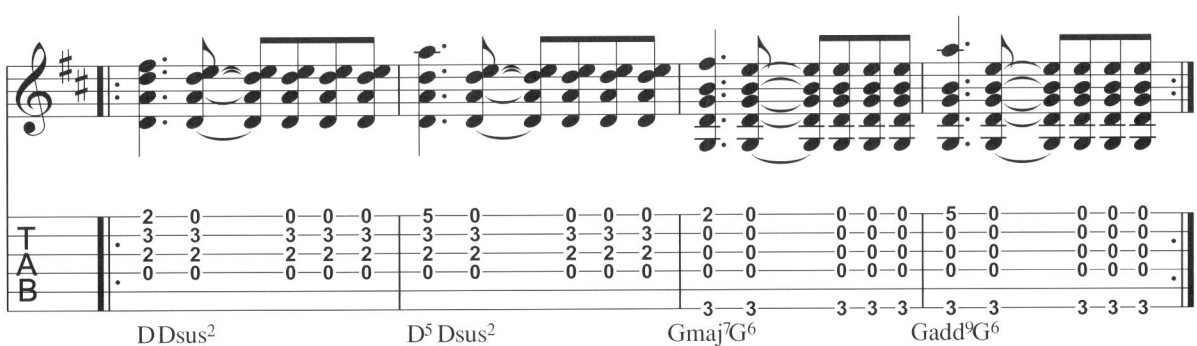

ERWEITERTE AKKORDE

Wenn du Bands wie R.E.M., Coldplay, Radiohead, The Smiths und ähnliche kennst, hast du diese Art zu spielen schon einmal gehört. In den 60ern hat Pete Townshend von The Who erweiterte Akkorde in seinen Rhythmus-Parts verwendet. Diese Akkordtypen sind Schlüsselelemente im Sound der Indie-Bands von heute.

Wir werden uns jetzt näher mit der wunderbaren Welt der Barré-Akkorde befassen. Für Referenzzwecke verwenden wir hier wieder die B-Moll-Griff-Form; außerdem lernst du einen am 3. Bund gegriffenen G-Dur-Akkord und einen A-Dur-Akkord am 5. Bund. Einer der faszinierenden Aspekte von Barré-Akkorden ist ihre Verschiebbarkeit; dir wird auffallen, dass die Griff-Formen für A-Dur und G-Dur identisch sind, allerdings auf verschiedenen Bünden gespielt.

Leersaiten-Akkorde und erweiterte Akkorde für Übung 74

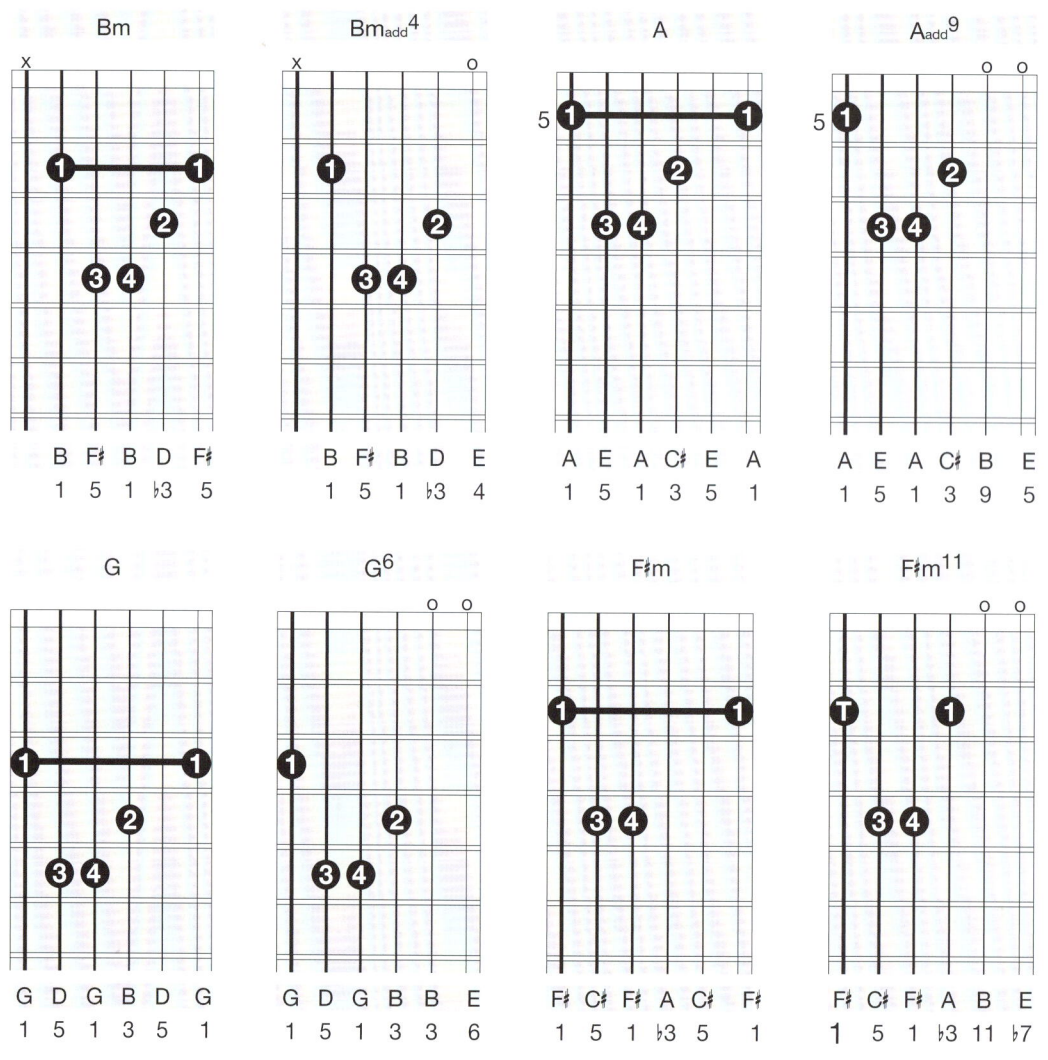

Das E-Gitarren-Handbuch

Du kannst diese Griff-Form auf jedem beliebigen Bund spielen, der Akkord erhält seinen Namen von dem Ton, den du auf der tiefen E-Saite greifst. Die Griff-Form für den Fis-Moll-Akkord (2. Bund) ist ebenfalls verschiebbar; auch dieser Akkord wird nach dem auf der tiefen E-Saite gegriffenen Ton benannt. Auch die Griff-Form für B-Moll ist verschiebbar, hier liegt allerdings der Grundton (der dem Akkord seinen Namen gibt) auf der A-Saite.

Zusätzlich zu diesen Barré-Akkorden siehst du hier einige Akkorde mit Zusatztönen, die entstehen, wenn du das Barré abhebst und die leere E-Saite (oder die E-Saite und die B-Saite) dazuspielst. Ist es nicht fantastisch, wie man manchmal neue Sounds finden kann, indem man nicht mehr, sondern weniger Finger einsetzt? Schlage die Akkorde nacheinander an und achte genau darauf, dass alle Töne deutlich zu hören sind. Kombiniere diese Griff-Formen auch einmal mit den Akkorden vorheriger Beispiele und und höre, was dabei herauskommt. Beginne mit einem Akkord pro Takt, aber wenn das für deine Ohren gut klingt, kannst du die Akkorde auch häufiger wechseln. Beachte, dass du für den letzten Akkord, Fis-Moll, mit dem Daumen auf der tiefen E-Saite greifen musst. Wenn du deinen Daumen nicht soweit um den Hals legen kannst, lass diesen Basston weg; dämpfe die Saite mit dem Daumen oder schlage sie einfach nicht an.

In Übung 74 (nächste Seite), einem Stück im Stil von Coldplay, kommen alle acht der vorgestellten Akkorde vor. Zu Anfang spielst du gehaltene Barré-Akkorde, hier kannst du gut das Verschieben dieser Griff-Formen üben. Es folgt ein mit Abschlägen gespielter stampfender Rhythmus mit Betonungen auf den Taktschlägen 2, 3 und 4 – achte hier auf die Wiederholungszeichen. In Takt 13 steigt das dynamische Niveau (mit anderen Worten: die Musik wird lauter) und hier tauchen Akkorde mit Zusatztönen auf; dieser Abschnitt wird ebenfalls wiederholt, bevor es mit gehaltenen Akkorden (mit Zusatztönen) wieder etwas ruhiger wird. Im Notensystem ab Takt 13 kannst du sehen, dass bei Akkorden aus Platzgründen oft einzelne Töne versetzt notiert werden müssen – trotzdem spielst du alle diese Töne gleichzeitig.

DYNAMIK

Plötzliche Lautstärkeänderungen werden in der Musik mit den kursiven Buchstaben *p* und *f*, (abgekürzt für piano und forte) angegeben – buchstäblich also leise und laut. Zwischen diesen Extremen gibt es die Mittelwerte *mezzo piano* (*mp*) und *mezzo forte* (*mf*).

Acht dieser Zeichen werden häufig verwendet, hier sind sie der Reihe nach, von sehr leise bis hin zu sehr laut sortiert:

ppp pp p mp mf f ff fff

Weil der Akkord in Takt 8 leiser gespielt werden soll als die anderen, steht dort die Angabe *p*. In Takt 9 kehrt die Musik wieder zu *mf* zurück und erreicht dann in Takt 13 ein kräftiges *f*. In Takt 17 kehren wir wieder zu *mf* zurück; die beiden letzten Akkorde in Takt 21 und 22 werden *p* gespielt. Diese Dynamik-Angaben findet man in der Rockmusik nicht besonders häufig, aber so weißt du, was sie bedeuten, wenn du ihnen einmal begegnen solltest.

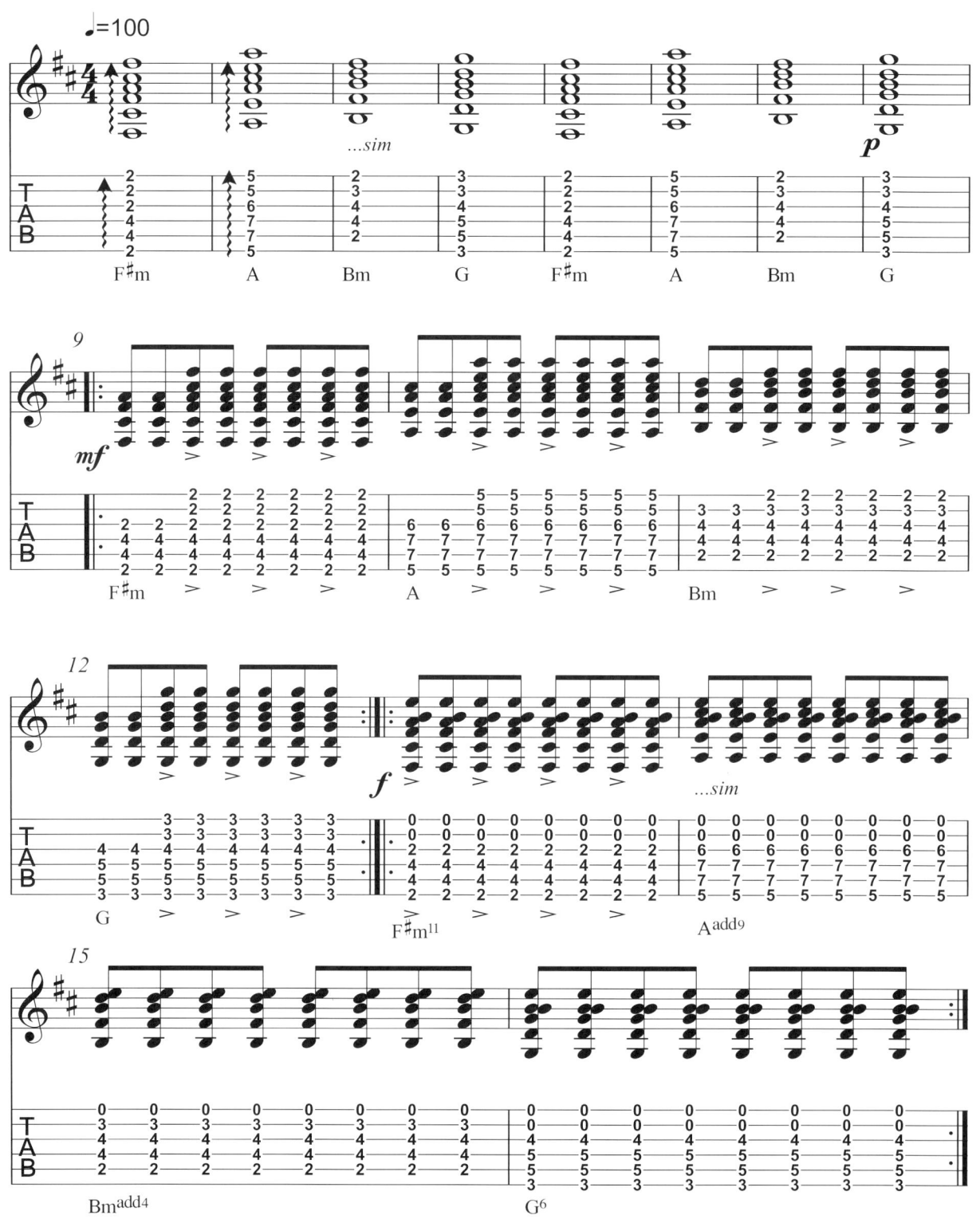

ÜBUNG 74, **CD-TRACK 58** / Barré-Akkorde und Akkorderweiterungen

ÜBUNG 74 *Fortsetzung*

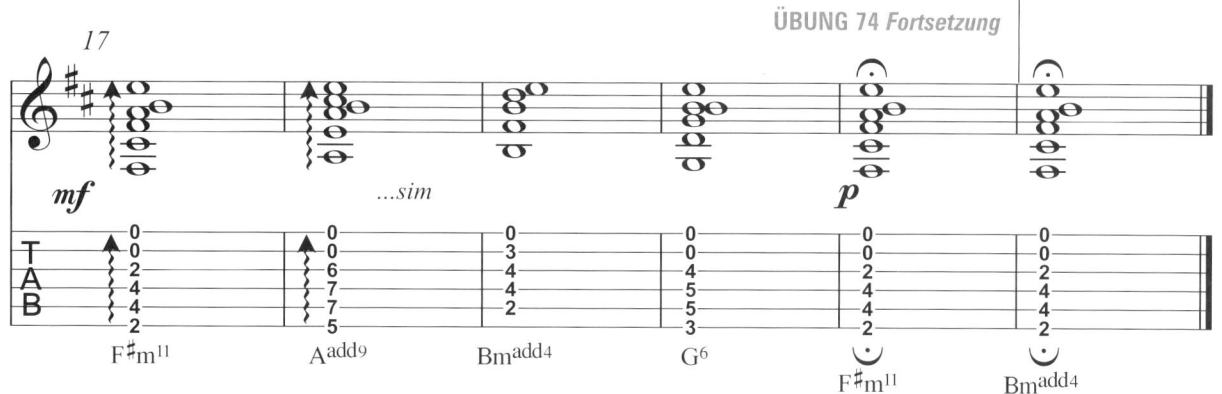

■ THEORIE

In diesem Stück begegnet dir ein neues Zeichen, die sogenannte „Fermate". Dieses Zeichen steht über den Akkorden in Takt 21 und 22 und bedeutet, dass du den Akkord etwas länger hältst als notiert.

Bevor wir uns weiter mit verschiebbaren Griff-Formen und der Erkundung des Gitarrenhalses befassen, zeige ich dir noch einige erweiterte Akkorde, die jeder Gitarrist kennen sollte. Ein Dursept-Akkord besteht aus einem Dur-Dreiklang und einer großen Septime. Ein Mollsept-Akkord besteht aus einem Moll-Dreiklang und einer kleinen Septime. Sieh dir die folgenden Diagramme genau an, und finde heraus, welcher Ton der Grundton, die Terz, die Quinte oder die Septime ist. Übe die Akkorde nacheinander und vergleiche sie mit den einfachen Dur- und Moll-Akkorden, von denen sie abgeleitet sind.

Dursept-Akkorde

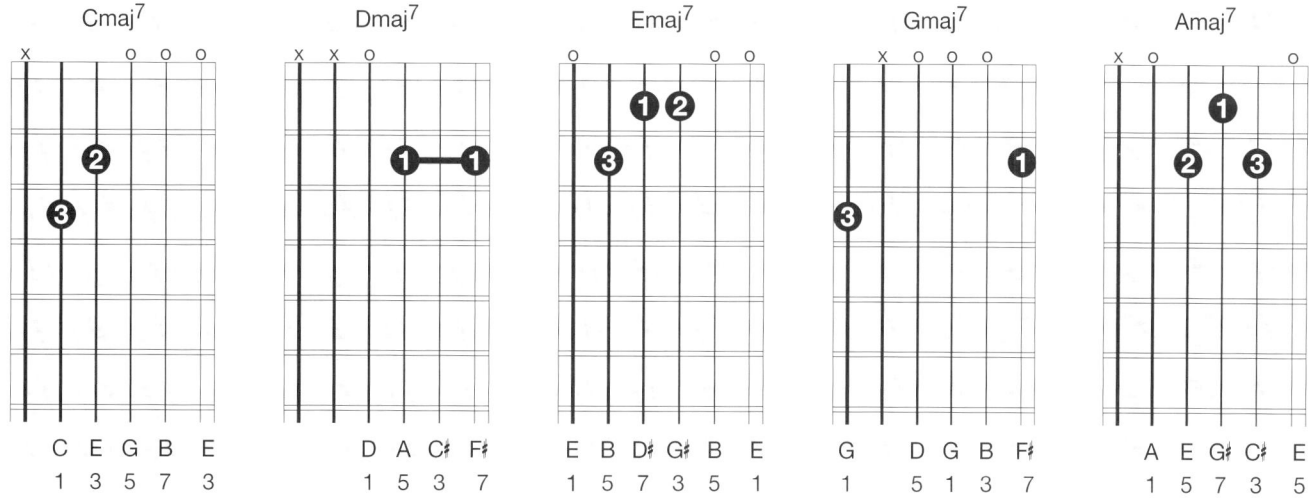

Mollsept-Akkorde

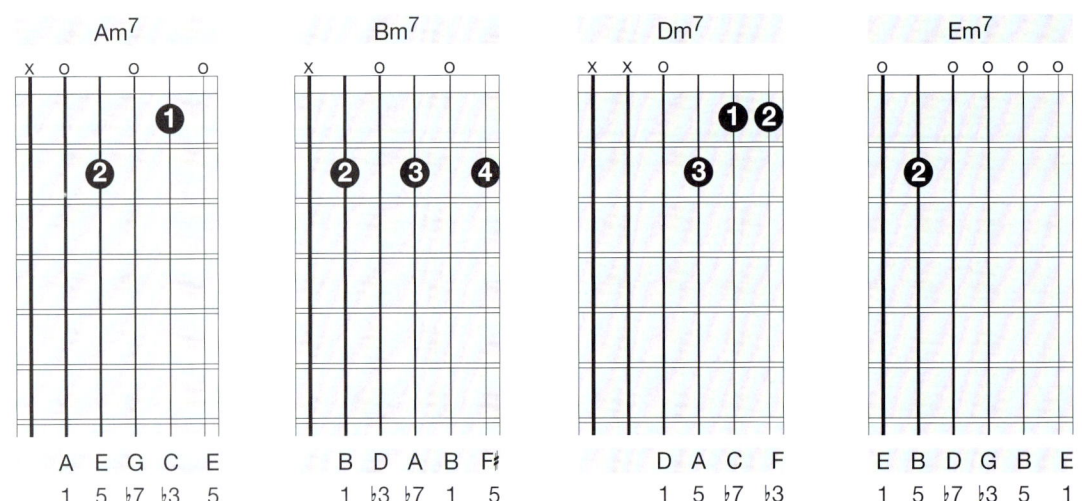

Dursept-Akkorde haben eine weiche und träumerische Qualität; Mollsept-Akkorde klingen jazziger als normale Moll-Akkorde. In Übung 75 kommen diese Akkode zusammen mit einigen bereits bekannten Akkorden vor. Du kannst sie in jedem beliebigen Rhythmus spielen; es geht hier nur darum, dass du ein Gefühl für diese Akkorde entwickelst. Experimentiere anschließend mit eigenen Akkordfolgen mit diesen Akkorden. Versuche, in vier- oder achttaktigen Strukturen zu denken und deine Ideen zu Arrangements mit einer Akkordfolge als Strophe und einer als Refrain auszubauen. Verwende dabei einfache Dur- und Moll-Akkorde, gemischt mit erweiterten Akkorde und Sept-Akkorden und ehe du dich versiehst, bist du beim Songwriting.

In diesem dritten Abschnitt hast du deine Kenntnisse über Akkorde erweitert und zahlreiche neue Akkorde mit Sexten, Septimen, Nonen usw. kennengelernt. Außerdem haben wir uns mit Slashchords und Sus-Akkorden befasst und damit, wie man mit ihnen Akkordfolgen interessanter gestalten kann. Im nächsten Abschnitt beschäftigen wir uns eingehender mit verschiebbaren Griff-Formen und fangen an, das eingestaubte obere Ende des Gitarrenhalses zu erforschen.

ÜBUNG 75 / Dursept- und Mollsept-Akkorde

Strum ad lib

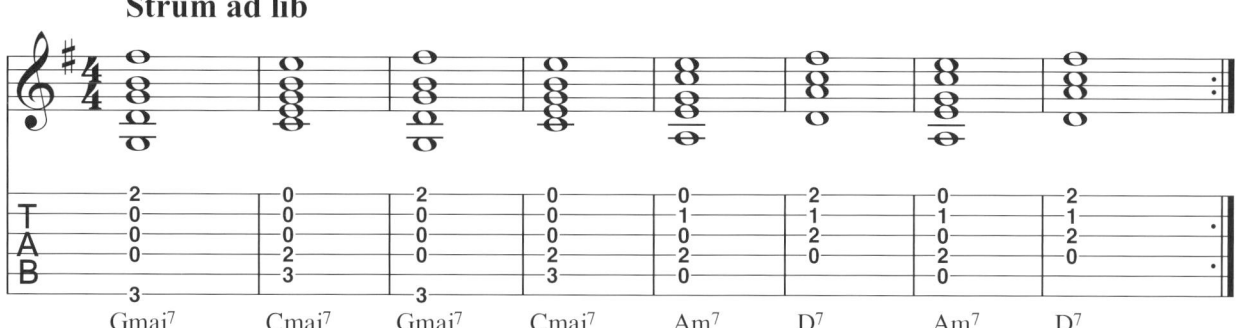

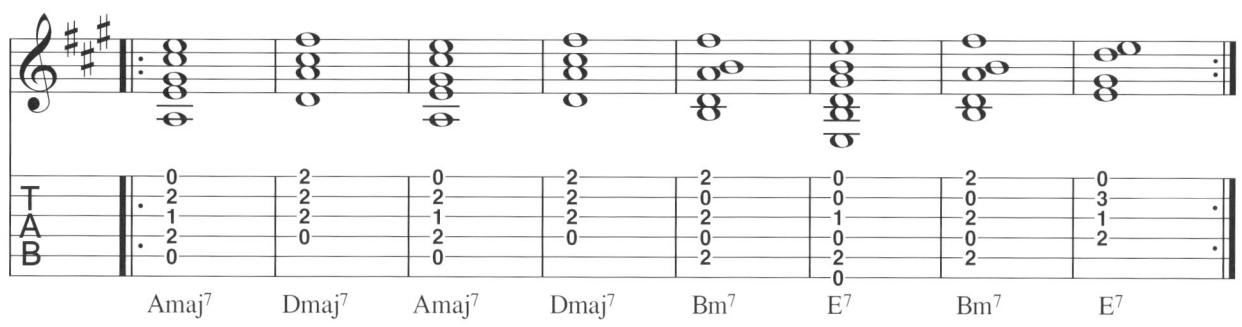

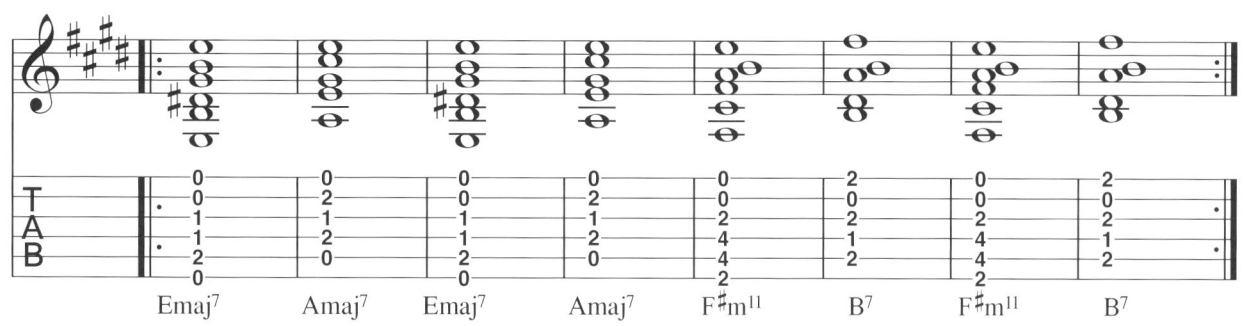

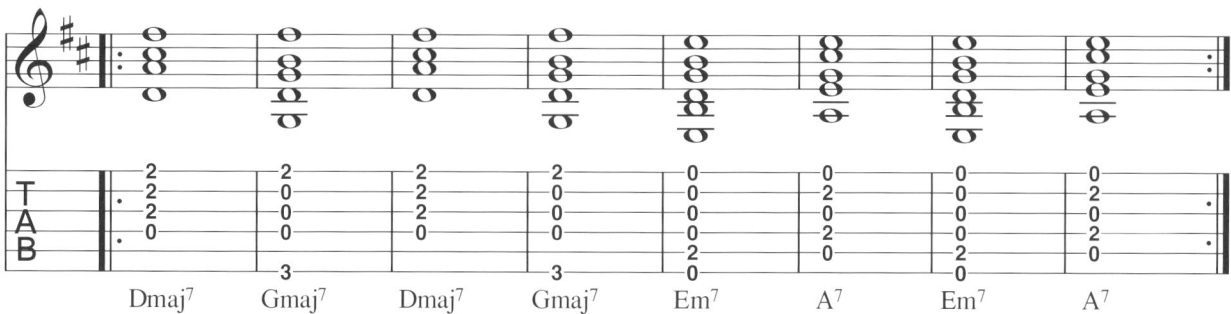

Verschiebbare Akkorde

In Abschnitt 4 beschäftigen wir uns mit Zwei- und Dreiklängen, die verschoben und überall auf dem Hals gespielt werden können. Dafür müssen wir uns allerdings zuerst noch einmal mit der Konstruktion von Akkorden und ihren Umkehrungen befassen.

■ THEORIE

Die Bezeichnungen der Akkorde einer Tonart können um den Buchstaben „a" für die Grundstellung (z.B. IVa), den Buchstaben „b" für die 1. Umkehrung (z.B. IVb) und den Buchstaben „c" für die 2. Umkehrung (z.B. IVc) erweitert werden. Diese Symbole werden hauptsächlich in der Analyse von Musik verwendet und kommen in der Rockmusik nur selten vor, aber du weißt jetzt zumindet, was sie bedeuten, sollten sie dir einmal begegnen.

AKKORD-KONSTRUKTION 4

Der Basston mit der stärksten Wirkung ist der Grundton des Akkordes. Einfach ausgedrückt klingen Akkorde am besten, wenn der Grundton im Bass liegt. Du hast aber bei den Slashchords bereits gesehen, wie man einem Akkord einen zusätzlichen Basston hinzufügen kann. Außerdem können Akkorde „umgekehrt" gespielt werden, also mit der Terz oder der Quinte als tiefstem Ton. Wenn die Terz im Bass liegt, nennt man das die 1. Umkehrung, liegt die Quinte im Bass, spricht man von der 2. Umkehrung. Die folgenden sechs Diagramme zeigen Dur-Dreiklänge auf der D-, G- und B-Saite und auf der G-, B- und E-Saite in der Grundstellung, der 1. Umkehrung und der 2. Umkehrung.

Grundstellung   **1. Umkehrung**

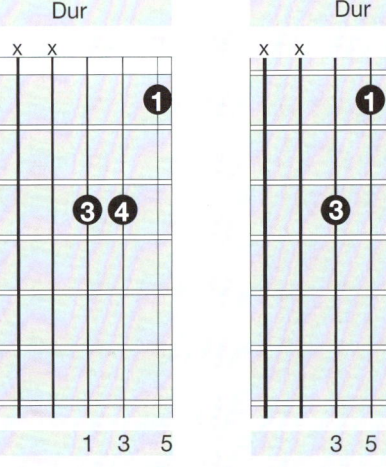 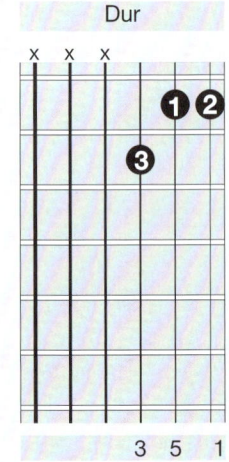

In Übung 76, „Positive Pedal", werden die Dreiklangsformen, mit denen wir uns bisher befasst haben, in einem Rockrhythmus über einen Bass-Pedalton gespielt. Der Pedalton E kommt in den meisten der Dreiklänge vor, was für diesen Stil hilfreich ist, obwohl es auch möglich wäre, dass der Pedalton in keinem der Akkorde vorkommt. Der Name jedes Dreiklangs ist unter der Tabulatur angegeben. Findest du heraus, welcher der drei Akkordtöne der Grundton ist und welche Umkehrung jeweils gespielt wird? Verwende die Übersicht der Töne auf dem Griffbrett am Ende dieses Buches (S. 247) als Hilfestellung für die Tonnamen weiter oben auf dem Griffbrett. Übe die Akkordwechsel einzeln, wenn sie dir zu schwer sind und denke daran, deine Finger immer in der Nähe des Griffbretts zu behalten.

Solche und ähnliche Gitarrenparts kannst du in vielen Klassikern wiederfinden. Der Gitarrenpart von „Can't Explain" (The Who) baut auf Dreiklängen auf. Im Intro zu „Brown Sugar" von den Rolling Stones kommt noch ein Pedalton hinzu, genauso wie im Intro zum Chorus von „Running with the Devil" (Van Halen).

PROFI-TIPP

Übung 76 wird größtenteils mit Abschlägen gespielt, um einen kräftigen rhythmischen Drive zu erreichen. Dämpfe die hohe E-Saite mit der Unterseite des Zeigefingers, damit sie nicht mitklingt, wenn du die Saiten anschlägst.

All diese Griff-Formen sind verschiebbar – das bedeutet, sie können in jedem beliebigen Bund gespielt werden. Am besten prägst du dir nicht nur die Griff-Form, sondern auch die Lage des Grundtones ein. Denke daran, dass Akkorde nach ihrem Grundton benannt werden. Wenn du zum Beispiel die erste Griff-Form verschiebst, bis du mit dem Mittelfinger das G im 5. Bund der D-Saite greifst, spielst du einen G-Dur-Dreiklang in der Grundstellung. Wahrscheinlich wird das nach dem folgenden Beispiel etwas klarer.

2. Umkehrung

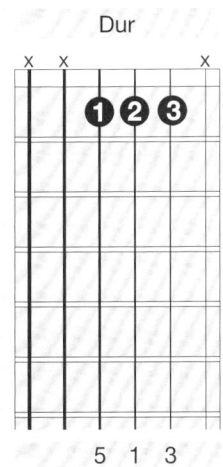
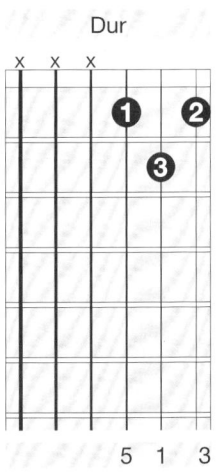

VERSCHIEBBARE AKKORDE

ÜBUNG 76, **CD-TRACK 59** / „Positive Pedal"

Im Rhythmus-Part von „Movable Metal", das du als Übung 28, CD-Track 20, bereits kennst, kommt ein anderer verschiebbarer Akkord vor. Jeder der fünf Akkorde, die du am Ende von Teil 1 gelernt hast, enthielt eine Leersaite, aber man kann diese Griff-Form abändern, so dass ein Zweiklang entsteht, der auf jedem Bund gespielt werden kann. Das Stück beginnt mit dem bereits bekannten Powerchord E5, gefolgt von einigen Akkordriffs mit verschiebbaren Powerchords. In der Mitte des Stückes ist ein sogenannter „Stopp", ein beliebter Kunstgriff im modernen Metal. Zähle den leeren Takt im Kopf mit, damit du an der richtigen Stelle wieder zum Backing-Track einsetzen kannst. Verwende den Zeige- und den Ringfinger, behalte die Finger der Greifhand auf den Saiten und gleite geschmeidig zwischen den Akkorden hin und her. Mit etwas Übung bleibt auch während des Verschiebens der Powerchord erhalten.

Das E-Gitarren-Handbuch

ÜBUNG 77, **CD-TRACK 20** / „Movable Metal" (Rhythmusgitarre)

Verschiebbare Powerchords

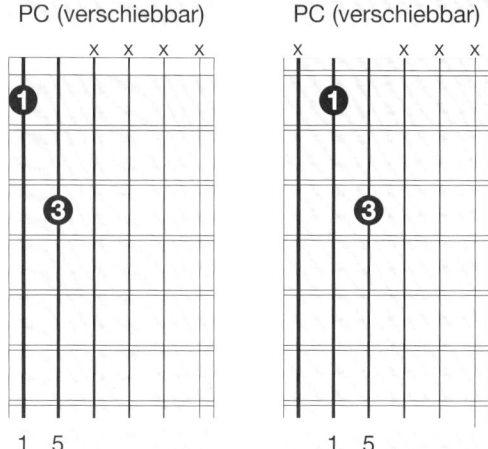

■ **THEORIE**
Diese Powerchords kannst du auch mit dem Grundton auf der D-Saite spielen.

Wir bleiben mit Übung 78 noch ein bisschen bei den verschiebbaren Powerchords und experimentieren außerdem mit dem Umstimmen der Gitarre. Für die sogenannte „Drop-D"-Stimmung wird die tiefe E-Saite um einen Ganzton auf D heruntergestimmt. Das geht schnell, wenn du die D-Saite und die tiefe E-Saite zusammen anspielst und dann die E-Saite herunterstimmst, bis sie genau eine Oktave tiefer ist als die D-Saite. Du musst dafür nicht besonders viel tiefer stimmen. Als tiefste drei Saiten erhältst du in dieser Stimmung die Töne D, A und D – oder mit anderen Worten, einen D-Powerchord mit dem doppelten Grundton als tiefstem und höchstem Akkordton.

Verschiebbare Powerchords mit drei Tönen

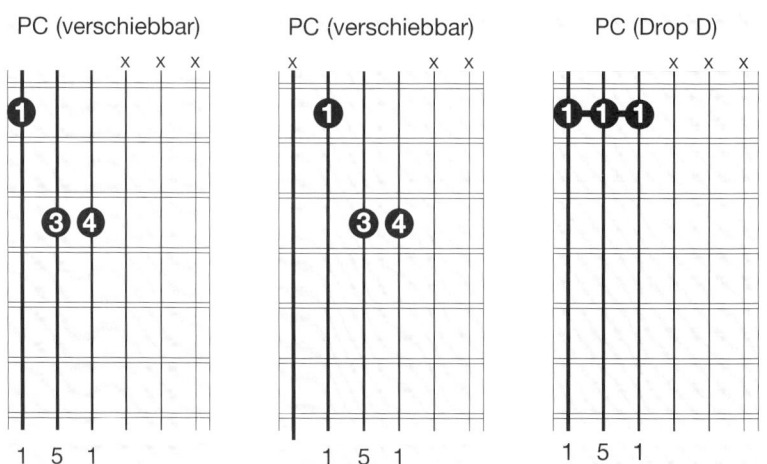

VERSCHIEBBARE AKKORDE

Diese Griff-Form für Powerchords kannst du überall auf den drei tiefen Saiten mit einem einzigen Finger spielen, und es gibt zahlreiche Aufnahmen von Indie- oder Metal-Bands, die genau diesen Ansatz verwenden.

„Drop D" ist von „Sad But True" von Metallicas „Schwarzem Album" inspiriert und soll dir vor allem zeigen, wieviel Spaß du mit der Drop-D-Stimmung und dieser einfachen Griff-Form haben kannst. Achte hier besonders auf die plötzlichen Stopps, das Staccato und die Pull-offs in den Takten 9-12. Und denke daran, deine tiefe E-Saite für die nächste Übung wieder hochzustimmen.

DIE STIMMUNG

In den 60ern hat Jimi Hendrix seine Gitarre oft um einen Halbton tiefer gestimmt (also von EADGBE nach E♭A♭D♭G♭B♭E♭), und viele andere Gitarristen (Eddie Van Halen, Stevie Ray Vaughan, etc.) sind seinem Beispiel gefolgt. Tieferstimmen macht den Ton voller und das Spielgefühl angenehmer, außerdem fand Jimi das Singen in der tieferen Tonlage angenehmer. Wenn du diese „Halbton tiefer"-Stimmung verwendest, kannst du auch hier Drop-D spielen (tatsächlich also jetzt Drop-Des), eine Stimmung die viele Metal-Bands verwenden. Manche Bands stimmen auch einen Ganzton tiefer auf DGCFAD, und stimmen anschließend Drop-D (oder Drop-C, wie es genau genommen hieße). In den 90er Jahren wurden siebensaitige Gitarren (mit einer zusätzlichen tiefen B-Saite) populär, aber nahezu alles, was auf einer siebensaitigen Gitarre möglich ist, kann man auch auf einer normalen Gitarre mit tiefer gestimmter E-Saite spielen.

ÜBUNG 79, CD-TRACK 61 / A-Powerchord mit Riff

Das E-Gitarren-Handbuch

TEIL 2 ABSCNITT 4 — 155

In Standard-Stimmung kann der dreitönige A-Powerchord einfach mit einem Finger gespielt werden und in diesem rock-inspirierten Beispiel (Übung 79) wird er mit gedämpften Basstönen und einem absteigenden Zweiklangs-Pattern kombiniert. Diese Zweiklänge sind eigentlich die beiden tiefen Töne der Dreiklänge, mit denen wir uns zuvor beschäftigt haben. Dieses Beispiel beweist, dass aus der Kombination von Powerchords und Dreiklängen überzeugende Rhythmus-Parts gestaltet werden können.

PROFI-TIPP

Dämpfe sorgfältig mit dem Handballen – du solltest nur die Töne auf der tiefen E-Saite dämpfen, nicht den A-Powerchord.

ÜBUNG 80, **CD-TRACK 62** / Grunge-Riffs

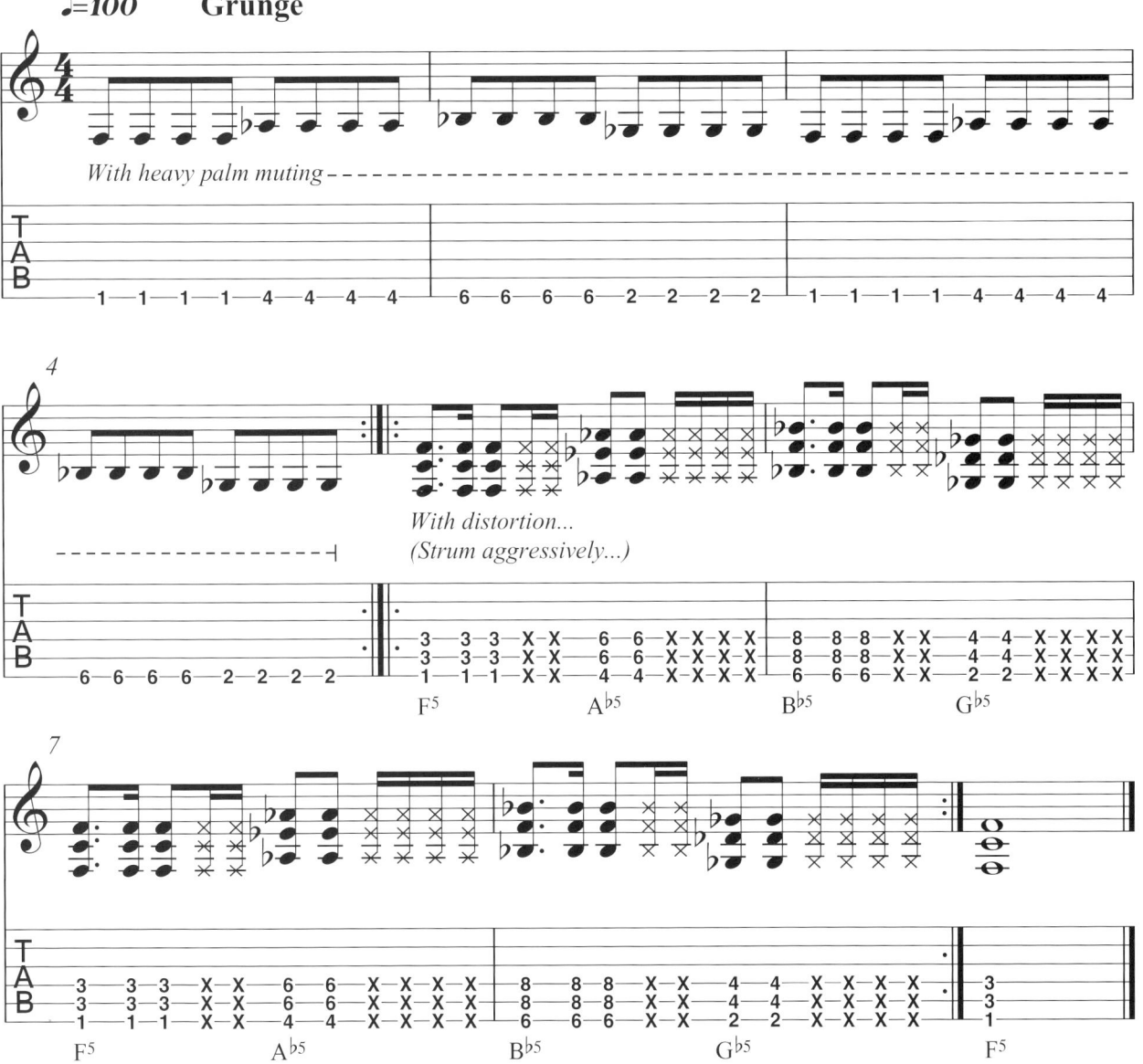

VERSCHIEBBARE AKKORDE

VERSCHIEBBARE AKKORDE

Powerchords mit drei Tönen

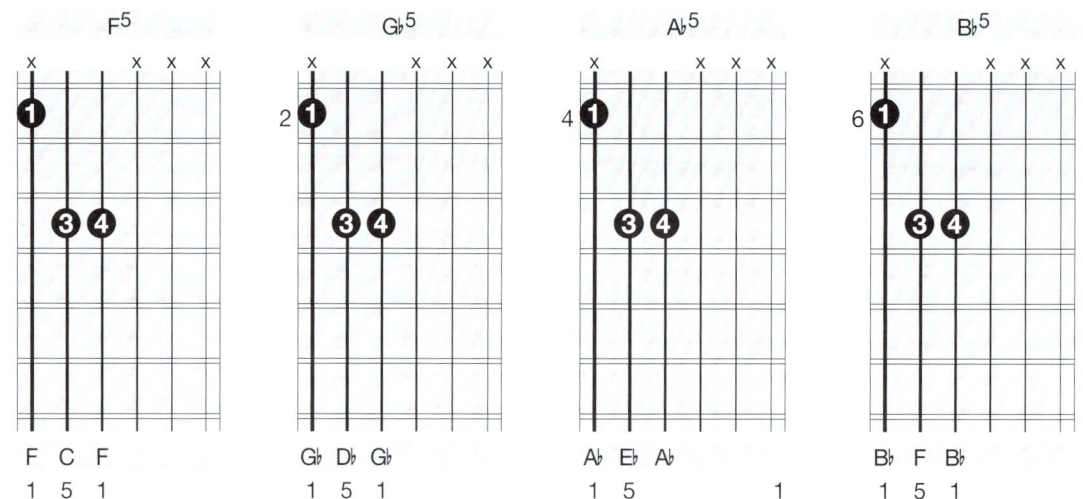

Wenn du das Verschieben von Powerchords (wie in Übung 77 und 78) geübt hast, sollte dir das Verschieben dieser dreitönigen Griff-Form ebenfalls leichtfallen. Übung 80 bezieht ihre Inspiration von Nirvanas „Smells Like Teen Spirit". Du spielst hier zuerst stark gedämpfte Basstöne, die auf dem Griffbrett verschoben werden. Du könntest einen wirklich einfachen Ansatz wählen und diese Passage komplett mit dem Zeigefinger spielen – das ist sozusagen die ruhige „Strophe". Dämpfe den anschließenden Powerchord-Abschnitt (den „Refrain") nicht und schlage die Akkorde richtig hart an. Wenn dir das schnelle Verschieben dieser dreitönigen Griff-Formen schwerfällt, kannst du zuerst mit den zweitönigen Powerchords üben und erst, wenn du diese beherrschst, zu den dreitönigen übergehen. Bei den mit „XXX" gekennzeichneten Akkorden löse die Greifhand leicht vom Griffbrett, so dass du mit ihr dämpfst.

In Teil 1 (Abschnitt 4) hast du ein Vamp für die Akkorde A, D, und E gelernt. Du hast dort zwischen A5 und A6 (bzw. D5 und D6 oder E5 und E6) gewechselt und Griff-Formen mit einer Leersaite als Grundton gespielt. Du weißt, dass man Powerchords auf dem Griffbrett verschieben kann und mit einem zusätzlichen verschiebbaren 6-Akkord kannst du ein 12-taktiges Blues-Vamp in jeder Tonart spielen. Für die Akkorde A6 und D6 musst du deine Hand vom 5. Bund bis zum 9. Bund ziemlich strecken, aber wenn du deine Hand entspannt und locker bleibst (anstatt Kraft einzusetzen), sollte dir das bald leichtfallen.

PROFI-TIPP

Wenn du solche Akkorde auf dem Griffbrett verschiebst, solltest du dort hinschauen, wo du greifen wirst und nicht dort, wo deine Hand sich gerade befindet. Wenn du vorausschaust und dich auf die Zielposition konzentrierst, ist es einfacher, deine Hand zielgenau in die nächste Position zu bringen.

A5/A6-Vamp

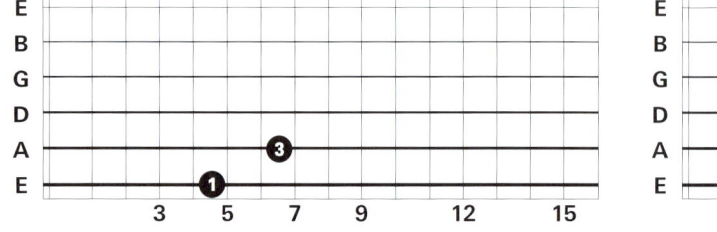
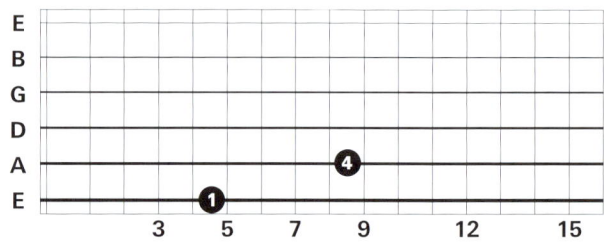

Das E-Gitarren-Handbuch

D5/D6-Vamp

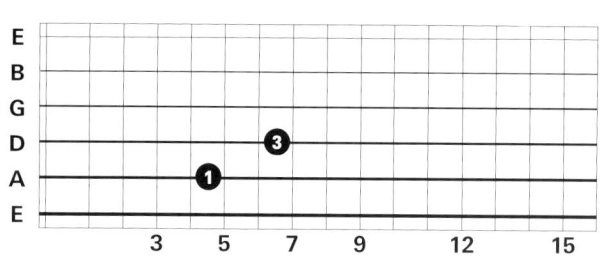 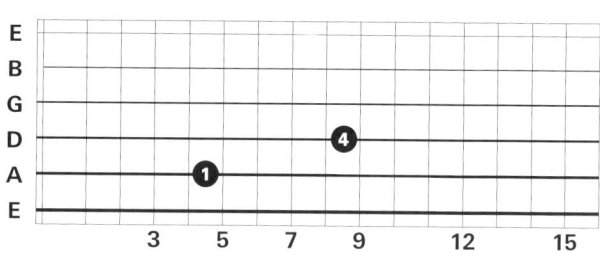

In diesem Beispiel werden die Akkorde E5 und E6 mit der tiefen E-Saite als Leersaite gespielt. Wenn du die Griff-Formen für D um zwei Bünde verschiebst, könntest du E5/E6 stattdessen im 7. Bund spielen. Die Rhythmusgitarre ist auf der Aufnahme leicht nach rechts gemischt – wenn du sorgfältig hinhörst, solltest du sie hören können. Mit dem Leadgitarren-Part werden wir uns dann in Teil 3 (Abschnitt 2) befassen.

PROFI-TIPP
Im Blues und den mit ihm verwandten Musikstilen werden hauptsächlich die Akkorde I, IV und V verwendet, in dieser Tonart (A-Dur) also die Akkorde A-, D- und E-Dur. Kannst du die Akkorde I, IV und V in anderen gebräuchlichen Tonarten, wie C-, D-, E-, F-, G- und B-Dur herausbekommen? Spiele den Blues möglichst in allen diesen Tonarten.

In diesem Abschnitt haben wir uns mit Dreiklängen und ihren Umkehrungen befasst, und damit, wie man diese Griff-Formen auf dem Griffbrett verschieben kann. Du hast verschiebbare Powerchords gespielt und gelernt, wie du ein Blues-Vamp in jeder beliebigen Tonart spielen kannst. Im ganzen betrachtet ist Teil 2 dieses Buches eine gründliche und detaillierte Einführung in das Thema „Akkordspiel auf der Gitarre". Wenn dir einige der Übungen schwergefallen sein sollten, übe sie immer wieder langsam und sorgfältig und vor allem mit Geduld. Wenn du bis hier gekommen bist, kannst du mit Recht auf deine Fortschritte stolz sein und dich auf Teil 3 freuen, in dem wir uns erneut mit der Leadgitarre befassen.

Teil 3

- **Leadgitarre**
- **Über die Blues-Tonleiter hinaus**
- **Fortgeschrittene Solotechniken**
- **Fortgeschrittenes Akkordspiel**

Leadgitarre

Zu Anfang des 3. Teils werden wir uns ganz auf das Einzelton-Spiel der Leadgitarre konzentrieren. Trotzdem wird das Akkordspiel niemals weit weg sein, und immer wenn es einen zweiten Gitarrenpart gibt, lernst du die Rhythmen oder die Akkorde ebenfalls. Die entstehenden Arrangements für zwei Gitarren kannst du dir mit einem Partner zusammen erarbeiten, falls gewünscht.

Die Übung 82, „Chili California", besteht aus zwei sehr unterschiedlichen Abschnitten. In den ersten acht Takten werden Elemente des Akkord- und Arpeggienspiels mit dem Einzeltonspiel verbunden. Jeder Takt beginnt mit einem gehaltenen Baston, gefolgt von einer Melodie aus Akkordtönen mit Durchgangstönen. Die Takte 8-16 mit schnellen, leichten Akkordanschlägen bilden hierzu einen Kontrast. Die Musik basiert auf den Akkorden A-Moll, F-Dur und G-Dur, die unten als Diagramme angegeben sind, aber du benötigst diese Diagramme für die ersten acht Takte eigentlich nicht – sie sind zum Vergleich mit der Tabulatur abgebildet, damit du siehst, wie die Musik sich auf die Akkorde bezieht. Im zweiten Abschnitt kommen dieselben Akkorde vor, hier wird allerdings der F-Dur-Akkord zum Fmaj7 abgewandelt. Um hier den richtigen Effekt zu erzielen, musst du das Plektrum leicht halten und gleichmäßig anschlagen.

Dieses Stück im Stil der Red Hot Chili Peppers kann schwierig zu spielen sein, weil der erste Abschnitt eigentlich aus zwei gleichzeitig auf einer einzigen Gitarre gespielten Musikstücken (Melodie und Bass) besteht. Lass beide Parts klingen, dabei sollten die Melodietöne die Basstöne überlappen. Das Stück wurde komplett mit dem Plektrum eingespielt, aber du kannst den ersten Teil auch zupfen; mit dem Daumen für die Basstöne und dem Zeige- und Mittelfinger für die Melodie.

Akkorde für „Chili California"

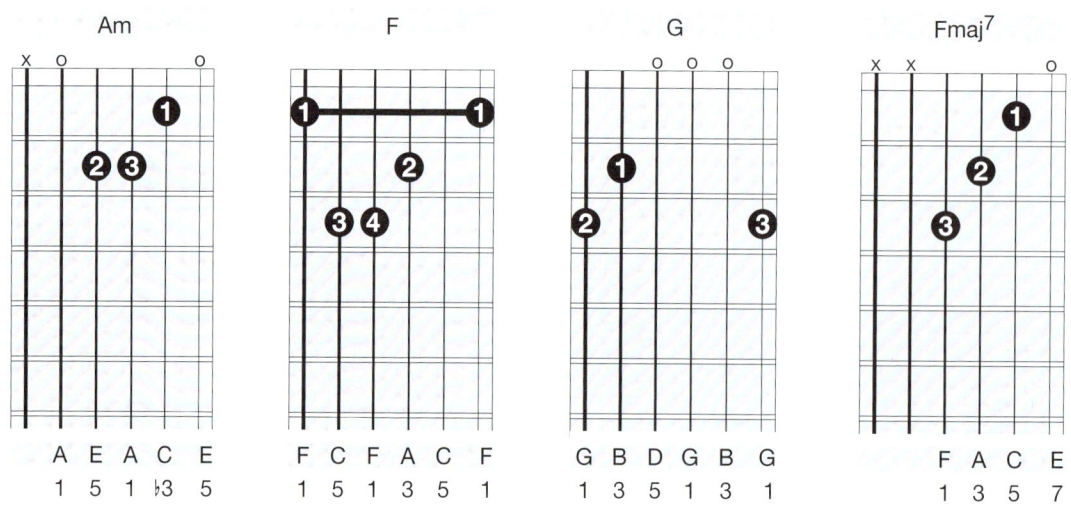

ÜBUNG 82, **CD-TRACK 64** / „Chili California"

LEADGITARRE

■ THEORIE

Wenn du dir die ersten acht Takte der Notenzeile genauer ansiehst, wird dir zum ersten Mal in diesem Buch zweistimmig notierte Musik auffallen. In der Bass-Stimme zeigen alle Notenhälse nach unten und die Töne ergeben zusammen einen vollen Takt. In der Melodie zeigen alle Notenhälse nach oben, und auch hier ergeben die Notenwerte einen vollen Takt. Hier sind also zwei vollständige „Gitarrenparts" gleichzeitig notiert.

PROFI-TIPP

Vergleiche die Riffs in jedem Takt mit den Akkord-Diagrammen von der gegenüberliegenden Seite und finde heraus, welche Töne zum Akkord gehören und welche Durchgangstöne sind. Verwende diese Analyse als Ausgangspunkt für eigene Riffs in diesem Stil.

Wenn im 9. Takt die Akkordanschläge beginnen, tritt die Leadgitarre mit einer einfachen Melodie in der 5. Lage (der Zeigefinger greift also im 5. Bund und die anderen Finger im 6., 7., und 8. Bund) hinzu. Alle Töne in der 5. Lage findest du auf der nächsten Seite. Die Leadgitarre hat acht Takte Pause, während die Rhythmusgitarre die Einleitung spielt; zähle beim Üben diesem leeren Takte sorgfältig mit; diese Fähigkeit könntest du eines Tages benötigen. Die Töne entstammen der A-Moll-Pentatonik (nächste Übung), gelegentlich um ein F im 6. Bund der B-Saite ergänzt.

ÜBUNG 83, **CD-TRACK 64** / „Chili California", Leadgitarre

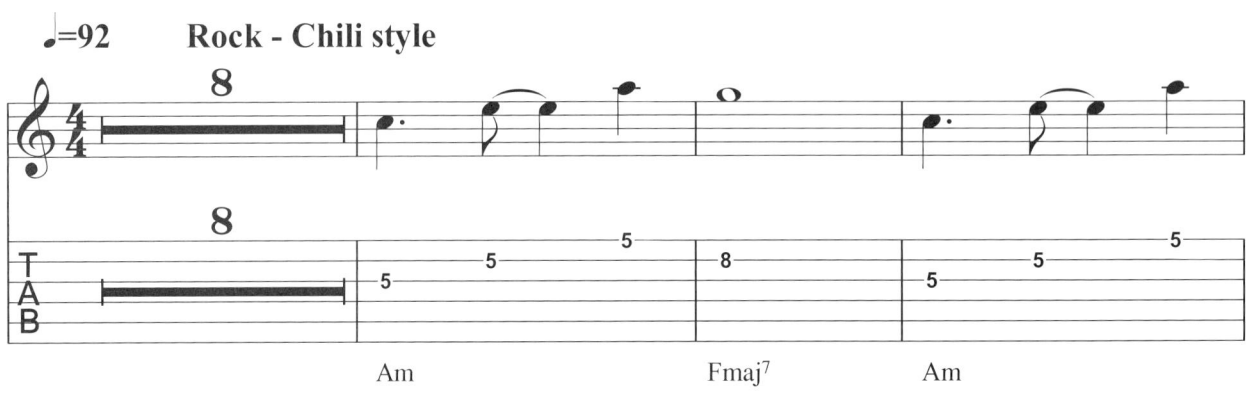

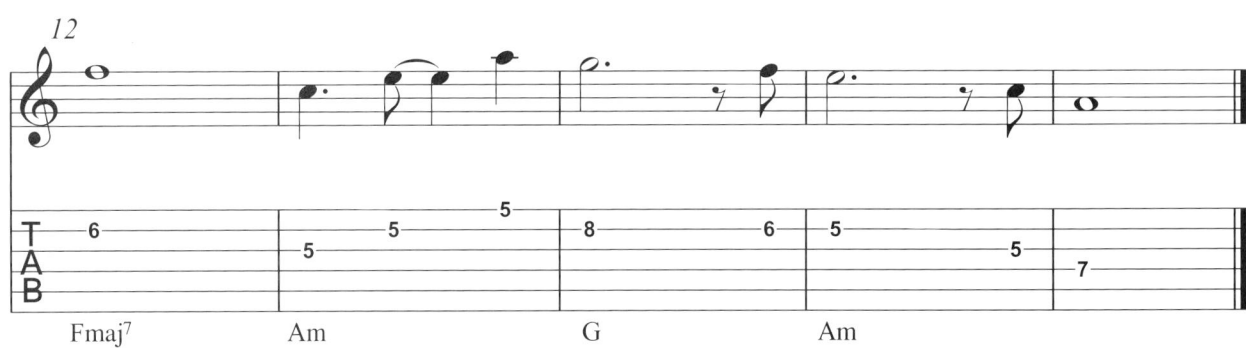

Die Töne in der fünften Lage

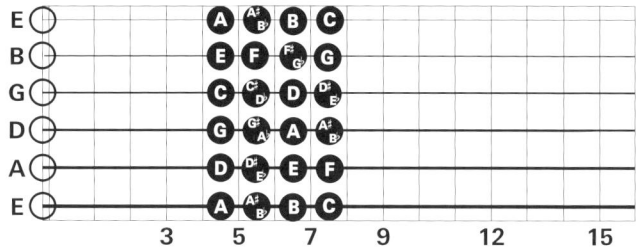

Den ersten Takt solltest du ausschließlich mit dem Zeigefinger spielen. Zuerst greifst du mit der Fingerspitze auf der G-Saite und anschließend rollst du den Finger auf die B-Saite und die E-Saite für die nächsten beiden Töne. Verwende für dieses Stück alle Finger der Greifhand, für jeden Bund einen.

In Teil 1 hast du die Blues-Tonleiter in E gelernt, mit dem Anfangston auf der tiefen E-Saite. Wenn man den Fingersatz für die Blues-Tonleiter so umändert, dass er keine Leersaiten mehr enthält, entsteht ein verschiebbares Pattern, das man auf jedem Bund und in jeder Tonart verwenden kann. Diese Tonleiter ist hier in Tabulatur und Notenschrift (nächste Seite) und als Griff-Diagramm dargestellt. In der grafischen Darstellung der Moll-Pentatonik (unten) kannst du sehen, dass sie sich nur in einem Punkt von der Blues-Tonleiter unterscheidet: sie enthält keine verminderte Quinte.

Dieses verschiebbare Pattern für die Blues-Tonleiter ist wahrscheinlich das nützlichste Pattern, das du jemals lernen wirst. Hunderte von Gitarrensolos und Riffs basieren vollständig auf dieser Tonleiter, und es gibt tausende von Soli, die in diesem Pattern beginnen oder sich an irgendeinem Punkt darauf beziehen. Spiele diese Tonleiter mit Wechselschlag (auf, ab, auf, ab etc.) und jeweils einem Finger pro Bund. Du wirst versucht sein, beim Aufwärtsspiel einen zusätzlichen Abschlag zu spielen, wenn du die Saite wechselst, und einen zusätzlichen Aufschlag beim Saitenwechsel abwärts. Mit Wechselschlag klingt die Tonleiter allerdings flüssiger und du kannst sie schneller spielen.

Blues-Tonleiter und Moll-Pentatonik

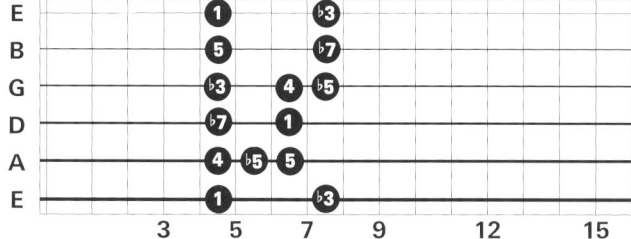 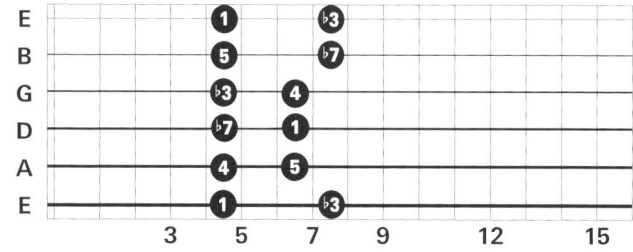

ÜBUNG 84, **CD-TRACK 65** / Blues-Tonleiter in A über zwei Oktaven

In Übung 85 dient die Blues-Tonleiter als Grundlage kurzer Riffs, die anschließend im Stil eines improvisierten Solos über drei Chorusse eines 12-taktigen Bluesschemas in A gespielt werden.

Erster Chorus: die erste kurze Phrase wird wiederholt und taucht in den Takten 7 und acht als „Antwort" zu der „Frage" in den Takten 5 und 6 wieder auf. Sie wird in den Takten 11 und 12 erneut verwendet, diesmal als „Antwort" zu der musikalischen „Frage" der Takte 9 und 10. Das Prinzip der „Frage und Antwort"-Phrasierung ist eine wichtige Zutat für Soli und Melodien, nicht nur im Blues.

Zweiter Chorus: hier taucht ein neues Riff auf, das in derselben Art verwendet wird wie das erste Riff. Dir wird auffallen, dass in diesen Soli jede Menge Platz ist; du musst nicht die ganze Zeit spielen oder dir Mühe geben, jeden Takt bis zum letzten Ton zu füllen. Versuche, eigene Soli zu entwickeln, und denke daran, die Phrasierung zu üben, wobei du dein Solo aus einigen einfachen Riffs entwickelst. In den Takten 17 und 18 wird das Riff aus Takt 6 des 1. Chorus wiederholt. Bereits verwendetes Material später in einem Solo erneut aufzugreifen, ist immer eine gute Idee.

ÜBUNG 85, **CD-TRACK 66** / Blues-Riffs

Fortsetzung nächste Seite

ÜBUNG 85 *Fortsetzung*

ÜBUNG 85 *Fortsetzung*

Dritter Chorus: in den Takten 25-28 wird ein weiteres neues Riff eingeführt und in den folgenden Takten im Frage-Anwort-Stil eingesetzt. Auf der CD ist die Leadgitarre ganz nach links gemischt, damit du sie einzeln hören oder ganz ausblenden kannst, wenn du deine eigenen Ideen zu dieser Blues-Sequenz spielen möchtest. Spiele den Rhythmustrack von Übung 81 und nimm dich dabei auf, dann kannst du zu deiner eigenen Begleitung Leadgitarre üben. Damit diese Soli leichter zu spielen sind, enthalten sie keine Slides, Bindungen oder Saitenzieher; also nichts von dem, was die Gitarre zum Weinen oder Singen bringt! Das folgt später in diesem Abschnitt.

In Übung 84 hast du die verschiebbare Blues-Tonleiter in A gelernt. Diese Tonleiter ist verschiebbar, weil sie keine Leersaiten enthält und daher auf jedem Bund gespielt werden kann, und zur Vorbereitung auf das nächste Beispiel (Übung 87) werden wir die Blues-Tonleiter in G spielen, also auf dem 3. Bund. Nur für den Fall, dass dich das jetzt etwas verwirrt, ist die Blues-Tonleiter hier noch einmal in der neuen Tonart notiert. Dieses Beispiel ist nicht auf der CD, weil du mittlerweile in der Lage sein solltest, das ohne Hilfe hinzubekommen.

ÜBUNG 86 / Blues-Tonleiter in G

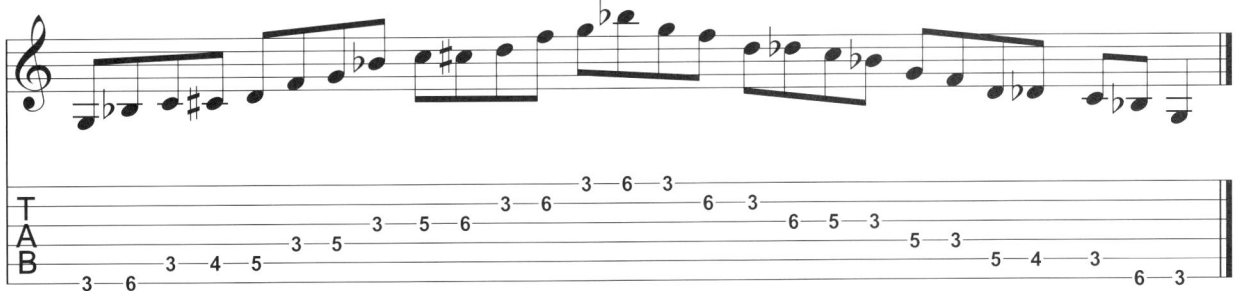

ÜBUNG 87, **CD-TRACK 67** / „Funky Junction"

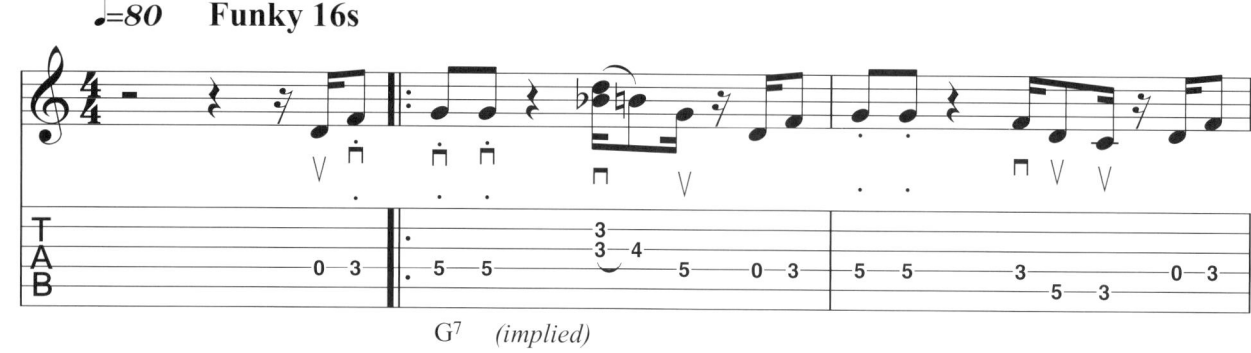

Die Übung 87, „Funky Junction", basiert auf zwei verschiedenen Blues-Tonleitern; der Bluestonleiter in G in den ersten vier Takten und der Bluestonleiter in F in den letzten vier. Sieh dir diese Tonleitern an und untersuche ihre Beziehung zu den Tönen des Stückes. Vielleicht möchtest du auch ein eigenes Stück nach einem ähnlichen Konzept erstellen?

Das Stück beginnt mit einem zweitönigen Lead-In vor dem ersten Downbeat und hat einen funkigen Sechzehntel-Rhyhmus. Achte besonders auf das coole Hammer-on-Lick in den Takten 2 und 4, bei dem du G- und B-Saite mit dem Zeigefinger im 3. Bund greifst und mit dem Mittelfinger auf den 4. Bund aufhämmerst. Wenn du unseren gemeinsamen Studien über Akkorde und Intervalle gefolgt bist, weißt du, dass du hier vom Bb, der kleinen Terz zu B (der großen Terz) spielst. Das passt gut zum Begleitakkord G7.

Die zweite Gitarre in diesem Beispiel (Übung 88) treibt mit abgehackten Akkorden den Rhythmus voran. Der G7-Akkord wird zu dem Riff aus der Bluestonleiter in G gespielt und der F7-Akkord zu dem Riff aus der Bluestonleiter In F. Die Bluestonleiter ist eigentlich eine Moll-Tonleiter (weil sie eine kleine Terz enthält), aber sie wird trotzdem häufig über Rhythmusparts mit Dur-Charakter (also mit Dur-Akkorden) verwendet. Diese Reibung zwischen der kleinen Terz der Tonleiter und der großen Terz des Akkordes bildet ein wesentliches Element des Blues-Sounds. Die mit X bezeichneten Töne werden mit der Greifhand gedämpft – vermindere den Druck, aber nimm die Finger nicht ganz von den Saiten. Die verwendete Griff-Form könnte dir bekannt vorkommen; es ist der C7-Akkord mit Leersaiten, nur entlang des Griffbretts verschoben. Dieser Akkord ist verschiebbar, wenn du die tiefe und die hohe E-Saite mit der Fingerspitze des Mittelfingers bzw. der Unterseite des Zeigefingers abdämpfst. Diese großartige Griff-Form liegt gut in der Hand und hat einen kräftigen und kompakten Sound.

PROFI-TIPP

Wenn du ein bestimmtes Prinzip in einem Musikstück entdecken kannst, beispielsweise, dass es auf der Blues-Tonleiter basiert, kann das den Lernprozess beschleunigen.

F7- und G7-Akkorde für Übung 88

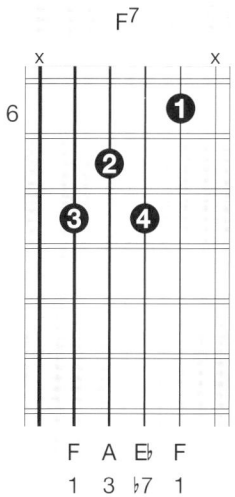
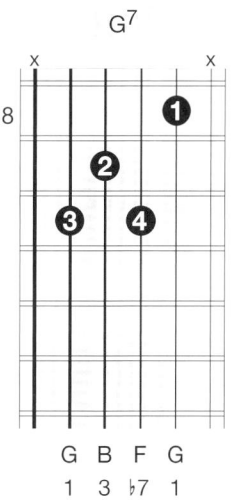

ÜBUNG 88, **CD-TRACK 67** / „Funky Junction", Rhythmusgitarre

Dieses Stück besteht aus zwei verschiedenen Rhythmen – einer für den G7-Akkord und einer für den F7-Akkord. Bei der Wiederholung wird etwas lockerer gespielt, nimm dir also ruhig die Freiheit, ein wenig mit dem Rhythmus zu improvisieren, wenn du dich sicher genug fühlst.

■ THEORIE

Bei genauerem Hinsehen wirst du bemerken, dass diesen Akkorden die Quinte fehlt und sie nur aus dem (verdoppelten) Grundton, der Terz und der Septime bestehen. Bei diesen Akkorden kann man die Quinte unbesorgt weglassen, weil ihr Sound hauptsächlich durch die verminderte Quinte zwischen der Terz und der Septime entsteht.

Wir haben uns bereits mit ausdrucksstarken Spieltechniken wie Slides und Slurs (Bindungen) befasst und in Übung 89 kommt die beste von allen hinzu: das Saitenziehen oder Bending.

Sieh dir einmal Beispiel 1 an. Greife mit dem Ringfinger im 7. Bund der G-Saite, schlage die Saite an und schiebe sie dann aufwärts (zur D-Saite hin). Der Ton sollte jetzt höher werden. Wenn du mit dem Zeige- und dem Mittelfinger zur Unterstützung auf der G-Saite hinter dem Ringfinger greifst, wird das Saitenziehen leichter. Die Saite soll um einen Ganzton (zwei Bünde oder zwei Halbtöne) nach oben gezogen werden; der Aufwärtspfeil in der Tabulatur ist das Zeichen für einen Saitenzieher, und die Angabe „full" bedeutet einen Ganzton. Im Notensystem wird ein Saitenzieher mit einem gewinkelten Strich zwischen zwei Tönen notiert, dabei ist der erste Ton der gegriffene Ton und der zweite der Zielton des Saitenziehers.

In Beispiel 2 spielst du einen sehr schnellen Saitenzieher und lässt die Saite wieder zur Ursprungstonhöhe zurückkehren. Der erste Ton ist ein sogenannter „Vorschlag" – ein Ton ohne eigenen Zeitwert, dessen Dauer vom Hauptton abgezogen wird. Im Notensystem ist der Zielton E mit einem Bindebogen an den Hauptton angebunden, weil er nicht erneut angeschlagen werden soll. In der Tabulatur wird dies durch den eingeklammerten Ton angegeben. Die musiktheoretisch korrekte Bezeichnung für einen kurzen Vorschlag ist „acciaccatura", aber darüber wollen wir uns hier nicht den Kopf zerbrechen.

Beispiel 3 ist ein sogenannter Pre-Bend. Die Saite wird stumm gezogen, dann angeschlagen und wieder zur Ursprungstonhöhe zurückgeführt; man hört also nur einen in der Tonhöhe fallenden Ton.

Beispiel 4 ist ein schneller Saitenzieher wie Beispiel 2, aber hier ist der Zielton nur einen Halbton (einen Bund) höher. Im Notensystem sind wie üblich die tatsächlichen Tonhöhen notiert; in der Tabulatur zeigt das Zeichen 1⁄2 über dem Pfeil, dass die Saite um einen Halbton gezogen werden soll.

In Beispiel 5 siehst du einen langsamen Halbton-Saitenzieher.

In Beispiel 6 siehst du sogenannte Unisono-Saitenzieher (unison bends). Du greifst den 5. Bund der B-Saite und den 7. Bund der G-Saite, schlägst beide Saiten gleichzeitig an und ziehst die G-Saite genau einen Ganzton aufwärts, so dass sie dieselbe Tonhöhe erreicht wie die B-Saite, die du bereits greifst.

Das Vibrato ist eine mit dem Saitenziehen verwandte Technik. Es handelt sich um eine rhythmische Änderung der Tonhöhe, die normalerweise als Saitenziehen mit anschließender Rückkehr zur Ursprungstonhöhe gespielt wird. Spiele den angegebenen Ton mit Vibrato, entweder indem du die Saite in Richtung der D-Saite schiebst und wieder zurückkehren lässt, oder indem du in Richtung der B-Saite ziehst und die Saite wieder zur Ursprungstonhöhe zurückkehren lässt. (Ich persönlich schiebe einen Saitenzieher und ziehe ein Vibrato – probiere aus, was dir besser gefällt.)

ÜBUNG 89, CD-TRACK 68 / Bendings, Vibrato und Triolenläufe

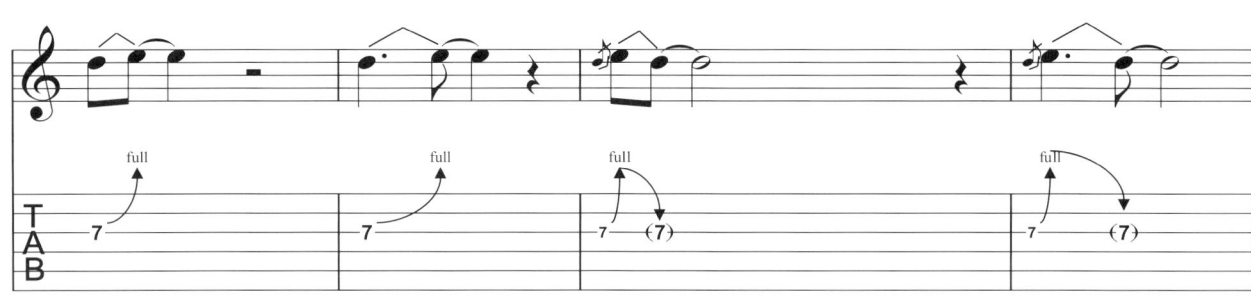

1) Langsame Saitenzieher   2) Schnelle Saitenzieher mit Release

3) Pre-Bend   4) Schneller Saitenzieher (Halbton)   5) Langsamer Saitenzieher (Halbton)

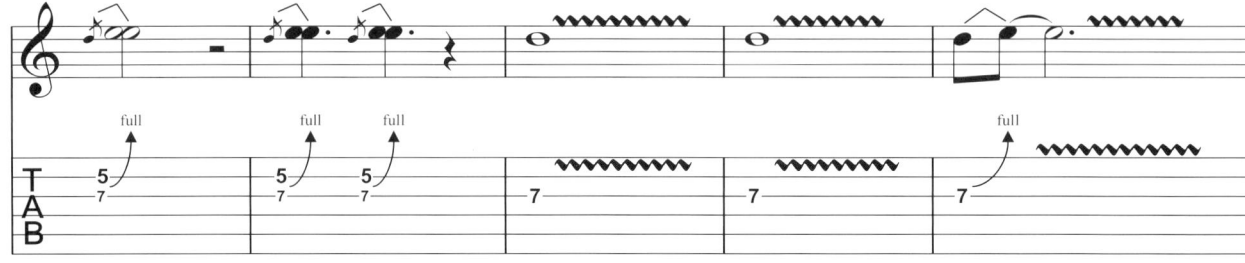

6) Unisono-Saitenzieher   7) Langsames Vibrato   8) Schnelles Vibrato   9) Saitenzieher mit Vibrato

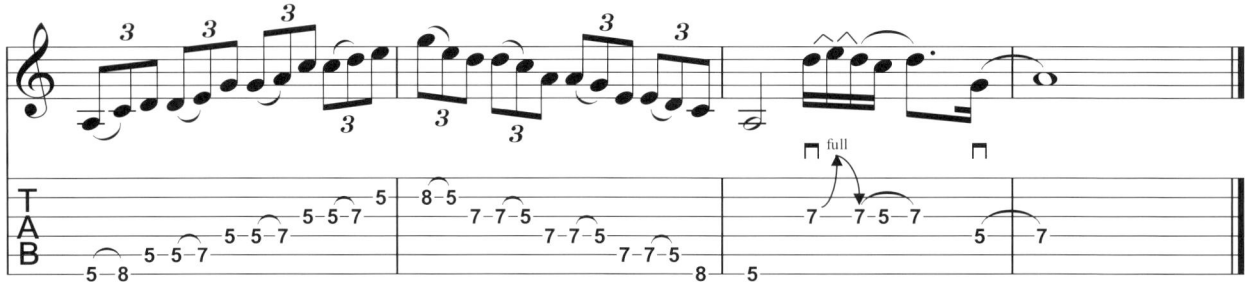

10) Triolenläufe   11) Saitenzieher/Slur-Kombinationen

Teil 3 ABSCHNITT 1

In den Beispielen 7 und 8 hörst du ein langsames und ein normales Vibrato.

Beispiel 9 ist wieder ein Saitenzieher um einen Ganzton, aber diesmal wird der Saitenzieher gehalten und erhält ein Vibrato. Lasse hierfür den Saitenzieher ein klein wenig los und ziehe ihn direkt wieder zur Zieltonhöhe. Wiederhole diesen Vorgang mehrfach, um ein Vibrato zu erzeugen.

Das Stück endet mit einigen Triolenläufen und einer bluesigen Saitenzieher/Pull-off-Kombination. In Beispiel 10 siehst du einen auf der Moll-Pentatonik basierenden Triolenlauf, bei dem du auf jeden Taktschlag drei Töne spielst und Hammer-ons und Pull-offs für Geschwindigkeit und Flüssigkeit einsetzt – verwende diese Idee auch eigene Läufe. Beispiel 11 ist eine Bend-Release/Pull-off/Hammer-on-Kombination, die praktisch allein mit der Greifhand gespielt wird. Für die komplette Figur werden nur zwei Anschläge mit dem Plektrum benötigt.

PROFI-TIPP
Übe jedes Beispiel einzeln und lass deinen Fingern die Zeit, ihre Kraft zu entwickeln. Auch mit dünnen Saiten kann Saitenziehen anstrengend sein!

■ THEORIE
In manchen Tabulaturen werden Saitenzieher mit einem Bindebogen und der Angabe BU (bend up) notiert. Vergleichbare Abkürzungen sind LD (Let down; zur Ursprungstonhöhe zurückkehren), HO (Hammer-on) usw. Die vielleicht unklarste dieser Bezeichnungen ist BSS (bend slightly sharp): etwas zu hoch ziehen.

Bevor wir jetzt diese neuen Spieltechniken in einem Solo verwenden, spielen wir die Töne einer Blues-Tonleiter in A höher auf dem Gitarrenhals, nämlich in der 7. Lage. Die Töne der Tonleiter haben sich nicht geändert; du spielst sie jetzt nur in einer anderen Lage. So erweitert sich der Tonumfang der Tonleiter, die jetzt bis zum D reicht und durch die andere Lage der Töne zueinander neue Möglichkeiten für Hammer-ons und Pull-offs eröffnet. Lerne dieses Tonleiter-Pattern sorgfältig und erarbeite dir Slides auf den Saiten, um es mit dem ersten Pattern zu verbinden.

PROFI-TIPP
Ich finde, dass man eine neue Tonleiter am schnellsten lernt, wenn man sie mit einem Finger pro Bund spielt und sie sich dabei als Fingersatz vorstellt. Mit der tiefsten Saite startend, sähe das für diese Tonleiter so aus:
2 4, 1 4, 1 4, 1 2 3, 2 4, 2 4.
Kannst du mit dieser Denkweise etwas anfangen?

ÜBUNG 90 / Blues-Tonleiter in A in der 7. Lage

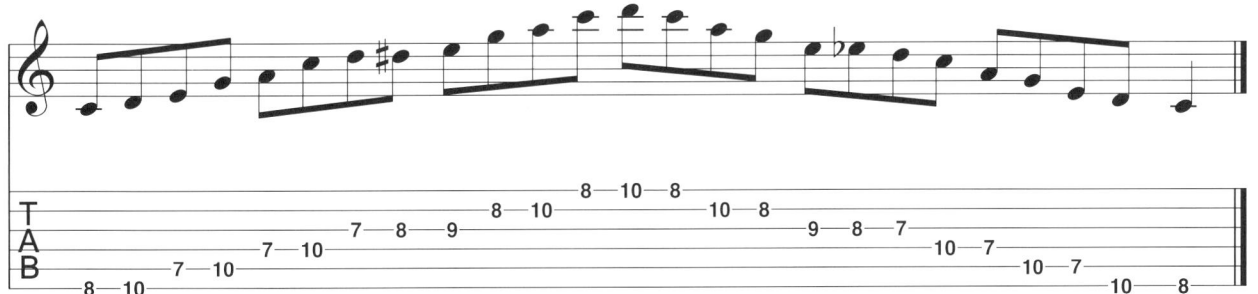

Blues-Tonleiter, Pattern 2

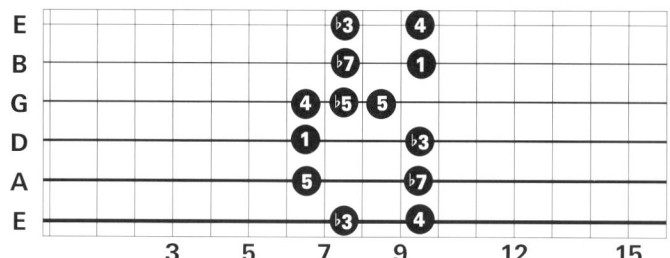

■ THEORIE

In diesem Pattern fehlt die verminderte Quinte der Blues-Tonleiter auf der A-Saite; aber nur, weil sie hier nicht so ganz einfach zu greifen wäre. Versuche einmal, sie mit einem Slide vom 6. in den 7. Bund wieder einzubauen.

Übung 91, „Jimmy or Jimi?", verbindet diese beiden Tonleiter-Pattern und die meisten der in Übung 89 vorgestellten Spieltechniken zu einem authentischen Rockgitarren-Solo. Hier ist ein erklärender Durchgang der ersten Takte.

Das Stück beginnt mit einem „Slide aus dem Nirgendwo" zu Tönen des 2. Tonleiter-Patterns. Starte in der Gegend des 5. oder 6. Bundes, schlage die Saite an und rutsche die Saite entlang bis zum 9. Bund; übe dabei soviel Druck auf die Saite aus, dass man hören kann, wie du über die Bundstäbchen rutschst. Wenn du am 9. Bund angekommen bist, vermindere den Druck auf die Saite, um das geforderte staccato (mit einem Punkt über dem Ton notiert) zu erzeugen.

Der Saitenzieher im nächsten Takt wird sehr schnell gespielt, aber du lässt die Saite rhythmisch genau auf der zweiten Achtelnote des Taktes zur Ursprungstonhöhe zurückkehren; das Lick endet mit einem schnellen Vibrato auf der D-Saite. Damit das Stück einfach bleibt, sind hier alle Saitenzieher Ganzton-Zieher – unterstütze wenn möglich den zum Ziehen eingesetzten Finger immer mit den anderen Fingern der Greifhand.

In Takt 3 wird ein ähnlicher schneller Saitenzieher als Ausgangspunkt einer antwortenden Phrase eingesetzt, die mit einem Saitenzieher mit Vibrato endet. Dies ist eine nicht ganz einfache Spieltechnik, aber sie ist es wert, gelernt zu werden.

In Takt 4 wird Takt 2 wiederholt (mal wieder Frage und Antwort!), aber er endet mit einem schnellen Hammer-on-Lauf, der von einer schnellen aufsteigenden Phrase gefolgt wird, die mit einem D mit Vibrato im 7. Bund endet.

Am Ende von Takt 9 werden die Anfangstöne des Stückes als Einleitung des zweiten Abschnittes wiederholt. Während die ersten acht Takte des Rhythmusparts wiederholt werden, entwickelt sich das Solo weiter, wobei es von den höheren Tönen des Blues-Tonleiter-Pattern 2 Gebrauch macht. Achte darauf, wie das musikalische Material der Eröffnungstakte als „Baustein" (oder „Motiv") verwendet wird, der im weiteren Verlauf des Stückes häufig zitiert und variiert wird. Die Takte 3, 7 und 11 sind beinahe identisch und Takt 15 hat zumindest eine starke Ähnlichkeit zu den Einleitungstakten. Das verbindet die einzelnen Phrasen des Solos miteinander und gibt dem Stück als musikalischem Ganzen einen Sinn.

Die Übung 92, der Rhythmuspart zu „Jimmy or Jimi?", beginnt mit einem neuen Akkord: E7♯9. Dieser großartig knackig klingende Akkord erinnert an Jimi Hendrix, der ihn häufig verwendet hat, unter anderem in „Purple Haze". Die Griff-Form ist verschiebbar und du solltest sie auch auf anderen Bünden ausprobieren. Im Rest dieses Stückes kommen nur zwei Dur-Akkorde mit Barrée vor. Der eine basiert auf dem E-Dur-Akkord mit Leersaiten, der andere auf dem A-Dur-Akkord mit Leersaiten. Hier wird wieder mit der Greifhand gedämpft (die Töne, die als X notiert sind); diesen perkussiven Effekt zu beherrschen ist ein wichtiger Bestandteil des Rhythmusgitarren-Spiels. Das Stück besteht im Prinzip aus einer zweimal gespielten achttaktigen Phrase.

PROFI-TIPP

Diese verschiebbaren Akkorde sind sehr nützlich; sie können alle auf jedem beliebigen Bund gespielt werden und wenn du sie beherrschst, kannst du jeden beliebigen Dur-Akkord in mindestens zwei verschiedenen Lagen spielen. Damit du sie allerdings wirklich verwenden kannst, musst du lernen, welcher Ton in jeder Griff-Form der Grundton ist und dem Akkord einen Namen gibt. Dafür ist es wichtig, dass du die Töne auf den beiden tiefsten Saiten kennst – verwende die Übersicht der Töne am Ende dieses Buches und übe diese Akkorde chromatisch (Bund für Bund), wobei du den Namen jedes Akkords laut aufsagst.

Verschiebbare Akkorde für „Jimmy or Jimi?"

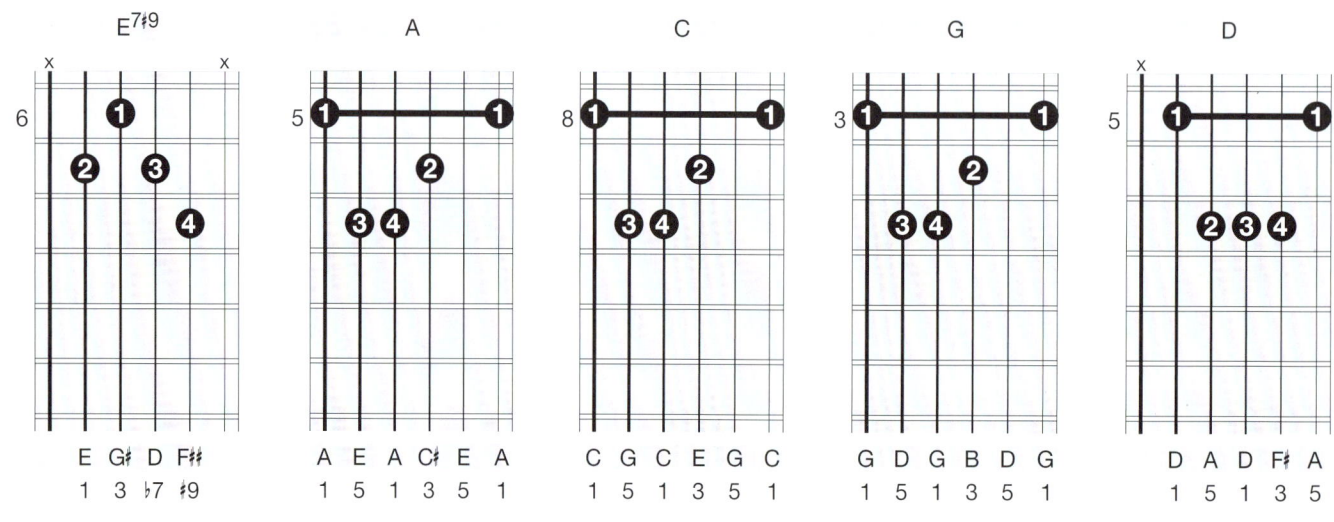

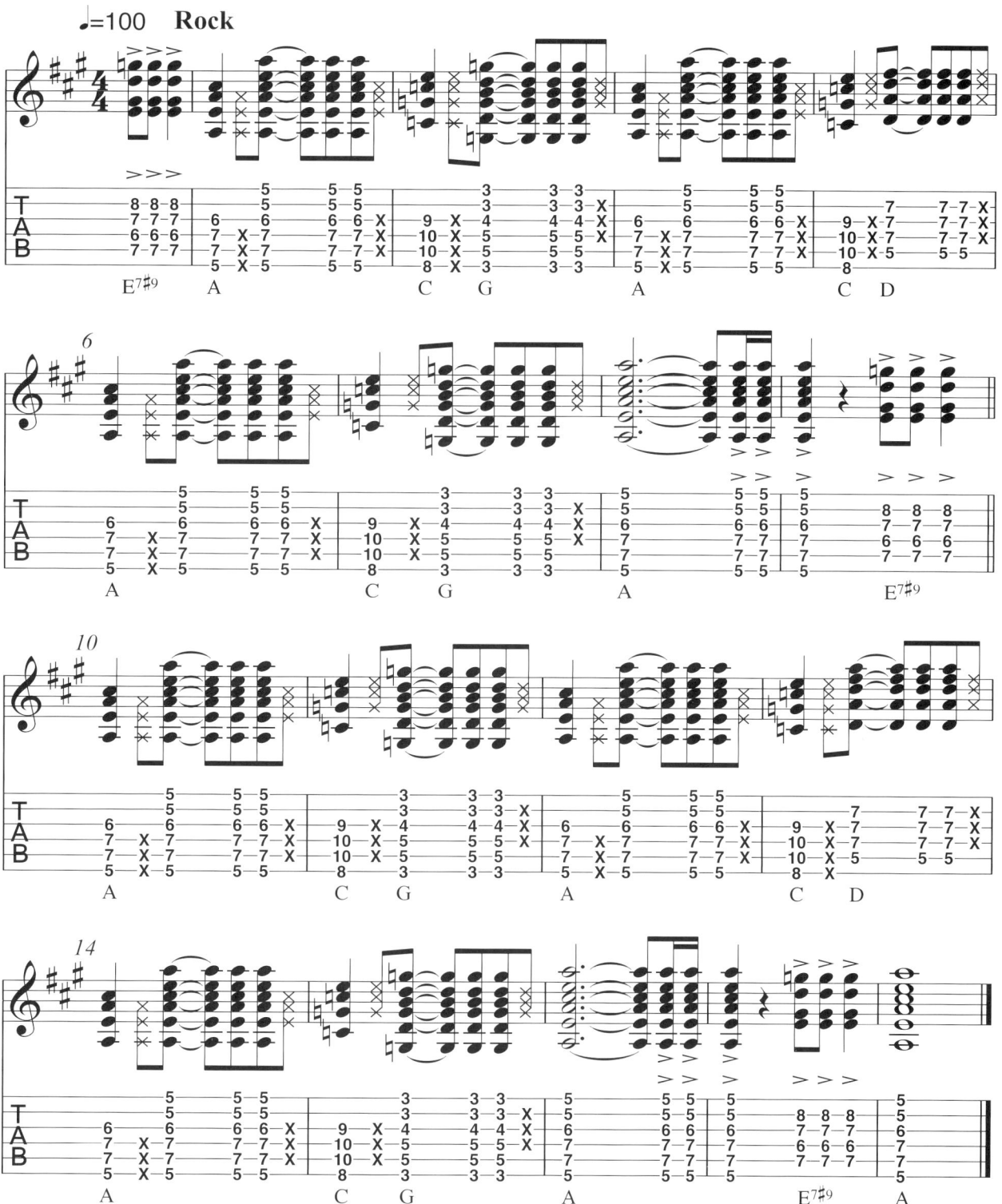

Übung 93 ist ein Solo im Rock'n'Roll-Stil, das dich mit Zweiton-Slides (mit Zeigefinger und Ringfinger gespielt) bekannt macht. Den Anfang macht ein charakteristisches Riff, das durch Chuck Berry berühmt wurde, aber allgemein in Blues und Rock verwendet werden kann. Achte auf die notierten Vorschläge, die sehr schnell gespielt werden sollen; dabei wird ihre Dauer von der Hauptnote „gestohlen". Viele der Töne dieses Stückes entstammen den Begleitakkorden und nicht der Blues-Tonleiter; es hat insgesamt eher einen „Dur-Charakter" als den Moll-Charakter der Blues-Tonleiter.

In Takt 10 begegnest du einem weiteren von Chuck inspirierten Riff; hier ist es ein Unisono-Saitenzieher, bei dem der gegriffene und der gezogene Ton getrennt gespielt werden. Schlage zuerst die im 7. Bund gegriffene G-Saite an und ziehe sie. Halte die gezogene Saite, während du die im 5. Bund gegriffene B-Saite zweimal anschlägst. Lass die beiden Töne ineinanderklingen.

Damit du genau hören kannst, was gespielt wird, hat die Leadgitarre bei diesem Track keine Begleitung. Das zugrundeliegende Feeling hier (und allgemein im Rock'n'Roll) ist kein Shuffle, sondern „gerade", weil das besser zu den höheren Tempi passt. Obwohl Chuck Berry bereits in den 50er Jahren anfing, sind seine Songs heute noch bei Gitarristen beliebt – höre dir einmal sein Spiel auf „Johnny B. Goode" an.

ÜBUNG 93, **CD-TRACK 70** / Rock'n'roll Chuck-style

Blues-Tonleitern werden aber nicht nur für klagende Leadgitarren-Soli verwendet, sondern liefern auch großartiges Material für Riffs und Rhythmusgitarren-Parts. Die Übung 94 ist von Gitarristen wie Joe Satriani („Satch Boogie") und Eddie Van Halen („Hot For Teacher") inspiriert. Sie verwendet die Blues-Tonleiter, einen A-Powerchord, Triolenläufe, Pull-offs zu Leersaiten und Zweiklänge aus der Blues-Tonleiter und könnte eine schnellere, fließende Einleitung zu einer Strophe oder einem Song sein. Achte auf die staccato gespielten Cs auf der Zählzeit 2 in den meisten Takten – vermindere den Druck der Finger auf die Saite unmittelbar nach dem Anschlagen dieses Tones. Die Triolen solltest du mit dem Fingersatz 3, 2, 1 spielen. Setze alle Finger gemeinsam auf und schlage nur den ersten Ton der Triole an; spiele die anderen beiden Töne als Pull-offs.

Die letzten drei oder vier Stücke in diesem Abschnitt bildeten eine gründliche Studie der grundlegenden Spieltechniken der Leadgitarre. Teilweise sind diese Stücke anspruchsvoll und ich empfehle dir dringend, immer wieder zu schwierigen Passagen zurückzukehren und sie langsam und sorgfältig zu üben. Höre dir die auf der CD aufgenommenen Stücke genau an, und versuche nicht nur die Töne nachzuspielen, sondern auch den Stil, die Phrasierung und möglichst auch den Sound des Tracks nachzuempfinden. Sich eine gute Spieltechnik anzueignen, kann eine zeitraubende Aufgabe sein, sei also geduldig und gib nicht auf.

Im folgenden Abschnitt werden wir uns weiter mit der Leadgitarre befassen, aber die Blues-Tonleiter dabei hinter uns lassen.

ÜBUNG 94, **CD-TRACK 71** / „Joe Meets Eddie"

Über die Blues-Skala hinaus

Die meisten der bisher vorkommenden Arpeggien waren glockige „einfach klingen lassen"-Arpeggien, die anstelle von Akkordanschlägen als begleitende Texturen verwendet wurden. Arpeggien können einen hohen melodischen Wert haben und in Riffs und Soli cool und ausgeklügelt klingen.

Auf der gegenüberliegenden Seite sind zwei Arpeggio-Pattern (in ähnlicher Art wie die Griffbilder für die Blues-Tonleiter) angegeben. Ein A7-Arpeggio klingt gut über einen A7-Akkord und ein D7-Arpeggio passt zu einem D7-Akkord. Diese Pattern sind verschiebbar und können auf jedem beliebigen Bund gespielt werden. Wenn du die Pattern jeweils zwei Bünde tiefer spielst, erhältst du die Arpeggien G7 und C7, mit denen du über den CD-Track 48 (Übung 61) mit den Akkorden G7, C7, A7, und D7 spielen kannst. Versuche zu diesem Rhythmuspart eine Leadgitarre zu spielen.

ÜBUNG 95 / A7-Arpeggio und D7-Arpeggio

A7-Arpeggio

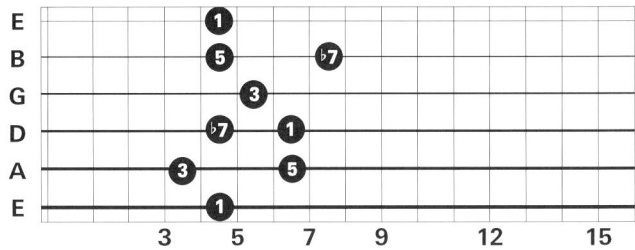

D7-Arpeggio

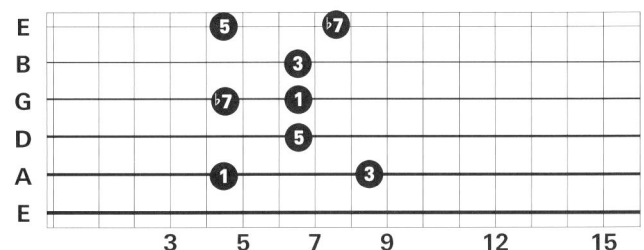

Lass uns noch einmal zu CD-Track 63 (Übung 81) zurückkehren, um zu sehen, wie man mit Arpeggien ein Rock'n'Roll-Riff gestalten kann. Der Leadgitarren-Part (Übung 96) basiert auf einem zweitaktigen Pattern aus einer Grundton/Akkord-Kombination, gefolgt von einem Einzelton-Lauf. Alle Töne des Laufes sind Akkordtöne der Begleitharmonien und du solltest die Griff-Formen mit Leersaiten bereits aus dem 1. Teil kennen. Achte auf den Slide „von nirgendwo" zum ersten Ton des Laufes; schlage dafür einen Ton zwei oder drei Bünde unterhalb des Zieltones an und rutsche schnell die Saite entlang.

ÜBUNG 96, CD-TRACK 63 / „Steady As A Rock", Leadgitarre

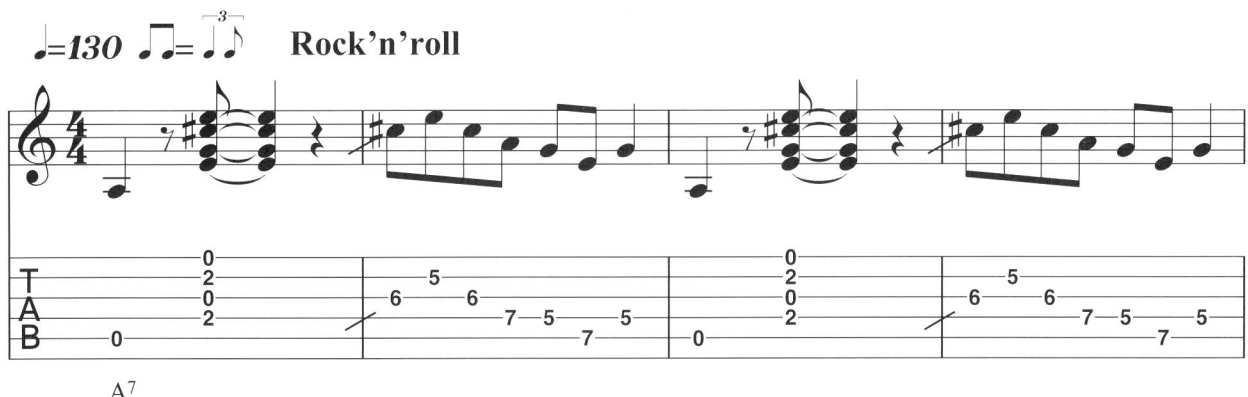

Fortsetzung nächste Seite

ÜBUNG 96 *Fortsetzung*

Im 1. Teil haben wir uns mit der Dur-Pentatonik und ihrem mit der dunklen und bluesigen Moll-Pentatonik kontrastierenden hellen und fröhlichen Klang befasst. Dur-Pentatoniken können genauso verschoben werden wie Blues-Tonleitern; hier sind zwei verschiebbare Tonleiter-Pattern in C-Dur und zwei in G-Dur. Ein wichtiger Unterschied zwischen der Blues-Tonleiter und der Dur-Pentatonik ist es, dass du die Blues-Tonleiter über alle Akkorde eines Blues und die meisten Rock-Akkordfolgen spielen kannst. Du musst nicht die Tonart wechseln, wenn sich die Akkorde ändern. Die Dur-Pentatonik klingt im Gegensatz dazu am besten über den Dur-Akkord mit demselben Grundton; das soll nicht heißen, dass man sie nicht auch über andere Akkorde spielen kann, aber einige ihrer Töne müssen mit Sorgfalt behandelt werden, beispielsweise, wenn du eine C-Dur-Pentatonik über einen G-Dur-Akkord spielst.

ÜBUNG 97, C-Dur- und G-Dur-Pentatonik, verschiebbar

C-Dur-Pentatonik (A-Moll-Pentatonik, Shape 1)

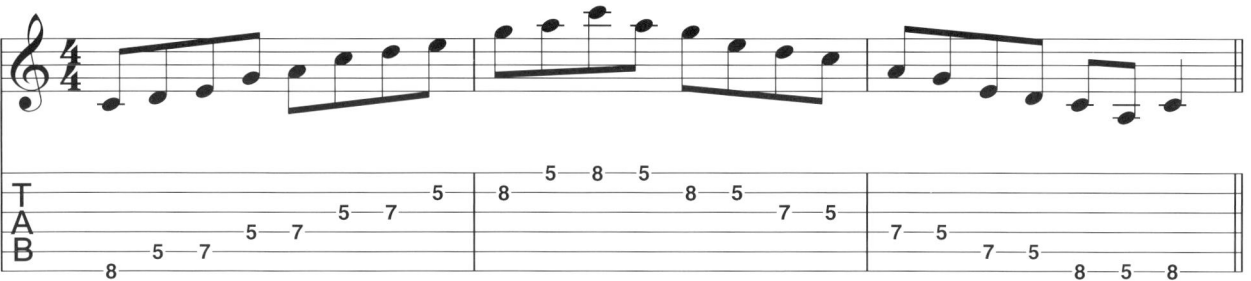

C-Dur-Pentatonik (A-Moll-Pentatonik, Shape 2)

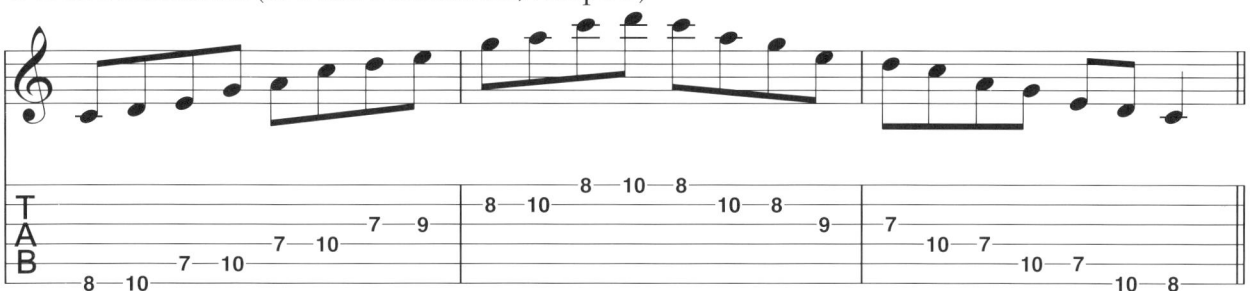

G-Dur-Pentatonik mit Slide in die 5. Lage

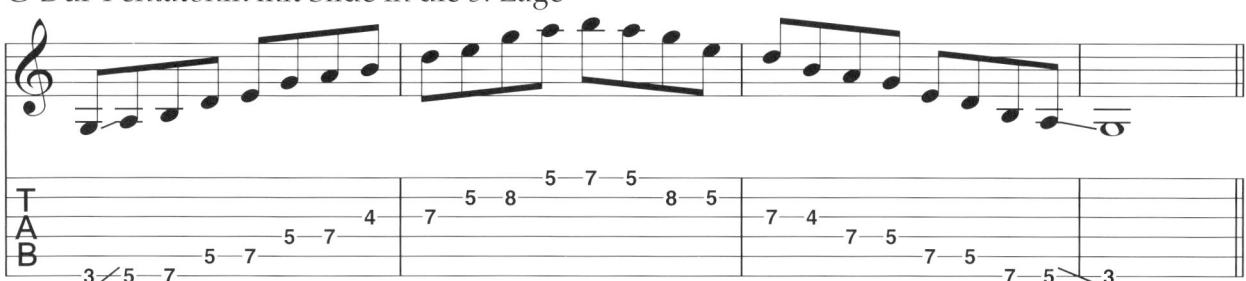

G-Dur-Pentatonik in der 7. Lage

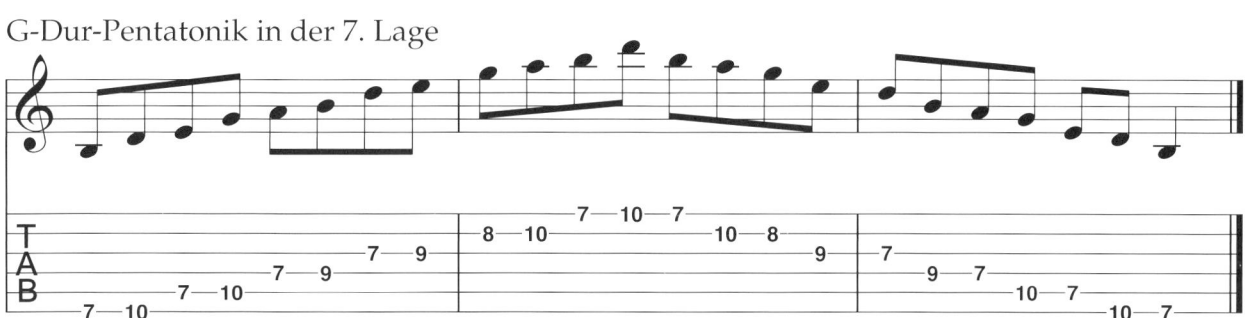

ÜBER DIE BLUES-SKALA HINAUS

C-Dur-Pentatoniken

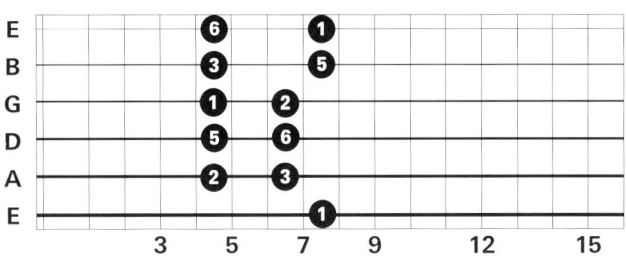

G-Dur-Pentatoniken

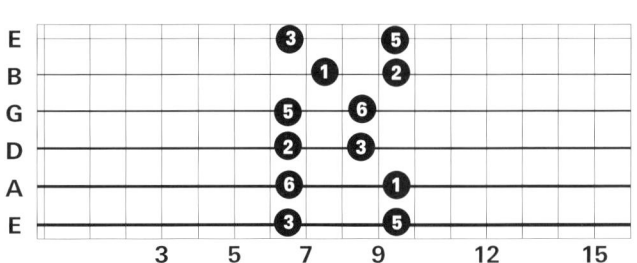

Bedeutet das jetzt, dass man zu den Blues-Tonleitern noch zahlreiche Dur-Pentatonik-Pattern dazulernen muss? Nein! Wenn du dir die beiden C-Dur-Pentatonik-Pattern genauer ansiehst, wird dir auffallen, dass es genau dieselben sind wie die beiden bereits bekannten A-Moll-Pentatonik-Pattern. Beide Tonleitern enthalten dieselben Töne, haben allerdings verschiedene Grundtöne. Wenn man einen anderen Tonleiterton zum Grundton macht, verändert das auch die Verhältnisse zwischen den anderen Tönen der Tonleiter, und die Moll-Intervalle der Moll-Pentatonik werden durch die Dur-Intervalle der Dur-Pentatonik ersetzt.

ÜBUNG 98 / A-Moll und C-Dur-Pentatonik

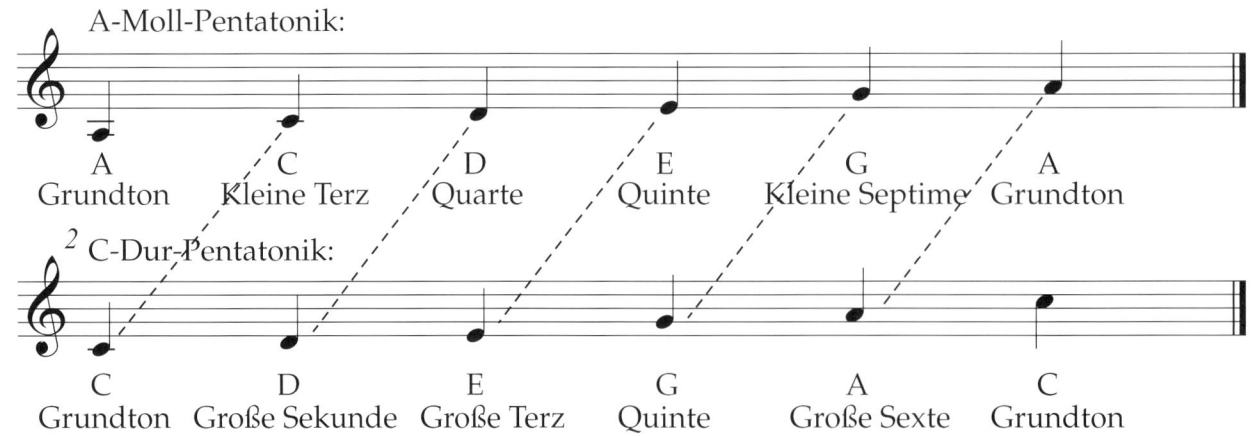

Das E-Gitarren-Handbuch

In Übung 99, „Twang Thang", werden die beiden neuen Pentatoniken in einem charakteristisch „twangigen" Country-Stil eingesetzt. Achte auf die Slides, mit denen beide Tonleiter-Pattern verbunden werden und die „durigen" Saitenzieher (mit Rückkehr zur Originaltonhöhe) in den Takten 2 und 4.

ÜBUNG 99, **CD-TRACK 72** / „Twang Thang", Leadgitarre

ÜBER DIE BLUES-SKALA HINAUS

Teil 3 ABSCHNITT 2

Ziehe immer auf eine genaue Tonhöhe – wenn du die Saite nur ein bisschen ziellos auf dem Griffbrett herumschiebst, klingt das einfach nur verstimmt. Du wirst besonders auf die staccatos achten müssen, aber sie bilden einen wichtigen Bestandteil dieses Stils.

Ab Takt 9 werden die rein pentatonischen Tonleitern um Terzen ergänzt. Terzen und ihr Komplementärintervall, die Sexten, können sehr „durig" klingen und werden in dieser Musikrichtung häufig benutzt. Wenn du zwei Töne im selben Bund spielen musst, greife mit dem Zeigefinger ein Halb-Barrée und verwende für die Töne auf den benachbarten Bünden den Mittel- und den Ringfinger. Den Rhythmustrack dieses Stückes hast du auf CD-Track 47 bereits gehört; er kann als Begleitung für dieses oder ein eigenes Solo verwendet werden.

PROFI-TIPP
Versuche, Terzen und Sexten in anderen Tonarten herauszufinden.

■ THEORIE

Hier kommen kleine und große Terzen vor. Kannst du sie unterscheiden?

In Übung 99 hast du gesehen, dass Terzen für melodische Phrasen und Verbindungsläufe sehr nützlich sein können. In Übung 100 spielst du Terzen in C-Dur, zuerst auf der 2. und 3. Saite und anschließend auf der 1. und 2. Saite. Vergleiche die Fingersätze mit denen von Übung 99.

Wenn du den tieferen Ton einer Terz eine Oktave nach oben verschiebst (sozusagen eine kopfüber gespielte Terz), erhältst du eine Sexte. Anders ausgedrückt liegt zwischen C und E eine Terz, aber zwischen E und C eine Sexte. Im zweiten Teil von Übung 100 spielst du Sexten in C-Dur, erneut auf zwei verschiedenen Saitenpaaren. Achte auf den ähnlichen Charakter der beiden Intervalle und experimentiere mit ihnen zu CD-Track 47.

ÜBUNG 100 / Terzen und Sexten in C-Dur

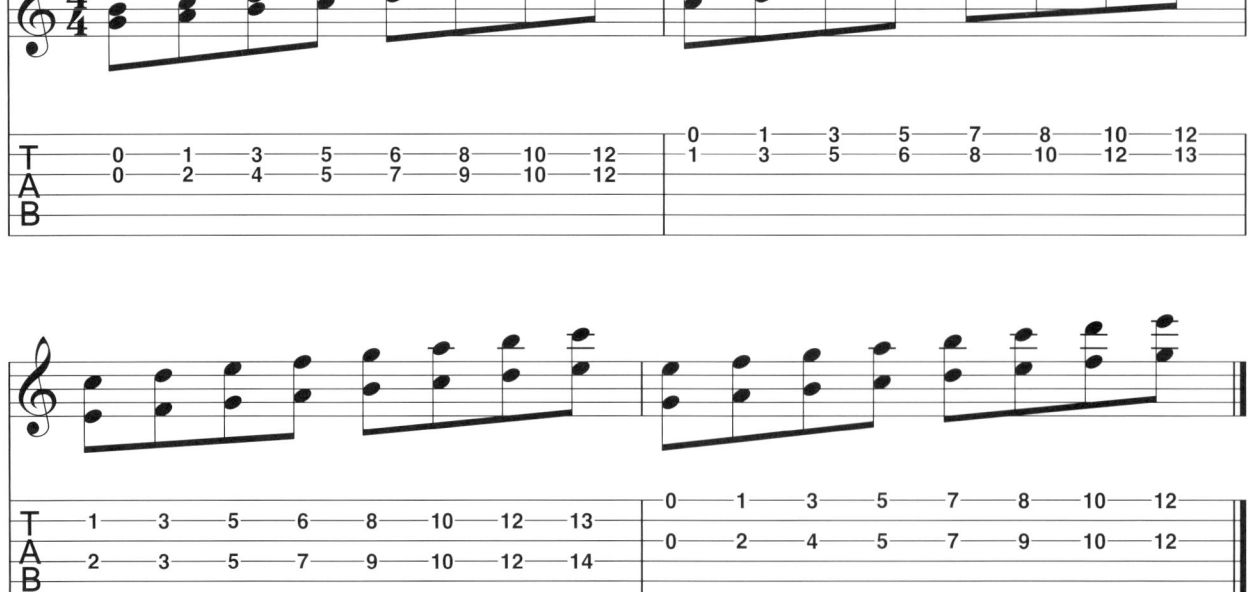

Das E-Gitarren-Handbuch

Teil 3 ABSCHNITT 2

ÜBER DIE BLUES-SKALA HINAUS

Weil sie die von E-Gitarristen meistverwendeten Tonleitern sind, haben wir uns auf die pentatonischen Tonleitern und ihren nahen Verwandten, die Blues-Tonleiter, konzentriert. Die siebentönigen Dur-Tonleitern wurden zwar erwähnt, aber vor allem für die Erklärung von Tonarten, Akkorden und Intervallen. In Übung 101 begegnet dir eine andere Art von siebentöniger Tonleiter in Fis-Moll. Spiele diese Tonleiter legato und gleichmäßig und achte auf den erweiterten Fingersatz auf der D-Saite, der über 5 Bünde reicht.

■ THEORIE

Zu jeder Dur-Tonleiter gibt es eine sogenannte „parallele Moll-Tonleiter", eine Moll-Tonleiter mit denselben Vorzeichen und denselben Tönen. Die Vorzeichnung der Fis-Moll-Tonleiter sind drei Kreuze, genau wie für A-Dur. Du hast also eine neue Tonleiter erzeugt, indem du von einem anderen Startton ausgegangen bist. Es gibt verschiedene Arten der Moll-Tonleiter; diese hier ist die sogenannte „natürliche Moll-Tonleiter". Man könnte diese Tonleiter auch als Dur-Tonleiter mit dem 6. Ton als Grundton bezeichnen. Ein Studium der Modi geht über den Rahmen dieses Buches hinaus, aber vielleicht interessiert es dich, dass die natürliche Moll-Tonleiter auch als „äolischer Modus" bezeichnet wird.

ÜBUNG 101 / Fis-Moll-Tonleiter

Das E-Gitarren-Handbuch

ÜBER DIE BLUES-SKALA HINAUS

Teil 3 ABSCHNITT 2

PROFI-TIPP

Beachte, wie die Begleitung mit ein paar sparsamen Akzenten pro Takt anfängt, um dann bei der Wiederholung richtig abzurocken. Das ist eine großartige Methode, um eine Wiederholung interessant zu gestalten.

Übung 102 erzeugt mit Hilfe der Fis-Moll-Tonleiter ein fließendes und hinreichend dunkel klingendes Intro im Metal-Stil. Um ihm einen besonderen Nachdruck zu verleihen, wird es durchgehend mit Abschlägen gespielt und du solltest es völlig legato spielen. Wenn du das beherrschst, dämpfe ein wenig mit dem Handballen – das kann für Riffs dieser Art sehr effektiv sein. Moll-Tonleitern liefern das „düstere" Feeling, das Metal-Bands so lieben. In der nächsten Übung lernst du eine weitere Anwendung dieser Tonleiter kennen.

ÜBUNG 102, **CD-TRACK 73** / Metal-Riffs in Fis-Moll

Das E-Gitarren-Handbuch

Teil 3 ABSCHNITT 2 — 191

ÜBER DIE BLUES-SKALA HINAUS

Dieser Abschnitt heißt zwar „Über die Blues-Tonleiter hinaus" aber wir müssen kurz zur Blues-Tonleiter zurückkehren, um zu verstehen, wie man die natürliche Moll-Tonleiter verwendet. In Übung 103 spielst du die Blues-Tonleiter erst in Einzeltönen nur auf der 6. Saite, dann als Powerchords, wobei jeder Ton der Blues-Tonleiter zum Grundton eines Akkordes wird. In dieser Übung werden die zweitönigen Powerchords verwendet, aber du kannst auch die kräftigeren dreitönigen Powerchords einmal ausprobieren.

ÜBUNG 103 / Blues-Tonleiter in Powerchords

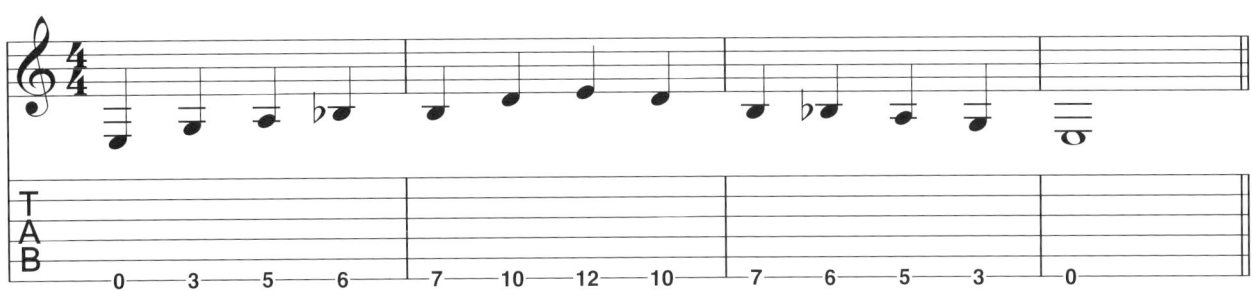

Powerchords mit 2 und 3 Tönen

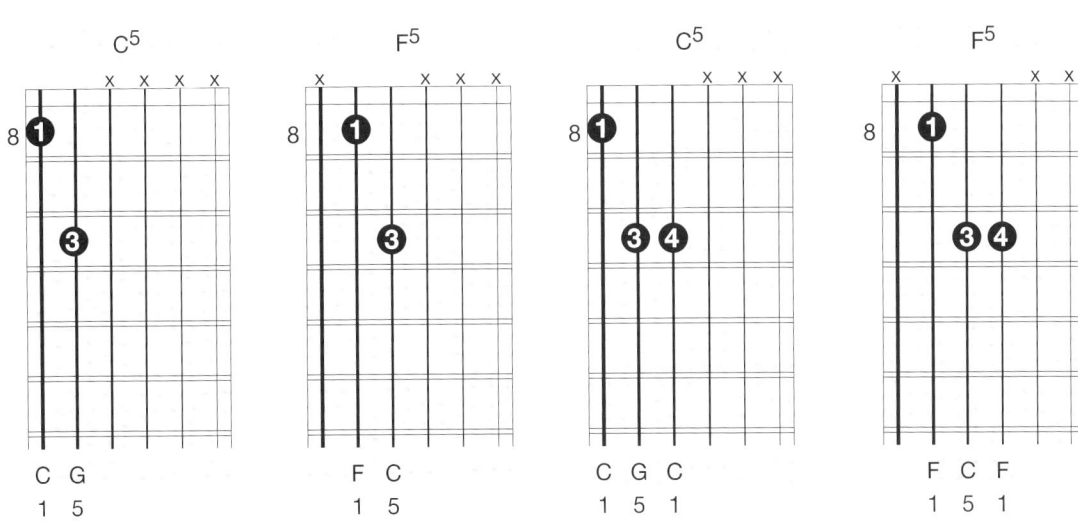

In Übung 101 hast du die Fis-Moll-Tonleiter in der 2. Lage gelernt. Übung 104 beginnt mit derselben Tonleiter, nach E transponiert und wie vorher ausschließlich auf der tiefen E-Saite gespielt. Im zweiten Teil der Übung wird dieselbe Tonleiter in Powerchords gespielt – übe diese Griff-Formen, bis du daran gewöhnt bist, sie überall auf dem Hals zu verschieben.

PROFI-TIPP

Achte darauf, beim Spielen nicht auf deine Greifhand zu sehen. Du greifst treffsicherer, wenn du dort hinsiehst, wo deine Hand als nächstes sein soll – anders gesagt, wenn du überhaupt hinsehen musst, dann schau auf dein Ziel!

ÜBUNG 104 / E-Moll-Tonleiter auf der 6. Saite

ÜBUNG 105, **CD-TRACK 74** / Metal-Riffs in E-Moll

Wenn du die Blues-Tonleiter und die natürliche Moll-Tonleiter als Powerchords gespielt hast, wird es nun Zeit, beide zusammen einzusetzen, in diesem Fall, um einige ernsthafte Metalriffs herauszuschmettern. In Übung 105 (auf der vorigen Seite) findest du Töne beider Tonleitern, es ist also durchaus in Ordnung, zwischen den beiden zu wechseln. Tatsächlich sind alle Töne der Blues-Tonleiter ebenfalls in der natürlichen Moll-Tonleiter enthalten – mit Ausnahme der verminderten Quinte, die sehr dissonant klingen und in diesem Musikstil effektvoll hervorgehoben werden kann. Beachte, dass die Pausen (die musikalische Stille) enorm wichtig sind und du die Saiten sehr genau abdämpfen musst. Du könntest beispielsweise die Anschlagshand zum Dämpfen von Leersaiten nach dem Anschlag und die Greifhand zum Dämpfen von Akkorden einsetzen.

Dieses Stück ähnelt der Übung 78 (CD-Track 60); auch dort wurden Powerchords entlang des Halses verschoben, allerdings in Drop D-Stimmung. Probiere einmal, auf Drop D zu stimmen und die Übung 105 mit der Ein-Finger-Griff-Form für Powerchords aus Übung 78 zu spielen; wenn du den jeweils tiefsten Ton der Tabulatur als Grundton betrachtest, spielst du in D-Moll und wenn du dazu noch etwas Verzerrung einsetzt, solltest du mit einigen kraftvollen modernen Metalsounds belohnt werden. Diese Powerchords sind allerdings nicht auf den Einsatz im Metal beschränkt, sondern können auch in vielen anderen Musikstilen verwendet werden.

Zum Abschluss des Abschnittes „Über die Blues-Skala hinaus" kehren wir noch einmal zu den Arpeggien zurück, weil sie großartig klingen und es für sie unzählige Anwendungsmöglichkeiten in zahlreichen Musikstilen gibt. Den Rhythmustrack von Übung 106 findest du in Übung 72 (CD-Track 56), übe den Leadgitarrenpart sowohl mit der Backingband als auch mit einem anderen Gitarristen.

Die Arpeggien der ersten beiden Takte basieren auf den mittlerweile bekannten Griff-Formen für Leersaiten-Akkorde, die du im ersten Abschnitt von Teil 2 gelernt hast. Die nächsten beiden Takte bauen auf den verschiebbaren Dreiklangsformen von Abschnitt 4 in Teil 2 auf. Diese ersten vier Takte werden dann mit einer kleinen Variation in Takt 8 wiederholt, bevor sich ab Takt 9 wieder ein Abschnitt mit verschiebbaren Dreiklängen anschließt. Die Akkordsymbole in Klammern geben die von der Leadgitarre gespielten Arpeggien (Dadd9 und Asus4) an, die anderen Akkordsymbole beziehen sich auf die Akkorde des Rhythmusparts.

Dieser Track wird ziemlich schnell gespielt und wird nicht nur deine Anschlag- und deine Greifhand testen, sondern auch die Koordination zwischen beiden. Übe das Stück in kleineren Abschnitten und analysiere, welche Töne du spielst und aus welchen Akkorden sie stammen. Wenn du das gründlich machst, versetzt es dich in die Lage, mit einer ähnlichen Herangehensweise eigene Gitarrenparts zu komponieren.

Wir haben uns in diesem Abschnitt mit über die Blues-Tonleiter hinausgehenden Leadgitarren-Parts befasst. Du hast Arpeggien, die Dur-Pentatonik, Moll-Tonleitern sowie Terzen und Sexten verwendet, um Riffs, Licks und Soli in Musikstilen von Metal bis Country zu kreieren. Merke dir, dass Musik nicht nur aufgrund der gespielten Töne so klingt, wie sie klingt, sondern auch wegen der Art, wie man diese Töne spielt. Wenn dich irgendwelche der hier vorgestellten Musikstile interessieren, solltest du dich intensiver damit beschäftigen, welche Töne (und auf welche Art gespielt) für den authentischen Sound des jeweiligen Stiles verantwortlich sind. Im nächsten Abschnitt beschäftigen wir uns mit einigen fortgeschrittenen Spieltechniken für Soli.

Fortgeschrittene Solotechniken

Hier befassen wir uns mit einigen ungewöhnlicheren Sounds, die du als Spezialeffekte mit deiner Gitarre erzeugen kannst.

An bestimmten Stellen auf dem Griffbrett der Gitarre kann man merkwürdige glockenähnliche Klänge erzeugen, ohne die Saite zu greifen. Man nennt diese Töne auch natürliche Flageoletts (natürliche Harmonische); es gibt sie auf allen Saiteninstrumenten. Um ein deutliches Flageolett zu spielen, legst du deinen Finger direkt über dem Bundstäbchen auf die Saite (die Saite nicht herunterdrücken!), nicht an der üblichen Stelle direkt hinter dem Bundstäbchen.

Wir fangen mit den einfachsten Flageoletts am 12. Bund an. Drücke die Saite nicht herunter – berühre sie nur leicht and schlage sie in der Nähe des Stegs an. Wenn du das am 12. Bund von der tiefen E-Saite zur hohen E-Saite mit jeder Saite machst, sollte das ähnlich klingen wie die ersten sechs Sounds auf der CD. Versuche diese Spieltechnik jetzt auf allen Saiten im 7. Bund, im 5. Bund und zuletzt im 4. Bund. Besonders für die höheren Flageoletts muss deine Greifhand ganz genau richtig positioniert sein. Ich persönlich lege für Flageoletts einen Finger quer auf die Saite, als würde ich ein Barre greifen, aber man kann Flageoletts auch mit der Fingerspitze spielen. Unmittelbar nach dem Anschlag musst du den Finger von der Saite nehmen, damit das Flageolett klingen kann. Der CD-Track endet mit einem Lauf aus Flageoletts am 7. und am 12. Bund, der zuerst langsam (Achtelnoten) und anschließend in doppelter Geschwindigkeit (Sechzehntelnoten) gespielt wird. Das Vibrato in Takt 11 wurde mit dem „Whammy bar" oder auch „Tremoloarm" gespielt. Dazu später mehr!

■ THEORIE

Achte auf die unterschiedlichen Notationsformen für Flageoletts in Übung 107. Im Notensystem ist die tatsächliche Tonhöhe notiert, allerdings mit einem rautenförmigen Notenkopf. Weil Flageoletts sehr hoch sind, wird hier das Zeichen „8va..." verwendet, das angibt, dass die Töne eine Oktave tiefer notiert sind, als sie klingen. In der Tabulatur wird nicht die tatsächliche Tonhöhe notiert, sondern der Bund, auf dem gegriffen wird mit der Angabe „Harm...".

PROFI-TIPP

Ein wenig Verzerrung lässt Flageoletts besonders deutlich hervortreten. Viele Flageoletts können an mehr als einer Stelle des Griffbretts gespielt werden. Zum Beispiel kannst du die Flageoletts am 4. Bund auch am 9. Bund, dem 16. Bund und irgendwo in der Nähe des Halstonabnehmers finden. Es gibt auch noch deutlich schwächere Flageoletts vor und hinter dem 3. Bund und über dem 2. Bund. Wenn du deinen Finger langsam über eine Saite rutschen lässt, während du in Stegnähe schnell anschlägst, solltest du alle möglichen mehr oder weniger zufälligen harmonischen Quietscher hören.

ÜBUNG 107, **CD-TRACK 76** / Natürliche Flageoletts

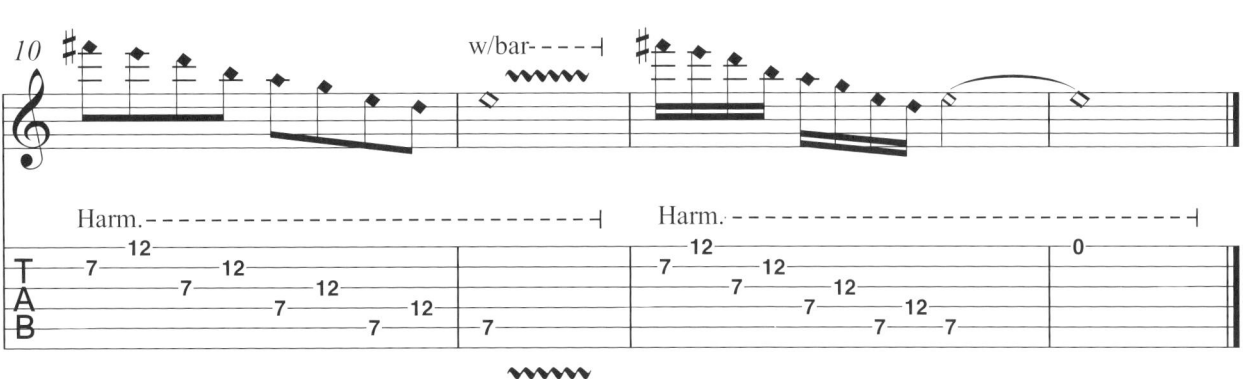

Man kann Flageoletts auch zu gegriffenen Tönen spielen, dazu benötigst du allerdings deine Anschlagshand. Wenn du beispielsweise im 3. Bund greifst, liegen alle Flageoletts aus Übung 107 drei Bünde höher, also im 15. Bund, im 10. Bund und im 8. und 7.Bund. Greife die tiefe E-Saite im 3. Bund und lege den Zeigefinger deiner Anschlagshand über dem 15. Bund leicht auf die Saite. Schlage jetzt die Saite mit dem zwischen Daumen und Mittelfinger gehaltenen Plektrum an. Das nennt man ein künstliches Flageolett und notiert es mit der Angabe „A.H." (für artificial harmonic).

Für E-Gitaristen gibt es eine weitere Möglichkeit, nämlich die Saite am Punkt des Flageoletts mit dem Zeigefinger der Anschlagshand zu tappen. Das nennt man auch getappte Flageoletts, und so geht's: In Übung 108 greifst du einen G-Dur-Akkord im 3. Bund tappst die Flageoletts im 15., 10. und 8. Bund; anders ausgedrückt zwölf, sieben und fünf Bünde höher als der Akkord. Für diese Technik kannst du das Plektrum zwischen Daumen und Mittelfinger halten und mit dem Zeigefinger tappen oder bei normaler Plektrumhaltung mit dem Mittelfinger tappen. Getappte Töne werden hier mit einem großen „T" über der Note bezeichnet. Dir werden auch Tappings begegnen, die mit Kreisen oder Quadraten um die Töne notiert sind; oft enthält die Tabulatur auch geschriebene Erklärungen. Diese Spieltricks und Effekte werden in unterschiedlichen Notenausgaben verschieden notiert, aber die meisten Ausgaben enthalten eine Zeichenerklärung.

ÜBUNG 108, CD-TRACK 77 / Künstliche und getappte Flageoletts

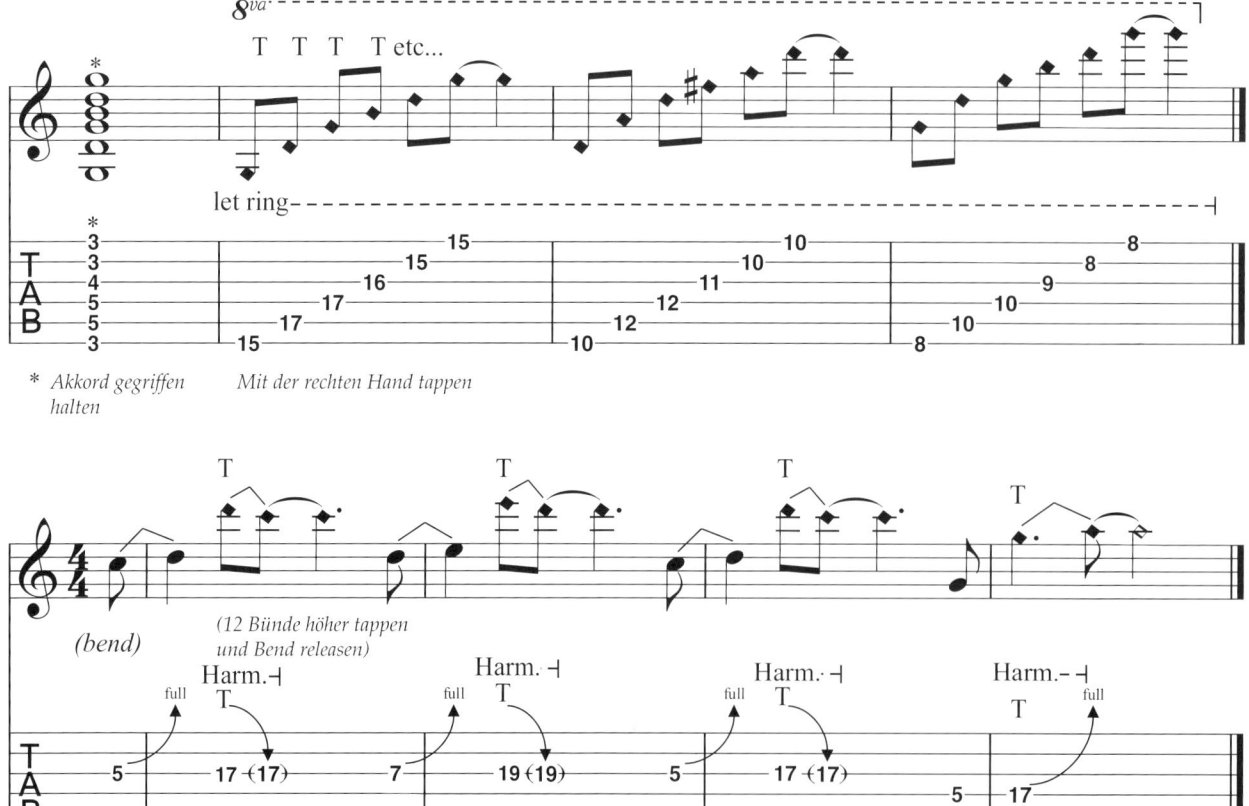

Die zweite Hälfte der Übung 108 ist eine Phrase, die gezogene Töne mit getappten Flageoletts kombiniert. Greife die G-Saite im 5. Bund, ziehe die Saite um einen Ganzton nach oben und halte den Zieher; tappe das Flageolett 12 Bünde höher (also im 17. Bund) und lasse die Saite zur Ursprungstonhöhe zurückkehren. Setze die Abfolge Saitenziehen-Tap-Release wie in der Tabulatur angegeben fort, außer für den Ton im letzten Takt, der erst nach dem Tapping gezogen wird. Die Töne entstammen der Blues-Tonleiter, aber durch die getappten Flageoletts bekommt die Phrase einen sehr modernen Sound.

Wenn man ein Flageolett tappen kann, bedeutet das auch, dass man die Saite nach dem Tap auf dem Griffbrett halten kann, so dass der Tap wie ein gegriffener Ton klingt. Viele Gitarristen haben Pull-offs von gegriffenen Tönen zu Leersaiten gespielt, aber es war Eddie Van Halen, der als erster die Anschlagshand mit ins Spiel brachte und unglaublich schnelle Arpeggien spielte, die aus einer Kombination von getappten Tönen der Anschlagshand und Hammer-ons und Pull-offs der Greifhand bestanden. Wenn du dabei auf Leersaiten verzichtest, entsteht ein Pattern, das man entlang des Halses verschieben kann. Das sogenannte „Two-Hand-Tapping" gehört mittlerweile zum technischen Standardrepertoire sowohl der Akustik- als auch der E-Gitarre.

ÜBUNG 109, **CD-TRACK 78** / Two-Hand-Tapping

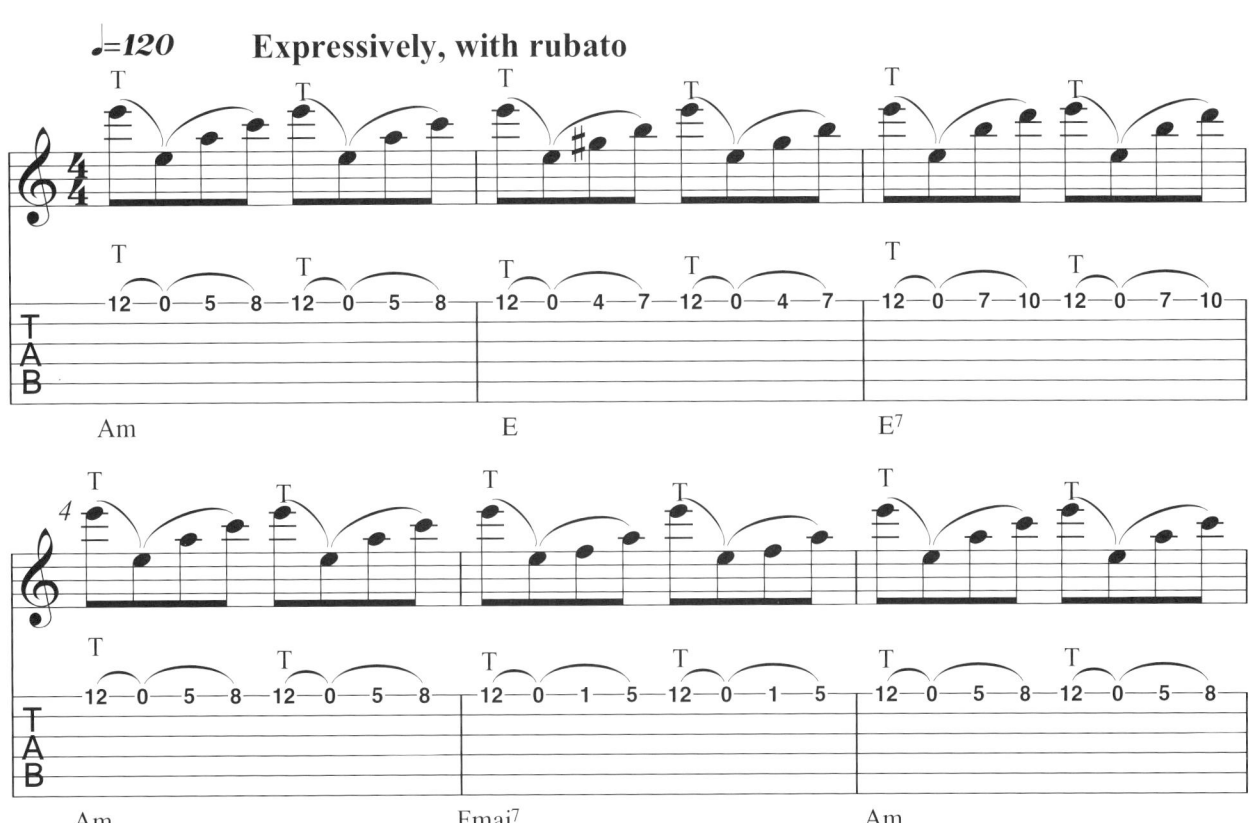

Fortsetzung nächste Seite

ÜBUNG 109 *Fortsetzung*

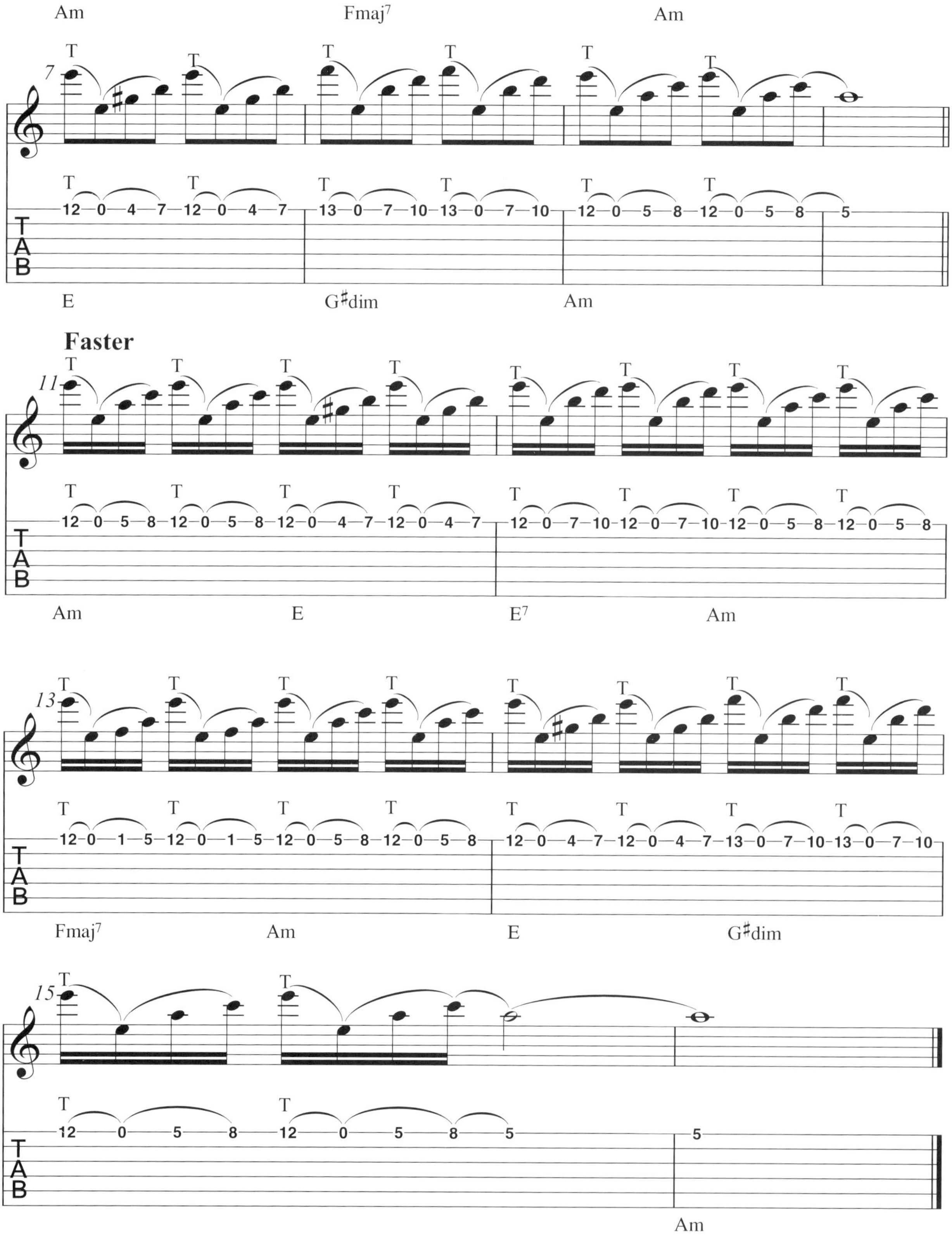

Der beste Ausgangspunkt für das Erlernen dieser Spieltechnik sind Arpeggien auf einer einzelnen Saite. Unser Beispiel startet mit einem A-Moll-Arpeggio (den Tönen A, C und E), das mit einem Tap der Anschlagshand in den 12. Bund beginnt, der von einem Pull-off zur Leersaite gefolgt wird. Die Greifhand spielt dann ein Hammer-on mit dem Zeigefinger im 5. Bund, gefolgt von einem Hammer-on im 8. Bund mit dem kleinen Finger. Mit einem erneuten Tap der Anschlagshand im 12. Bund beginnt das Riff von vorne.

Übung 109 verwendet die Akkorde A-Moll, E-Dur, Fmaj7 und Gis-vermindert mit der leeren E-Saite als Pedalton. Auf der CD ist die Musik zweimal eingespielt, zuerst in langsamer Geschwindigkeit, damit du alle Details hören kannst; anschließend dann schneller, um dir einen Eindruck der Möglichkeiten dieser Technik zu vermitteln. Bei dieser Spieltechnik ist das Dämpfen der nicht verwendeten Leersaiten stets ein Problem. Wenn du die Aufnahme genau anhörst, kannst du die tiefen Saiten mitschwingen hören; das entsteht durch die sogenannte „Mitschwingung", wobei das wiederholte Anschlagen der leeren E-Saite die anderen Saiten ebenfalls zum Schwingen anregt.

Im schnelleren Abschnitt habe ich die tiefen Saiten mit dem Handballen der Anschlagshand gedämpft, probier einmal, ob du das auch kannst!

■ THEORIE

Rubato ist italienisch und bedeutet „gestohlen". Kleinere Variationen im Puls der Musik klingen bei langsameren Stücken gut; du „stiehlst" sozusagen dem einen Ton etwas von seiner Zeit und gibst es einem anderen Ton, indem du ihn länger spielst.

PROFI-TIPP

Eddie Van Halen hat mit dem Zeigefinger getappt und das Plektrum zwischen Daumen und Mittelfinger gehalten. Wenn du das Plektrum gewöhnlich zwischen Daumen und Zeigefinger hältst, probiere einmal das Tappen mit dem Mittelfinger aus.

Arpeggien können aufwärts, abwärts oder in sich selbst vorwärts und zurück gespielt werden; in Übung 110 siehst du einige Beispiele anhand des 1. Taktes von Übung 109.

Das erste Beispiel (Takt 1 und 2) beginnt mit einem Tap im 12. Bund, gefolgt von einem Pull-off zum 8. Bund (mit dem 4. Finger der Greifhand gegriffen) und einem Pull-off zum 5. Bund (mit dem Zeigefinger gegriffen). Die Leersaite wird mit einem Pull-off des Zeigefingers zum Klingen gebracht, so dass insgesamt ein Arpeggio abwärts entsteht.

Im zweiten Beispiel (Takte 3 und 4) spielst du in Achteltriolen und beginnst mit einem Tap in den 12. Bund, gefolgt von einem Pull-off zur Leersaite. Die restlichen Töne dieses sechstönigen Patterns werden alle mit der Greifhand gespielt.

Das dritte Beispiel (Takte 5 und 6) entwickelt diese Idee weiter; hier wird nur der erste Ton des Taktes mit einem Tap der Anschlagshand gespielt und alle weiteren Töne mit Hammer-ons oder Pull-offs der Greifhand.

Spiele diese Beispiele durch und versuche dann, eigene Beispiele zu entwickeln.

ÜBUNG 110 / Variationen von Übung 109

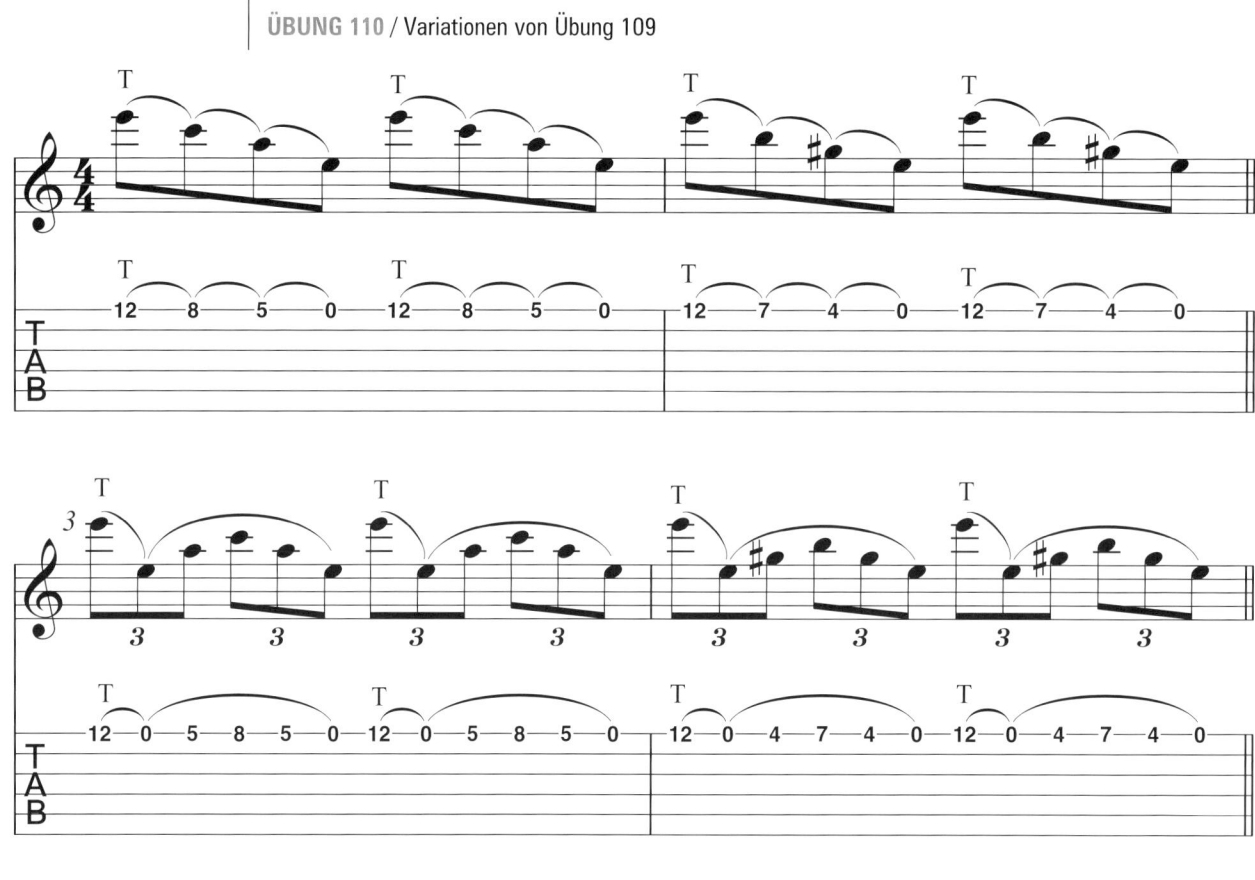
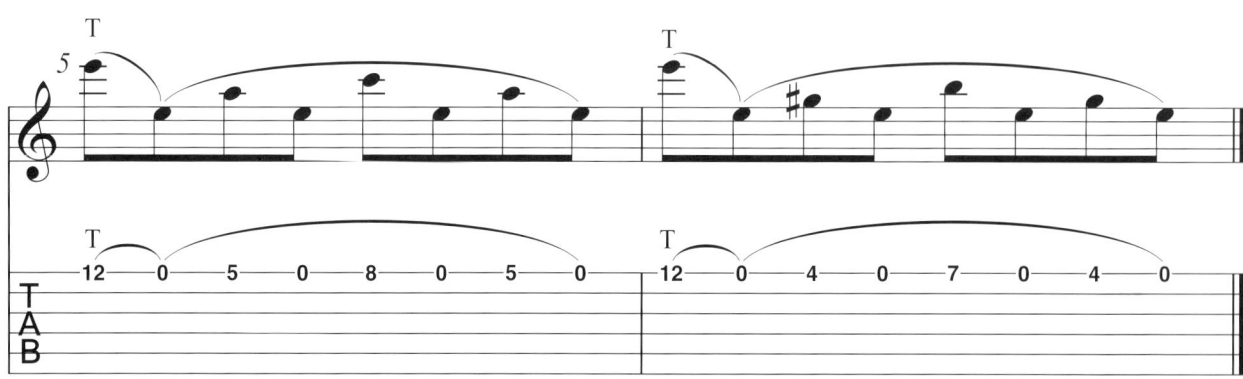

Du weißt, dass man Töne mit der Anschlagshand tappen kann, also sollte es nicht allzu schwer sein, das auch mit der Greifhand zu tun. Man kann auf diese Art sogar zwei oder mehr Töne auf einmal tappen, was einige Gitarristen zu einer völlig neuen Art des Gitarrenspiels weiterentwickelt haben, bei der mit der Greifhand Akkorde getappt werden, während die Anschlagshand Melodien dazu tappt.

In Übung 111 tappst du Akkord-Arpeggien mit den Zeigefingern beider Hände. Dabei tappt die Greifhand die Töne auf der G- und A-Saite, während die Anschlagshand die Töne auf der B- und D-Saite tappt. Spiele mit der Anschlagshand über dem Hals, so dass du mit der Außenseite der Hand die Leersaiten dämpfen kannst. Du kannst währenddessen das Plektrum in der Handfläche „verschwinden" lassen und es mit den gekrümmten Fingern halten, die du nicht benötigst. Manche Gitarristen nehmen das Plektrum auch einfach zwischen die Zähne – probiere aus, was dir besser gefällt.

ÜBUNG 111, CD-TRACK 79 / Akkord-Tapping

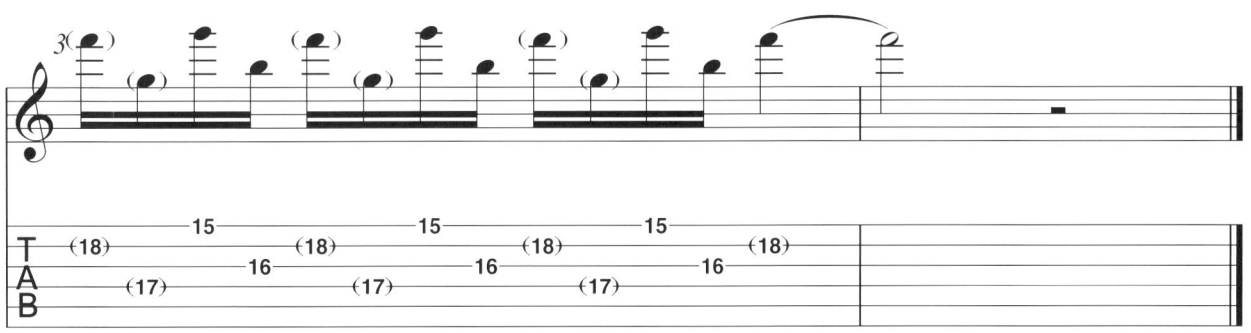

Die Übung 112 befasst sich noch intensiver mit Two-Hand-Tapping; hier siehst du, dass man das Tapping auch mit einem Saitenwechsel kombinieren kann. Im Prinzip spielst du hier ein viertöniges Moll-Akkord-Arpeggio, dessen Grundton eine Leersaite ist. Wenn du die beiden mittleren Töne jeweils einen Ganzton (zwei Bünde) aufwärts verschiebst, entsteht ein Dur-Arpeggio, dessen Grundton im 5. Bund liegt. Tappe im 12. Bund mit dem Zeige- oder Mittelfinger der rechten Hand; alle anderen Hammer-ons und Pull-offs werden von der Greifhand gespielt.

Akkord-Griff-Formen für Two-Hand-Tapping

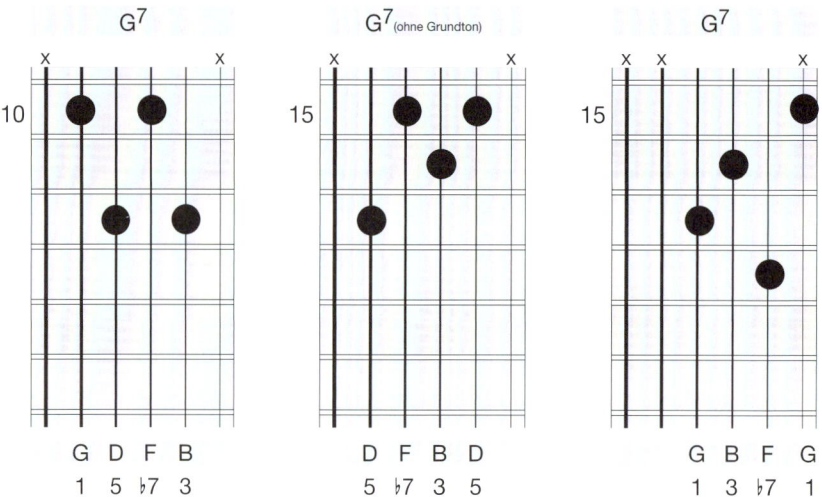

Wie du siehst, kann man das auf jeder beliebigen Saite spielen! Um diese Technik sauber und schnell zu beherrschen, benötigt man eine gute Koordination zwischen der „Taphand" und der „Hammer-on- und Pull-off-Hand" und muss außerdem die Greifhand vom 3. Bund bis zum 7. Bund strecken können. Übe also anfangs langsam, bleibe entspannt und rackere dich nicht ab!

Das Beispiel endet mit einem Lick, an dem du sehen kannst, wie man mit der Anschlagshand Töne zu schnellen Läufen der Greifhand hinzufügen kann. Das sieht hier ein bisschen wie eine Blues-Tonleiter aus, ist aber eigentlich ein Fingerpattern aus Zeigefinger, Ringfinger und kleinem Finger und einem Tap im 12. Bund, über alle Saiten verschoben. Höre dir für weitere Beispiele dieser Spieltechnik Van Halen's „Eruption" oder „Hot For Teacher" an.

DER VIBRATO-HEBEL

Die Marketingspezialisten von Fender müssen sich für eine ganze Menge verantworten, weil sie die Brücke der Stratocaster als „tremolo" beschrieben. Tatsächlich bezeichnet Tremolo eine regelmäßige Veränderung der Lautstärke, nicht der Tonhöhe, weshalb der Steg der Stratocaster eigentlich mit einem Vibrato-Hebel oder Vibrato-Arm ausgestattet ist. Was wir hier vorhaben, passt aber auch nicht zur Überschrift „Vibrato" – vielleicht wäre der 80er-Jahre-Ausdruck „Whammybar" passender. Heutzutage sind viele Gitarren mit Vibrato-Stegen ausgerüstet, aber wenn du nicht gerade ein Floyd Rose oder ein Wilkinson (oder etwas Ähnliches) auf deiner Gitarre hast, wirst du nach jedem Anfall von Vibrato-Missbrauch mehr oder weniger ernsthafte Stimmungsprobleme haben.

Die Übung 113 beginnt mit einem Trick, den ich „Anschlag mit dem Vibratohebel" nenne: das Drücken und Loslassen des Vibratohebels scheint bei dieser Technik die Saite mit Schwingungsenergie zu versorgen. Schlage einen Ton an, drücke den Vibratohebel runter und lass ihn wieder los, während du mit dem Greif-Finger zwei Bünde aufwärts rutschst. Koordiniere das Drücken und Loslassen des Vibratohebels mit jedem neuen Ton, in den du hineinrutschst. Diese Verwendung des Vibratos wird als „scoop" bezeichnet. Du schlägst nur den ersten Ton dieser Phrase an, verwendest also den Vibratohebel anstelle des Plektrums. Spiele das Vibrato des letzten Tons mit dem Vibratohebel – dieses Vibrato klingt anders als ein mit dem Finger gespieltes.

ÜBUNG 112, **CD-TRACK 80** / Van-Halen-Tapping

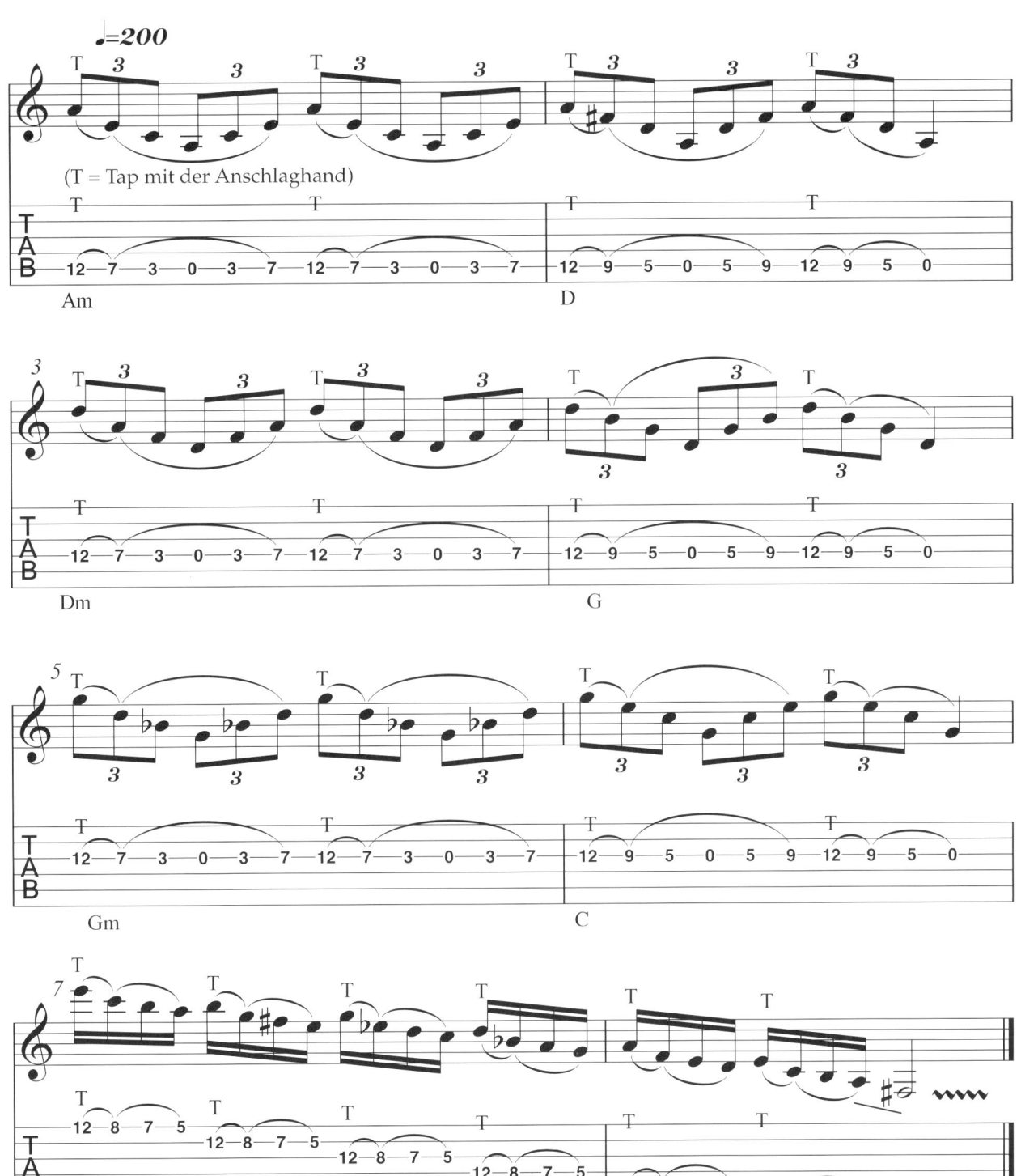

Im zweiten Teil dieser Übung musst du darauf achten, dass deine „Dips" mit dem Vibratohebel genau in Stimmung sind. Du beginnst mit einem Tap der Greifhand in den 5. Bund und einem Pull-off zur Leersaite. Also ein A, gefolgt von einem E. Dann drückst du den Vibratohebel nach unten, bis die tiefe E-Saite genau eine Oktave tiefer ist als das A, das du als ersten Ton gespielt hast. Halte den Vibratohebel gedrückt und tappe wieder in den 5. Bund. Lasse dann den Vibratohebel langsam los: der Ton wird wieder höher, bis er die Ausgangstonhöhe (das A) erreicht hat. Wenn du sorgfältig hinhörst, solltest du diese Töne genau in Stimmung spielen können. Versuche die Zieltonhöhe im Kopf zu hören, während du den Vibratohebel drückst – es ist aber in Ordnung, leicht zu hoch zu ziehen und den Zielton mit leichtem Nachlassen des Vibratohebels zu treffen, wie ich es auf der CD-Aufnahme auch mache.

Das Beispiel endet mit einigen charakteristischen quietschenden Flageoletts im 4. Bund der beiden höchsten Saiten, die mit dem Vibratohebel gedippt und mit Vibrato versehen werden.

In diesem Abschnitt haben wir uns mit echten und künstlichen Flageoletts, dem Two-Hand-Tapping und Tricks mit dem Vibrato-Hebel befasst. Wenn du dich für diese Art des Gitarrenspiels erwärmen kannst, solltest du dich mit der Musik von Eddie Van Halen, Joe Satriani und Steve Vai befassen.

ÜBUNG 113, CD-TRACK 81 / Tricks mit dem Vibratohebel

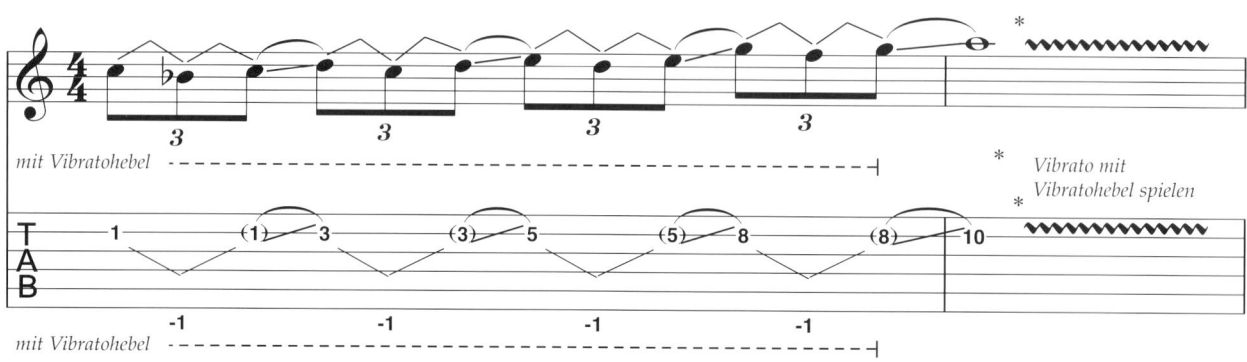

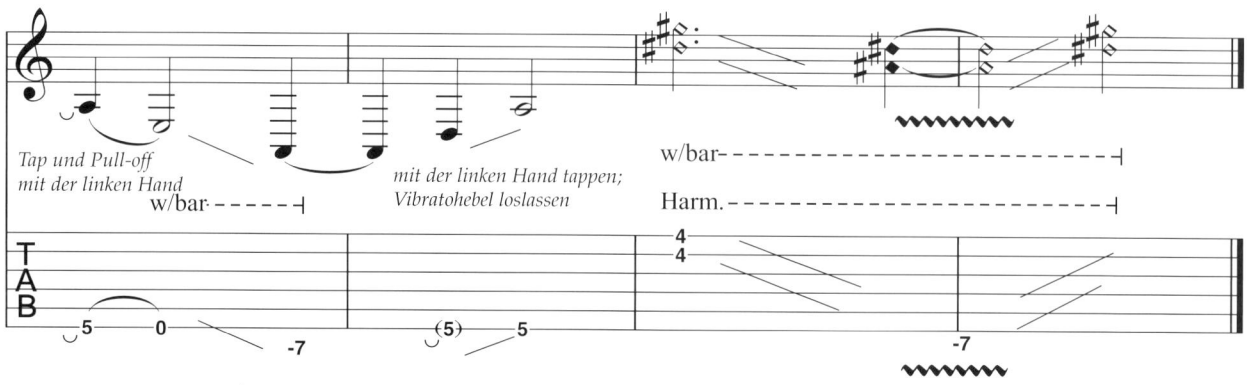

Weitere Akkorde

Übung 114 verwendet einige der folgenden dreitönigen Griff-Formen, um Pedaltöne im Bass und Arpeggien ergänzt. Dies ist ein komplett ausgearbeiteter und komplexer Gitarrenpart und es könnte einige Arbeit sein, bis du ihn genau greifen und anschlagen kannst. In einigen Takten musst du mehrmals den Akkord wechseln. Wenn dir das schwerfällt, übe Takt für Takt langsam und achte auf Finger, die auf der Saite liegen bleiben können und nur in eine neue Lage rutschen. An einige Stellen musst du für den Akkordwechsel noch nicht einmal einen einzigen Finger anheben. Lass die Finger liegen, wenn es geht! Diese Akkorde sind harmonisch komplex und volltönend, spiele mit einem klaren Sound, weil Verzerrung solche Akkorde vermatscht.

PROFI-TIPP
Viele Gitarristen verwenden als einfachen Trick ein Kapodaster. Spiele diese Übung einmal mit dem Kapo auf dem 2. Bund. Dadurch ändert sich nicht nur die Tonhöhe um einen Ganzton nach oben, sondern die Textur scheint etwas dünner zu werden, wodurch der Track insgesamt etwas heller und leichter klingt.

Dreiklänge für Übung 114

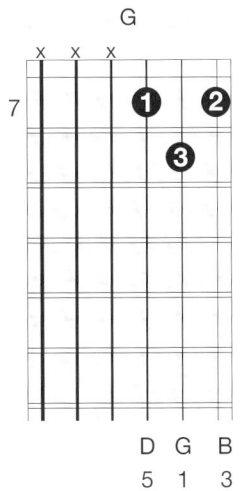 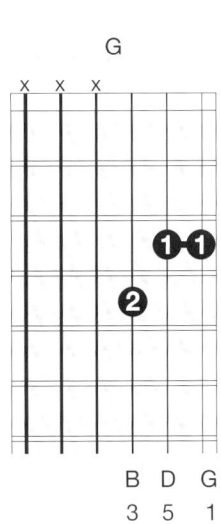 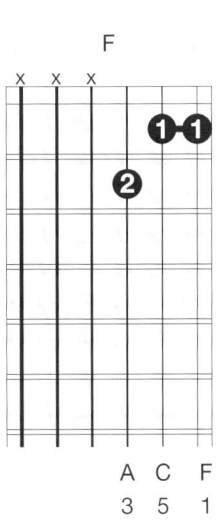 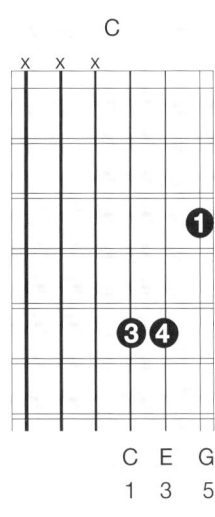

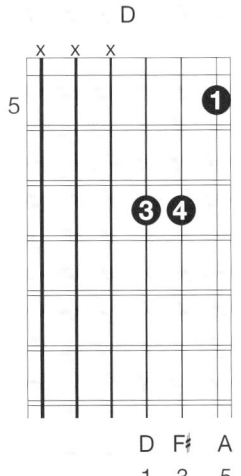 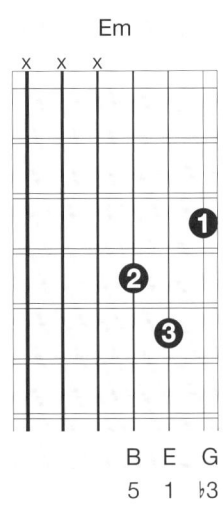 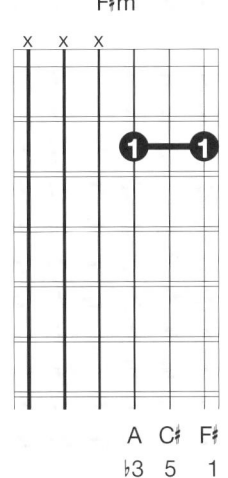 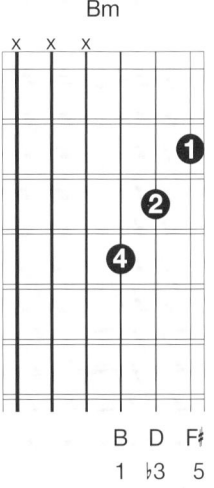

Das E-Gitarren-Handbuch

ÜBUNG 114, CD-TRACK 82 / Arpeggien und Barrée-Akkorde mit Pedaltönen

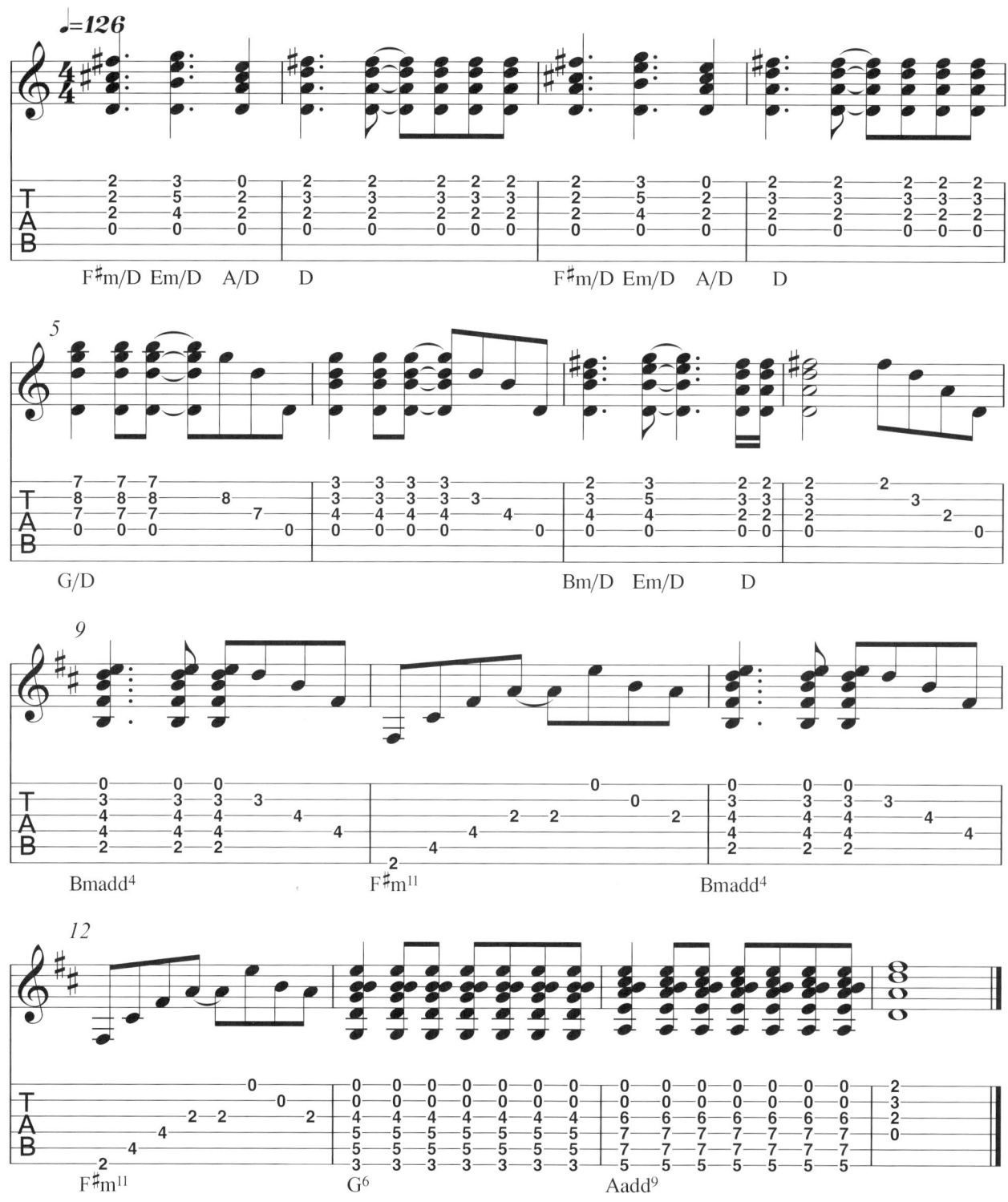

Teil 3 ABSCHNITT 4

Am Ende des zweiten Teils haben wir uns kurz mit Dreiklängen befasst, und weil wir unsere Entdeckungsreisen auf dem Griffbrett jetzt ausdehnen wollen, kehren wir an diesem Punkt zu ihnen zurück. Die ersten drei Diagramme unten sind Umkehrungen eines C-Dur-Dreiklangs auf der 2., 3. und 4. Saite. Es folgen Dreiklänge auf den drei höchsten Saiten. Weil es sich (mit einer Ausnahme) um verschiebbare Griff-Formen handelt, können sie auf jedem beliebigen Bund gespielt werden – finde heraus, welcher Ton bei diesen Griff-Formen der Grundton ist, dann weißt du, wie der jeweilige Akkord heißt.

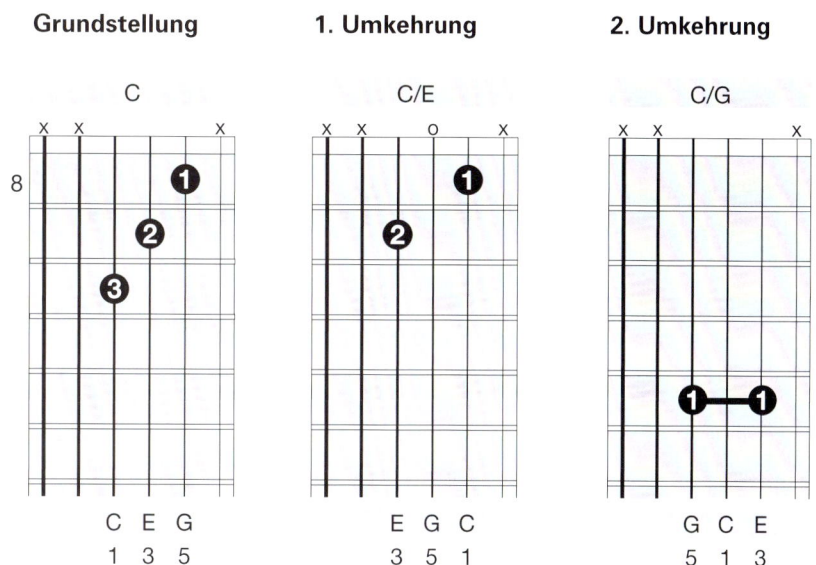

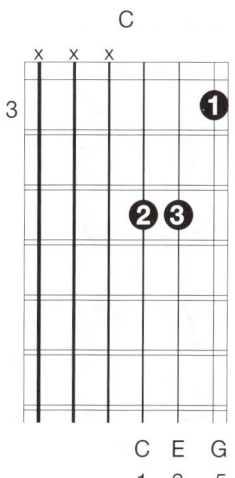
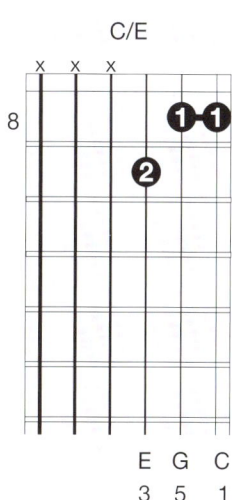
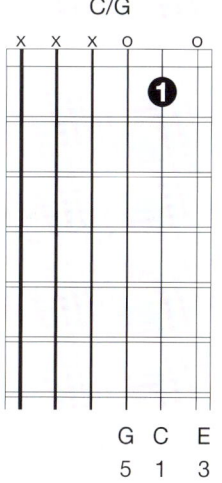
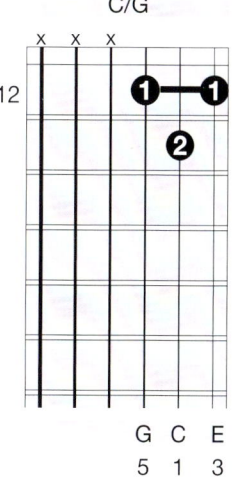

WEITERE AKKORDE

Das E-Gitarren-Handbuch

210 Teil 3 ABSCHNITT 4

WEITERE AKKORDE

ÜBUNG 115, **CD-TRACK 83** / Dreiklänge mit Pedaltönen

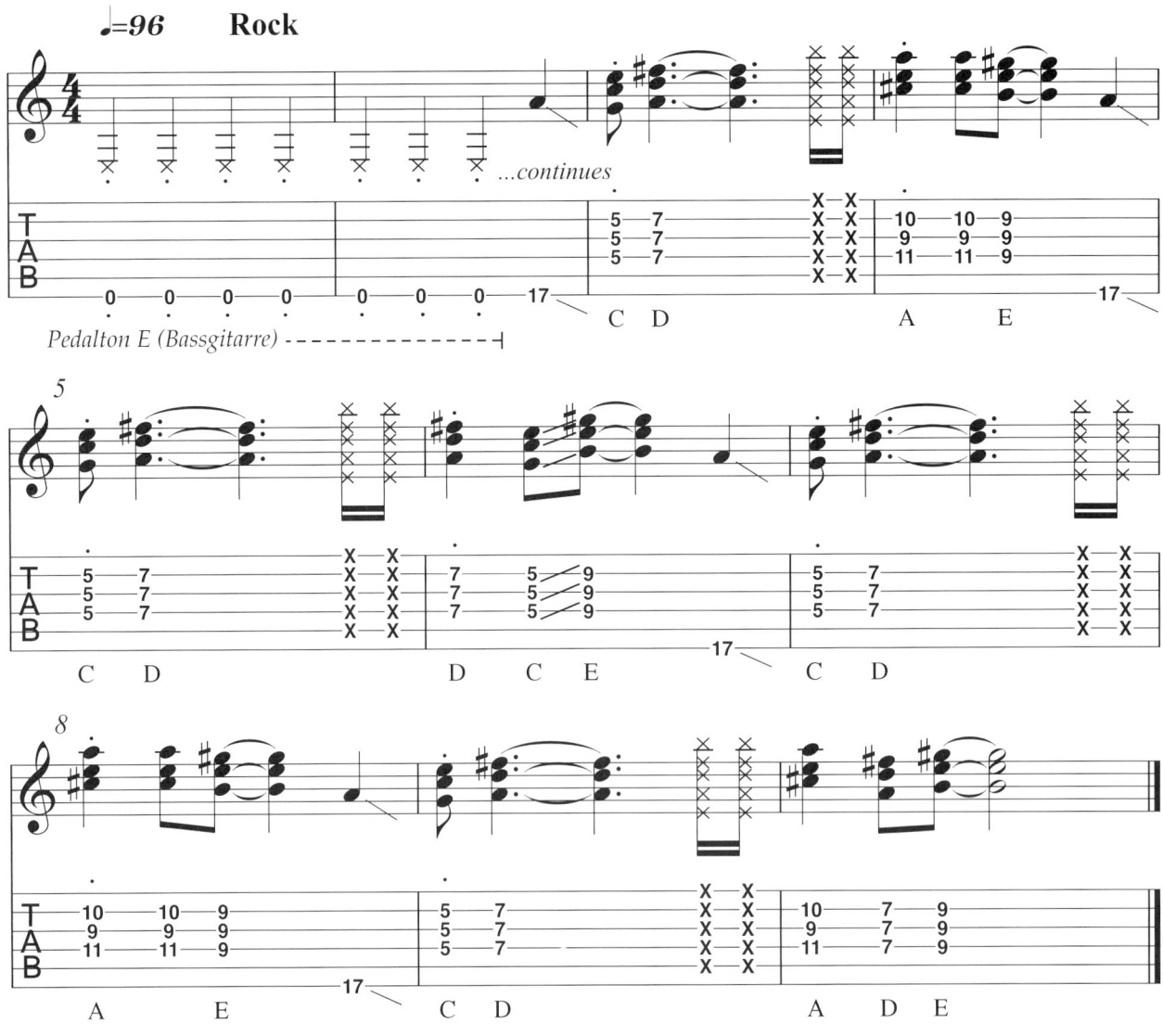

Übung 115 verwendet hauptsächlich die Griff-Form der 2. Umkehrung – eine sehr nützliche Umkehrung, weil man sie mit einem einzigen Finger greifen kann, der hier auf dem 5., 7. und 9. Bund zum Einsatz kommt. Hier kommen einige gedämpfte Töne und ein langes Glissando vom 17. Bund abwärts vor. Rusche mit deinem Finger schnell und mit leichtem Druck an der Saite entlang abwärts und lockere den Druck erst in der Nähe des 5. Bundes. Achte auf die Bass-Linie, die nur aus einem einzigen Ton (dem E) besteht.

■ THEORIE
Das Glissando wird auch als Slide bezeichnet.

Wenn du diese Griff-Form (die 2. Umkehrung auf der D-, G- und B-Saite) um einen weiteren Finger erweiterst, entsteht ein verschiebbarer Sus4-Akkord. Übung 116 ist ein Beispiel für einen Rhythmuspart, der durch das Abwechseln von Dur- und Sus4-Akkorden entstanden ist. Diesmal gibt es keine Bass-Stimme; der Pedalton ist die leere E-Saite der Gitarre, die einfach „in den Zwischenräumen". gespielt wird. Achte darauf, wie der Rhythmus durch seinen Einsatz vor dem 1. Taktschlag und seine Rückkehr zum Downbeat in der Mitte „gepushed" wird. Diese rhythmische Verlagerung erzeugt zusätzlichen Drive und klingt auch bei zweimaligem Spielen nicht langweilig. Verwende für so einen Track nicht zuviel Verzerrung, sonst „vermatschen" die Akkorde.

ÜBUNG 116, **CD-TRACK 84** / Dreiklänge, Sus4-Akkorde und der Pedalton E

212 | Teil 3 ABSCHNITT 4

WEITERE AKKORDE

ÜBUNG 117, **CD-TRACK 85** / „Dr. Punkenstein"

Die Übung 117, „Dr Punkenstein", vermischt im Stil der klassischen Punkrock-Bands Akkorde mit Leersaiten, Einzelton-Riffs und verschiebbare Powerchords. Du beginnst mit einem schmetternden E-Dur-Akkord und schnellen Wechselschlägen auf den Bass-Saiten. Drehe deinen Verzerrer ruhig etwas auf, du willst hier schließlich den punkigen Kettensägen-Sound. Wahrscheinlich wird hier der Steg-Tonabnehmer am besten klingen. Die Griff-Formen für den A5- und den B5-Akkord kannst du der Tabulatur entnehmen – beachte, dass hier der dreitönige Powerchord (mit eine Oktave höher verdoppeltem Grundton) zum Einsatz kommt. Das macht den Sound zwar dicker und kräftiger, hat aber den Nachteil, dass diese Griff-Form nicht so einfach entlang des Halses verschoben werden kann wie der einfachere zweitönige Powerchord. Das schnelle Tempo könnte ebenfalls Probleme bereiten, übe also langsam, falls das nötig sein sollte.

PROFI-TIPP
Experimentiere bei deiner eigenen Musik mit den zwei- und dreitönigen Powerchords und entwickele dein Gefühl für die unterschiedlichen Powerchords. Zweitönige Powerchords klingen klarer und eignen sich besser für schnelle Riffs; die dreitönigen Powerchords klingen mächtiger und kraftvoller.

Übung 118 (nächste Seite) ist ein von Motown-Songs inspirierter Rhythmusgitarren-Part, in dem auf den Taktzeiten zwei und vier Staccato-Akkorde gespielt werden. Diese verschiebbaren Griff-Formen auf vier Saiten sind für das Rhythmusspiel äußerst nützlich, weil sie kompakt und ausdrucksstark klingen und die tiefen Frequenzen nicht zumatschen. Beachte, wie die Gitarre rhythmisch synchron zur Snaredrum spielt; versuche stets synchron zum Backbeat zu spielen. Wegen seiner kurzen Staccato-Rhythmen kollidiert dieser Part nicht mit den gehaltenen Keyboard-Akkorden.

In Takt 10 wird der Rhythmus für den Mittelteil intensiver; die Gitarren spielt hier auf jedem Viertel, bevor sie in den Takten 14 bis zum Ende des Stückes zum Spiel auf den Taktzeiten 2 und 4 zurückkehrt. Für solche Rhythmus-Parts brauchst du einen cleanen Gitarrensound – diese Aufnahme wurde mit dem Steg-Tonabnehmer einer Strat ohne weitere Effekte eingespielt.

Verschiebbare Akkorde auf vier Saiten

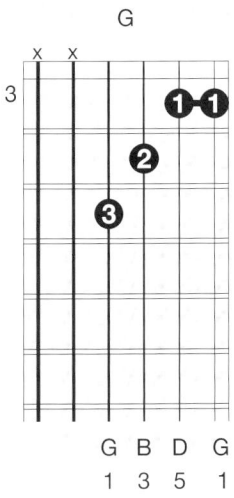
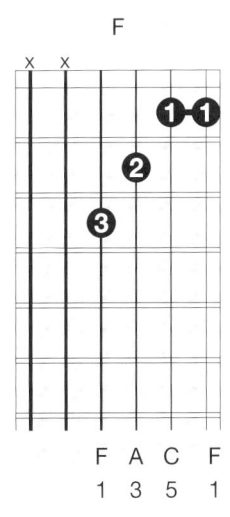
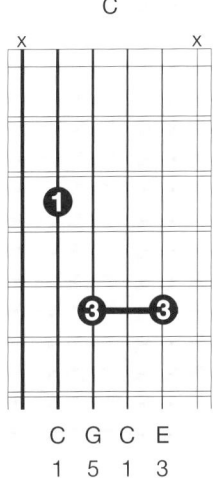

214 Teil 3 ABSCHNITT 4

WEITERE AKKORDE

ÜBUNG 118, **CD-TRACK 86** / Rhythmusgitarre im Motown-Stil

Das E-Gitarren-Handbuch

PROFI-TIPP

Gitarristen verbringen viel mehr Zeit mit der Rhythmus- als mit der Leadgitarre, also ist es wahrscheinlich wichtiger, ein guter Rhythmusgitarrist zu sein. Achte darauf, dass Rhythmusspiel ein Teil deiner Übe-Routine ist.

Dein Vertrauen in deine Fähigkeiten, sowohl als Rhythmus- als auch als Leadgitarrist, sollte mit dem Ende von des 3. Teils erneut gewachsen sein. Ich hoffe, du verwendest mittlerweile Blues-Tonleitern, Dur-Pentatoniken und andere Tonleitern für deine eigenen Riffs und Soli. Du solltest in der Lage sein, zu der Musik, die du spielst, die passenden Griff-Formen für die Rhythmusgitarre selbst auszuwählen. Übe unbedingt sowohl das Rhythmus- als auch das Solospiel und verwende möglichst ein Metronom beim Üben, um dein Timing zu verbessern. Deine eigene Begleitung aufzunehmen und dazu Solo zu spielen, ist eine großartige Methode, um alle deine Fähigkeiten zu verbessern. Höre dir die Aufnahmen deiner Lieblingsbands genau an, und versuche herauszubekommen, was die Gitarristen spielen. Das wird dir anfangs schwerfallen, aber es ist die beste Methode, dein Gehör und dein Verständnis, was es bedeutet, ein Gitarrist zu sein, zu verbessern.

Im vierten Teil werden wir uns mit der Rolle des Gitarristen in unterschiedlichen Musikstilen beschäftigen.

Teil 4

- ... jetzt alles zusammen
- Funk
- Metal
- Indie
- Harmoniegitarren

... jetzt alles zusammen

Teil 4 fasst in fortgeschrittenen Stücken verschiedener Musikstile alles zusammen, was du bisher über die Rhythmus- und die Leadgitarre gelernt hast.

In Übung 119 (nächste Seite) werden wir uns erneut mit dem Blues befassen und einen Rhythmus- und einen Leadgitarrenpart in C-Dur erarbeiten.

Du hast bereits den Blues-Vamp in A auf dem 5. Bund gelernt. Den Vamp auf den 8. Bund nach C-Dur zu verschieben sollte kein Problem sein, mit verschiebbaren Griff-Formen wie dieser kannst du in jeder beliebigen Tonart spielen. Dir wird auffallen, dass in diesem Arrangement des 12-taktigen Bluesschemas bereits im 2. Takt zum IV-Akkord (F-Dur) gewechselt wird. Das ist nicht ungewöhnlich; wenn du dir einige 12-taktige Bluesstücke anhörst, wirst du bemerken, dass bei manchen der IV-Akkord bereits im 2. Takt vorkommt, während andere an dieser Stelle weiter auf dem I-Akkord bleiben.

Sieh dir jetzt einmal den ersten Takt genauer an. Du wechselst wieder wie bisher zwischen C5 und C6, wobei das Akkordsymbol unter den Noten die zugrundeliegende Hamonie C-Dur angibt. Bisher hast du jeden der beiden Akkorde zweimal gespielt, aber hier wird der C6 nur einmal gespielt, bevor du zum C5 zurückkehrst. Das ist nur eine der zahlreichen möglichen Variationen des zweitönigen Blues-Vamps.

Am Anfang des zweiten 12-taktigen Durchgangs (also beim zweiten Chorus) hört die Begleitband bis auf den ersten Taktschlag jeden Taktes zu spielen auf, während die Leadgitarre ihr Solo weiterspielt. Das nennen Musiker „stops" oder „breaks" und es kann ein sehr spannender Effekt sein. Wenn also am Ende eines Chorus einer deiner Mitmusiker „Break!" ruft, weißt du ab jetzt, was von dir erwartet wird! In diesem Chorus spielst du den Vamp in F sowohl hoch auf dem Gitarrenhals im 8. Bund als auch tief im 1. Bund. Achte besonders auf das Ende des Stückes; hier führt ein Einzelton-Lauf mit Chromatik zum Schlussakkord.

In Übung 121 lernst du den Leadgitarrenpart. Auf der CD ist die Leadgitarre auf der linken Seite und die Rhythmusgitarre auf der rechten Seite des Stereo-Spektrums aufgenommen, damit du zu jeder der Gitarren mitspielen kannst. Höre dir die Aufnahme genau an und versuche, das Dämpfen mit dem Handballen genauso zu spielen.

218 TEIL 4

ÜBUNG 119, **CD-TRACK 87** / Blues in C, Rhythmusgitarre

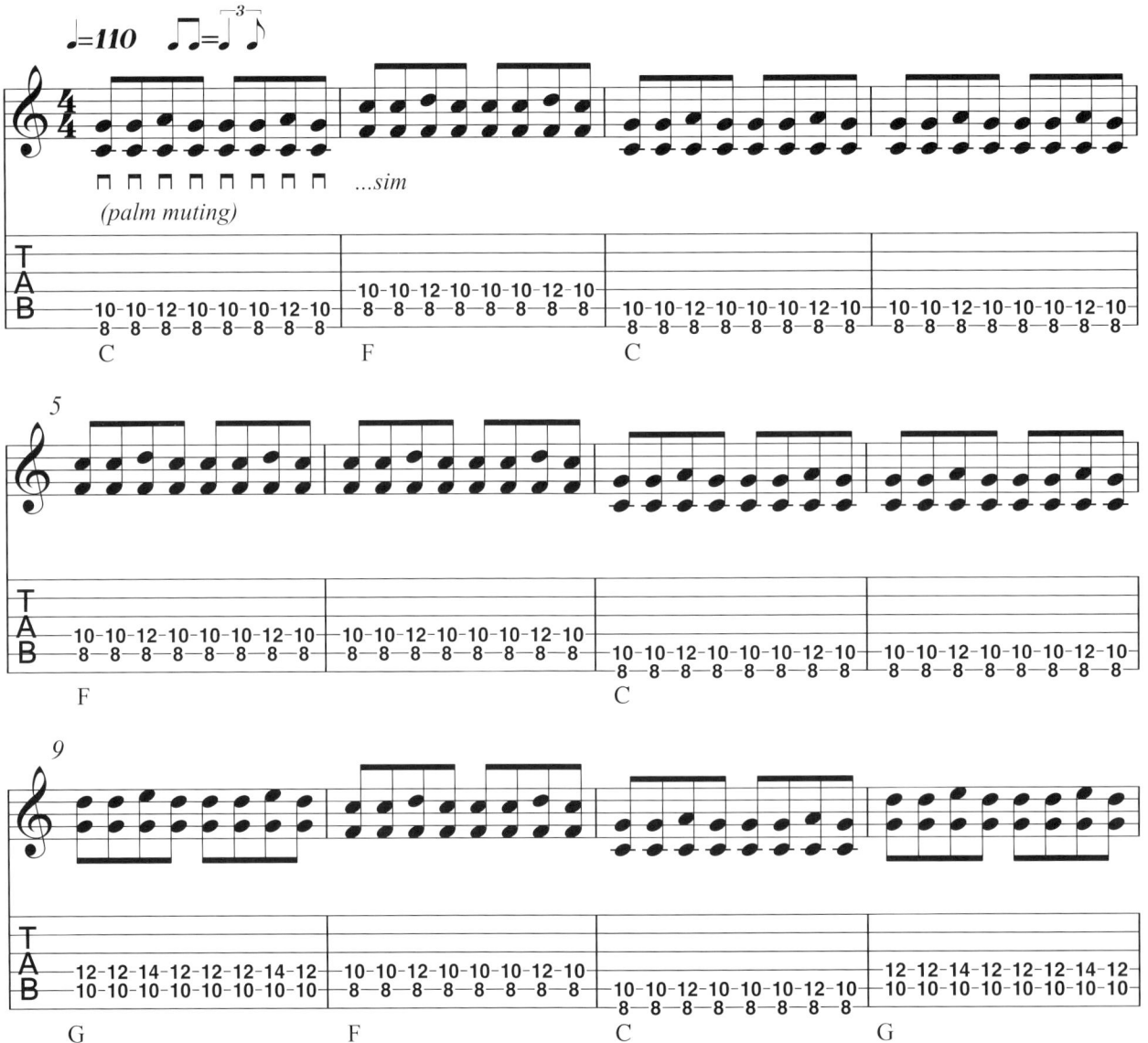

ÜBUNG 119 *Fortsetzung*

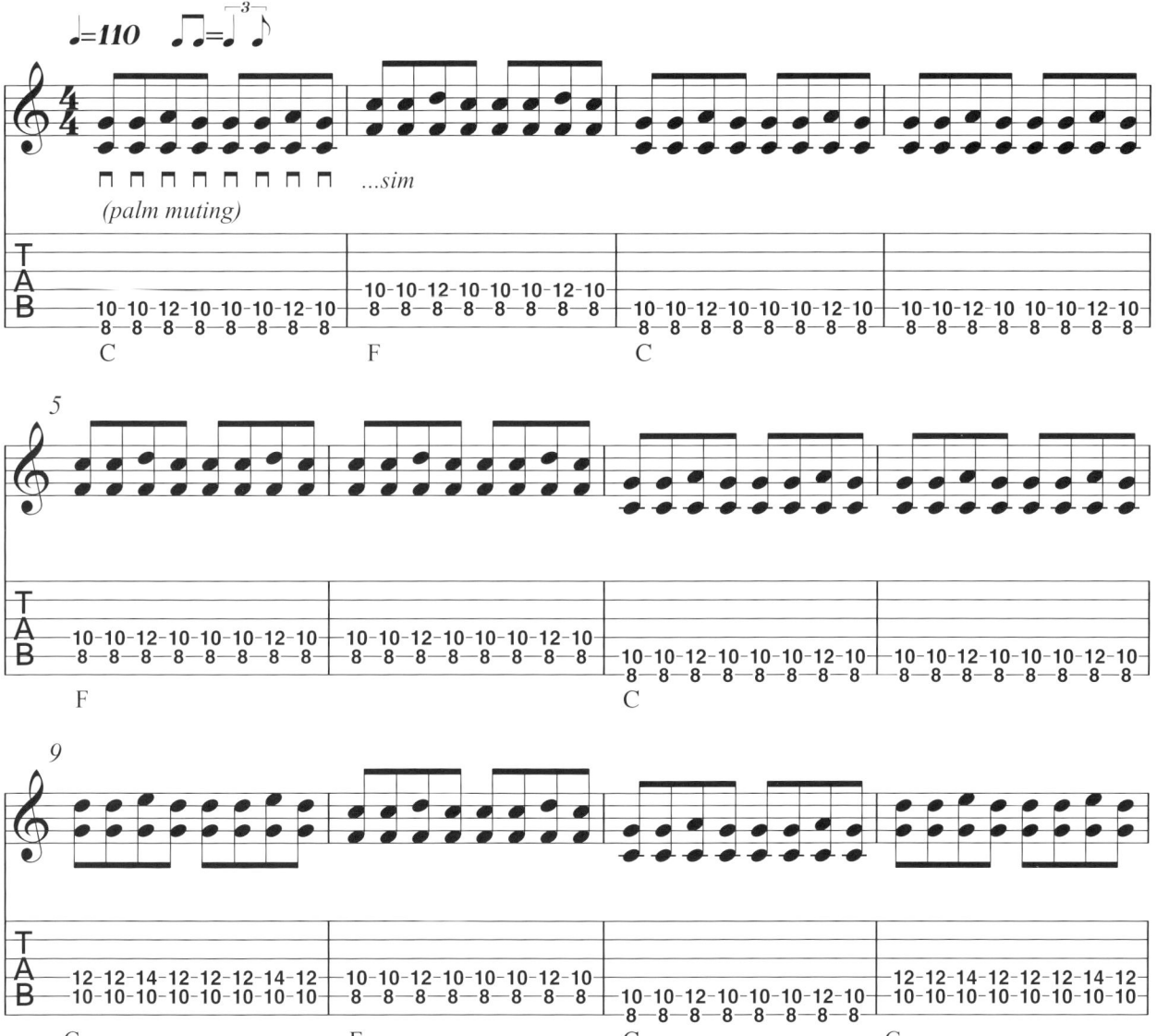

220 TEIL 4

ÜBUNG 120 / Blues-Tonleitern in C

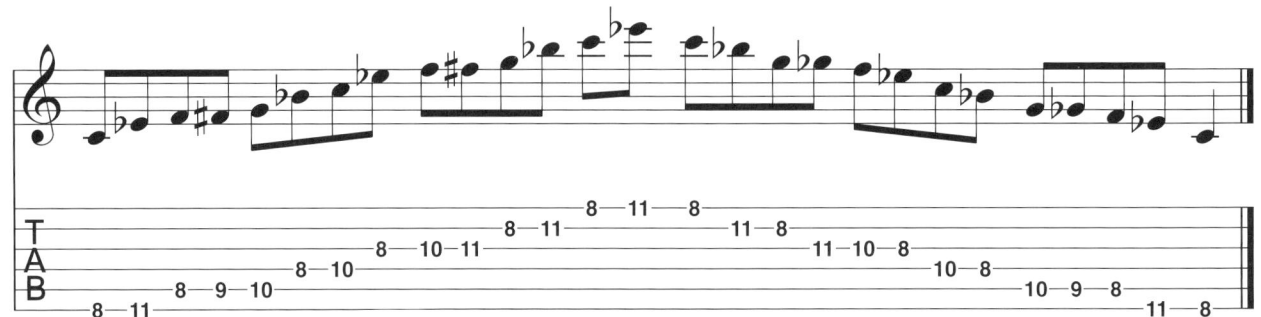

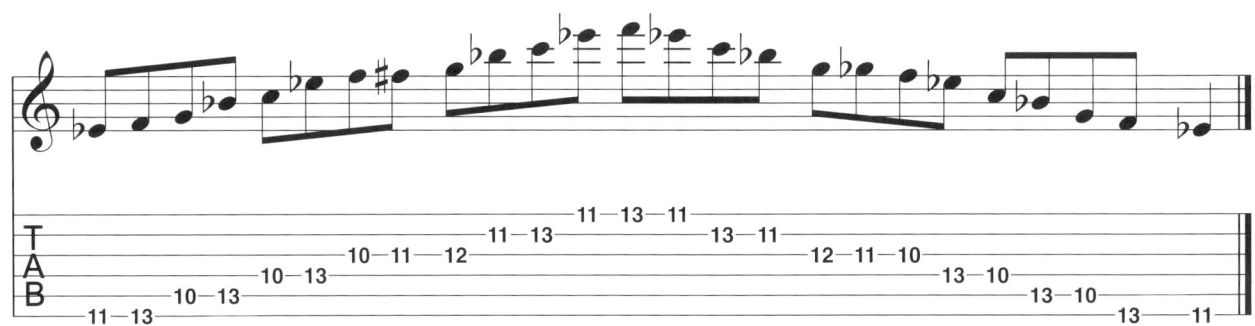

PROFI-TIPP
Spiele diese Tonleitern immer mit Wechselschlag.

Der Leadgitarrenpart von CD-Track 87 basiert auf den beiden verschiebbaren Blues-Tonleiter-Pattern, die du in Abschnitt 1 von Teil 3 gelernt hast. Dort hast du in A-Dur gespielt, da wir jetzt in C-Dur sind, sind hier die Diagramme der beiden Tonleitern in der neuen Tonart C.

Spiele beide einmal durch und sieh dir beim Lernen von Übung 121 immer mal wieder die Tonleitern an, so dass du sehen kannst, wo die Töne des Solos herkommen.

Blues-Tonleiter-Pattern in C

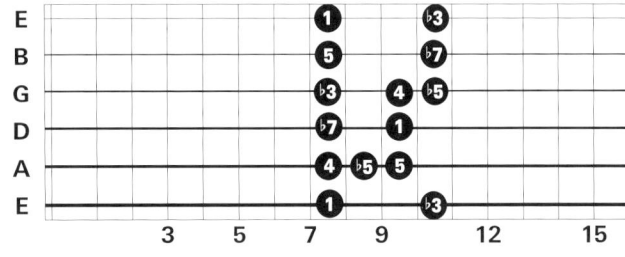
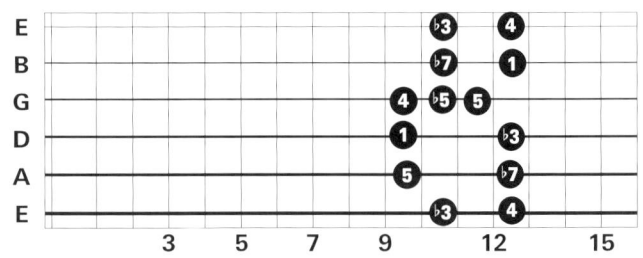

In diesem Blues-Solo (Übung 121) kommen viele ausdrucksstarke Spieltechniken zum Einsatz, unter anderem Bendings, Unisono-Bendings, Slides, Hammer-ons, Pull-offs und Zweiklänge. Stoppe die Musik mit der Pausentaste deines CD-Players nach jeder einzelnen Phrase und versuche das Gehörte zu imitieren. Achte auf die Frage-Antwort-Struktur bei der Phrasierung und denke daran, dass man Musik immer am besten in einzelnen Phrasen lernt.

ÜBUNG 121, **CD-TRACK 87** / Blues in C, Sologitarre

Fortsetzung nächste Seite

Der erste Chorus beginnt mit einem Bending, gefolgt von einem Bend-Release; achte besonders auf das Vibrato am Ende dieser Phrase in Takt 2. Neben dem Vibrato und dem allgemein flüssigen Stil des Solos sind hier noch ein paar weitere beachtenswerte Punkte. In Takt 6 spielst du ein langsames Bending mit Vibrato; Takt 10 beginnt mit einigen Unisono-Bendings im Stil von Chuck Berry.

Im zweiten Chorus kommen die bereits erwähnten „Breaks" vor, sie enden mit den sehr effektvollen Zweiklängen in Takt 16. Greife in den Takten 17 und 18 mit dem Zeigefinger im 8. Bund und dem Ringfinger im 10. Bund. Die Takte 21 und 22 bilden mit den höchsten Tönen von Blues-Tonleiter-Pattern 2 den Höhepunkt des Solos. Je höher du spielst, desto aufregender wird die Musik, also hebe dir die höchsten Töne bewusst für die intensivsten Momente deiner eigenen Solos auf.

In diesem Solo kommen eine ganze Menge fortgeschrittene Spieltechniken vor und du solltest dich darauf einstellen, dass du einige Zeit brauchen wirst, bis du sie alle beherrschst. Nimm dann einen eigenen Rhythmustrack auf und verwende die gelernten Spieltechniken, um ein eigenes Solo zu improvisieren. Trau dich – stehle diese Ideen! Spiel mit ihnen herum und mache sie zu deinen eigenen.

Übung 122 ist ein Jazz-inspiriertes Stück, das aber dem Blues und der Blues-Tonleiter verbunden bleibt. Hier ist keine Rhythmusgitarre nötig, weil eine einzige Gitarre Lead und Rhythmus spielt; das bedeutet, dass du zwischen Akkorden und Einzeltönen hin- und herwechselst. Das viertaktige Intro basiert auf der Blues-Tonleiter und verwendet das Hammer-on-Lick, das dir in Übung 87 zum ersten Mal begegnet ist. Dort stand es in der Tonart G (3. Bund), aber hier sind wir in C (8. Bund).

Akkorde für Übung 122

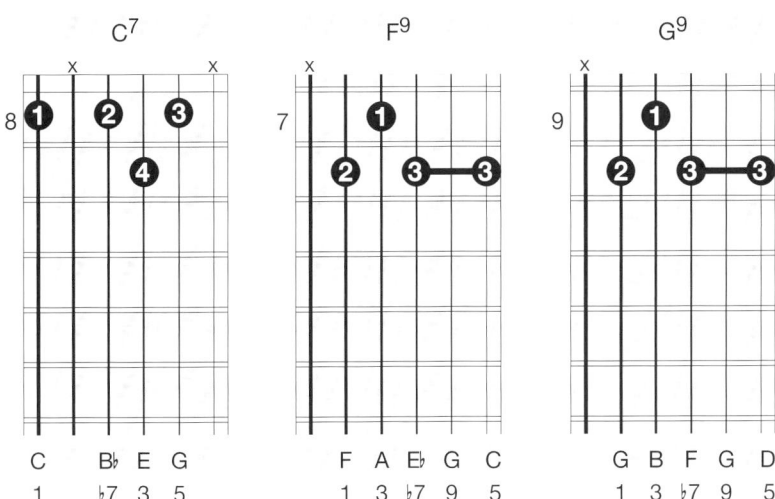

Den Hauptteil des Stückes bildet ein 12-taktiger Blues, bei dem genau wie bei den Übungen 119 und 121 bereits im 2. Takt zum IV-Akkord (hier: F9) gewechselt wird. Hier kommt wieder das Frage-Antwort-Schema zum Einsatz, wobei die Frage aus einem mit einem Slide chromatisch (halbtönig) von unten angespielten Akkord besteht. Diese Frage wird dann mit dem Blues-Tonleiter-Lick aus dem Intro beantwortet. Dieses Lick verwendet nur ein kleines Fragment der Blues-Skala – mehr Töne ergeben nicht unbedingt bessere Musik.

PROFI-TIPP

Einen jazzigen Sound bekommst du am besten mit dem Hals-Tonabnehmer deiner Gitarre hin. Dabei wird der Verstärker clean und weich mit nicht zuviel Höhen eingestellt. Dieses Beispiel wurde mit einer Strat eingespielt, was beweist, dass du jetzt nicht sofort losziehen und dir eine fette Hollowbody-Jazz-Gitarre zulegen musst!

■ THEORIE

Akkorde werden aus dem Grundton, der Terz, der Quinte, der Septime und – im Fall des F9-Akkordes – der None gebildet. Wenn man einen Dur-Dreiklang mit der großen None ergänzt, heißt der Akkord add9, wenn die Septime allerdings auch im Akkord vorhanden ist, wird er als Nonenakkord bezeichnet. Mit der folgenden Übersicht der Akkordtöne sollte das klar werden:

F = F A C
F7 = F A C E♭
Fmaj7 = F A C E
Fadd9 = F A C G
F9 = F A C E♭ G
Fmaj9 = F A C E G

ÜBUNG 122, **CD-TRACK 88** / „Jazzy Blues"

ÜBUNG 123, CD-TRACK 89 / „Brown Study"

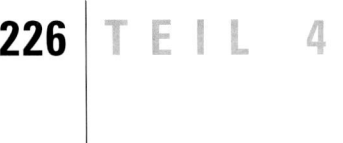

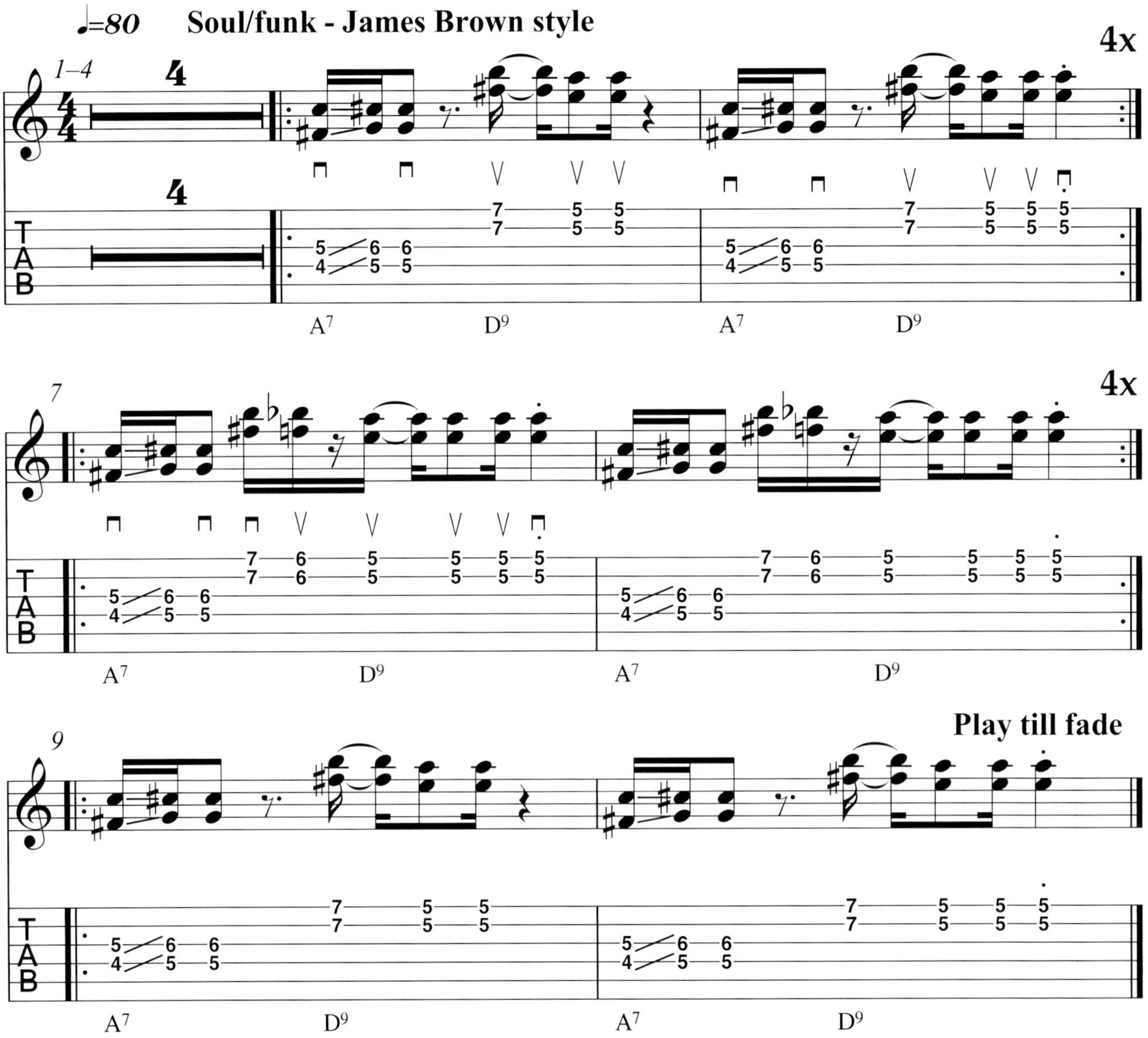

Die Übung 123, „Brown Study", besteht nur aus zwei zweitaktigen Grooves. Wie immer bei Musik, die vor allem auf einem Groove aufbaut, kommen viele Wiederholungen vor – das Wiederholungszeichen und die „4x"-Zeichen am Ende jedes zweitaktigen Abschnittes bedeuten, dass du diesen Abschnitt insgesamt viermal spielen sollst.

Ein sich wiederholender Groove ist eine der schwierigsten Spieltechniken und erfordert eine Menge entspannten geistigen Fokus. Es kann passieren, dass du unaufmerksam wirst und sich kleine Timingfehler einschleichen. Wenn du bemerkst, dass deine Aufmerksamkeit abschweift, konzentriere dich stärker auf den Rhythmustrack und achte dabei besonders auf enges rhythmisches Zusammenspiel mit den anderen Instrumenten. Warte die ersten vier Takte ab, während der Bass und das Schlagzeug den Groove vorlegen.

Die Töne des Gitarrenparts sind nahezu ausschließlich von den zugrundeliegenden Akkorden A7 und D9 abgeleitet. Starte mit einem Slide von einem Bund auf der D- und der G-Saite und spiele die Zweiklänge auf den beiden höchsten Saiten mit dem Ringfinger auf dem 7. Bund und dem Zeigefinger auf dem 5. Bund, wobei du jeweils mit einem Finger zwei Saiten gleichzeitig greifst. In Takt sieben wird das Riff durch einen erweiterten Rhythmus und chromatische Durchgangstöne (im 6. Bund) variiert. Im neunten Takt erscheint das Intro-Riff erneut und wir grooven in den Sonnenuntergang.

PROFI-TIPP

Zwei Töne auf den inneren Saite der Gitarre zu spielen kann schwierig sein. Du musst dabei in der Lage sein, nicht nur die gewünschten Töne zu greifen, sondern zusätzlich die unerwünschten Saiten mit der Greifhand zu dämpfen. Dann musst du nicht befürchten, mit dem Plektrum die falschen Saiten zu treffen und deine Anschlaghand kann entspannter sein.

■ THEORIE

Musiker bezeichnen das Feeling dieses Musikstiles oft als „funky Sechzehntel", weil hier die Sechzehntel den rhythmischen Grundpuls bilden. Wenn du übst, deine Anschlaghand im Timing dieses Sechzehntel-Rhythmus über die Saiten mitzubewegen, wirst du erkennen, wie sinnvoll die Anschlagsangaben hier sind.

ÜBUNG 124, **CD-TRACK 90** / „Heavy Reign"

TEIL 4 | 229

In völligem Kontrast zu den coolen Funk-Grooves führt Übung 124 dich in die Heavy-Welt von Einzelton-Riffs im Metal-Stil ein. Verglichen mit unseren bisherigen eher blues-orientierten Stücken wird dir der „dunkle" Charakter dieser Musik auffallen. Genau wie Übung 102 (CD-Track 73) liegt auch diesem Stück anstelle der Blues-Tonleiter eine Moll-Tonleiter zugrunde (die „natürliche Moll-Tonleiter" oder der äolische Modus). Das Stück steht in der Tonart G-Moll.

Das Stück beginnt mit einem viertaktigen stark gedämpften Abschnitt, der wiederholt wird. Anschließend wird dasselbe Material noch einmal ungedämpft wiederholt. Achte beim Hören besonders darauf, wie sich die Musik zu öffnen scheint, wenn du wieder ungedämpft spielst. Dieser Effekt wird von der geöffneten HiHat unterstützt. Es folgt ein Abschnitt mit heavy Powerchords (G5, D5 usw.), bevor das ganze Stück wiederholt und am Ende der Wiederholung ausgeblendet wird.

Der Gitarrenpart wurde mit dem Steg-Tonabnehmer einer Strat und einer Distortion-Box vor dem Verstärker eingespielt. Dieser Sound hat jede Menge Höhen und Mitten, aber relativ wenig Bass, damit er durch die Verzerrung nicht zu matschig wird.

■ **THEORIE**

Am Ende dieses Stückes findest du das Zeichen D.C. Dieses Zeichen ist die Abkürzung von „Da Capo" (von Anfang an), und bedeutet in der Musik „spiele das ganze Stück noch einmal von Anfang an".

In Übung 125 lernst du zwei unterschiedliche Versionen der G-Moll-Tonleiter kennen. Die erste Version verwendet Leersaiten, während die zweite keine Leersaiten enthält und deshalb durch Verschieben in jede beliebige Tonart transponiert werden kann. Die Version mit Leersaiten kommt im Riff-Abschnitt von „Heavy Reign" vor. Sie ist zwar leichter zu spielen, kann aber aufgrund der Leersaiten nicht in andere Tonarten transponiert werden.

PROFI-TIPP

Achte beim Spielen der Powerchords (G5, D5 usw.) auf der 4. und der 5. Saite darauf, die 6. Saite mit der Spitze des Zeigefingers zu dämpfen.

ÜBUNG 125 / G-Moll-Tonleitern

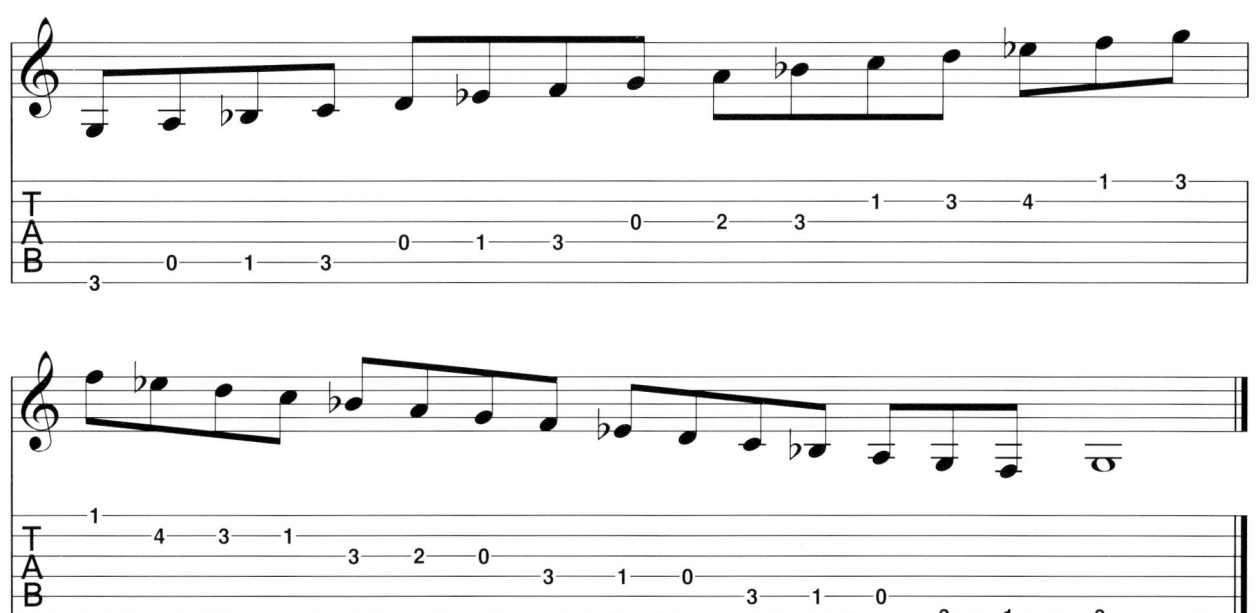

Fortsetzung nächste Seite

ÜBUNG 125 *Fortsetzung*

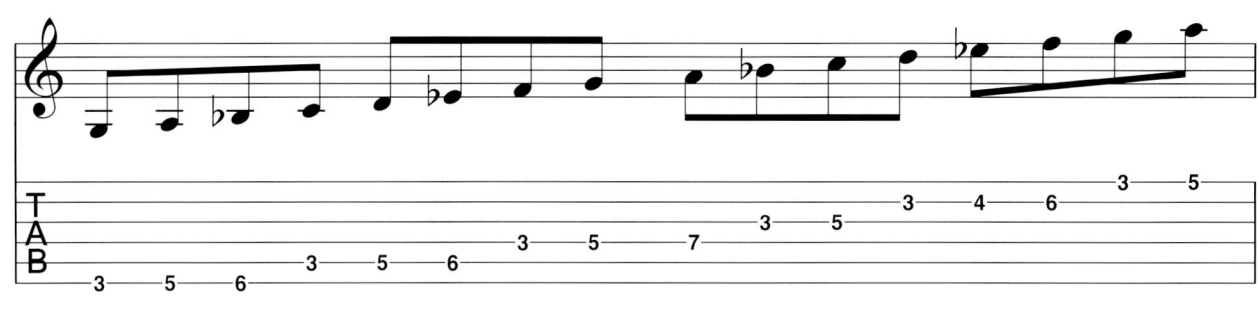

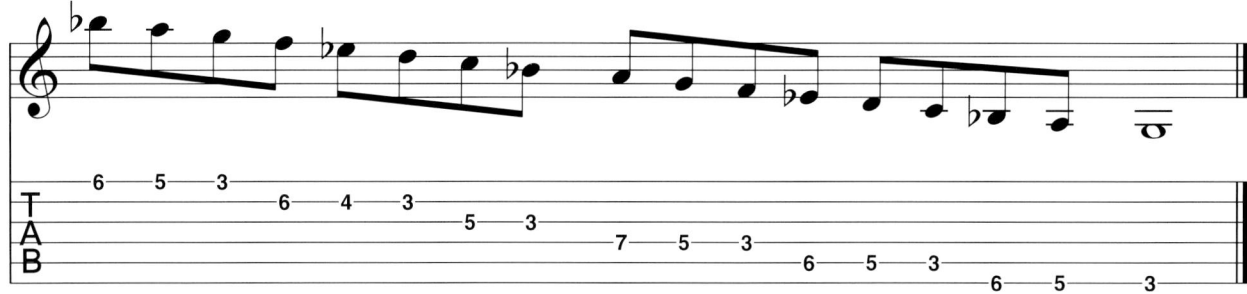

Beide Tonleiter-Pattern enthalten alle Töne der Tonart, die ohne Lagenwechsel erreichbar sind. Klassik-Gitarristen lernen ihre Tonleitern meistens von einem Grundton bis zum nächsten (zum Beispiel vom Grundton G bis zum G eine oder zwei Oktaven höher). E-Gitarristen dagegen interessieren eher alle in einer bestimmten Lage erreichbaren Töne der Tonart, weil diese Herangehensweise für das Erfinden von Riffs und die Improvisation nützlicher ist.

PROFI-TIPP
Beim Spiel siebentöniger Tonleitern wie dieser musst du die Greifhand häufig über fünf Bünde strecken, wie hier auf der D-Saite (beim verschiebbaren Pattern). Probiere diese Streckung mit dem Zeigefinger, dem Mittelfinger und dem kleinen Finger anstelle des offensichtlicheren Fingersatzes Zeigefinger, Ringfinger und kleiner Finger.

Übung 126, „Wireless World", ist ein von Bands wie Coldplay und Radiohead inspirierter Indie-Rock-Track. Er beginnt mit vier Takten Schlagzeug, dann setzen nacheinander ein Arpeggio-Gitarrenpart, eine Melodiegitarre und ein Leadgitarren-Solo ein.

Gitarre 1 spielt eine arpeggierte Akkordfolge. Bei genauem Hinsehen wird dir auffallen, dass die höchsten drei Töne der ersten drei Akkorde identisch sind. Hier passiert folgendes: der D-Dur-Akkord klingt die ersten sechs Takte durch, aber der Baston wechselt nach zwei Takten zum B und wiederum zwei Takte später zu G. Der zweite Akkord ist hier als Bm7 bezeichnet, aber man könnte ihn auch D/B nennen, genauso wie wir den dritten Akkord D/G genannt haben. Für den Fall, dass du dich nicht erinnern kannst, diese Sorte Akkorde jemals zuvor gesehen zu haben: man nennt sie auch „Slash Chords". Es handelt sich um ein Verfahren, einen gewünschten Baston zu jedem beliebigen Akkord hinzuzufügen.

ÜBUNG 126, **CD-TRACK 91** / „Wireless World", 1. Gitarre

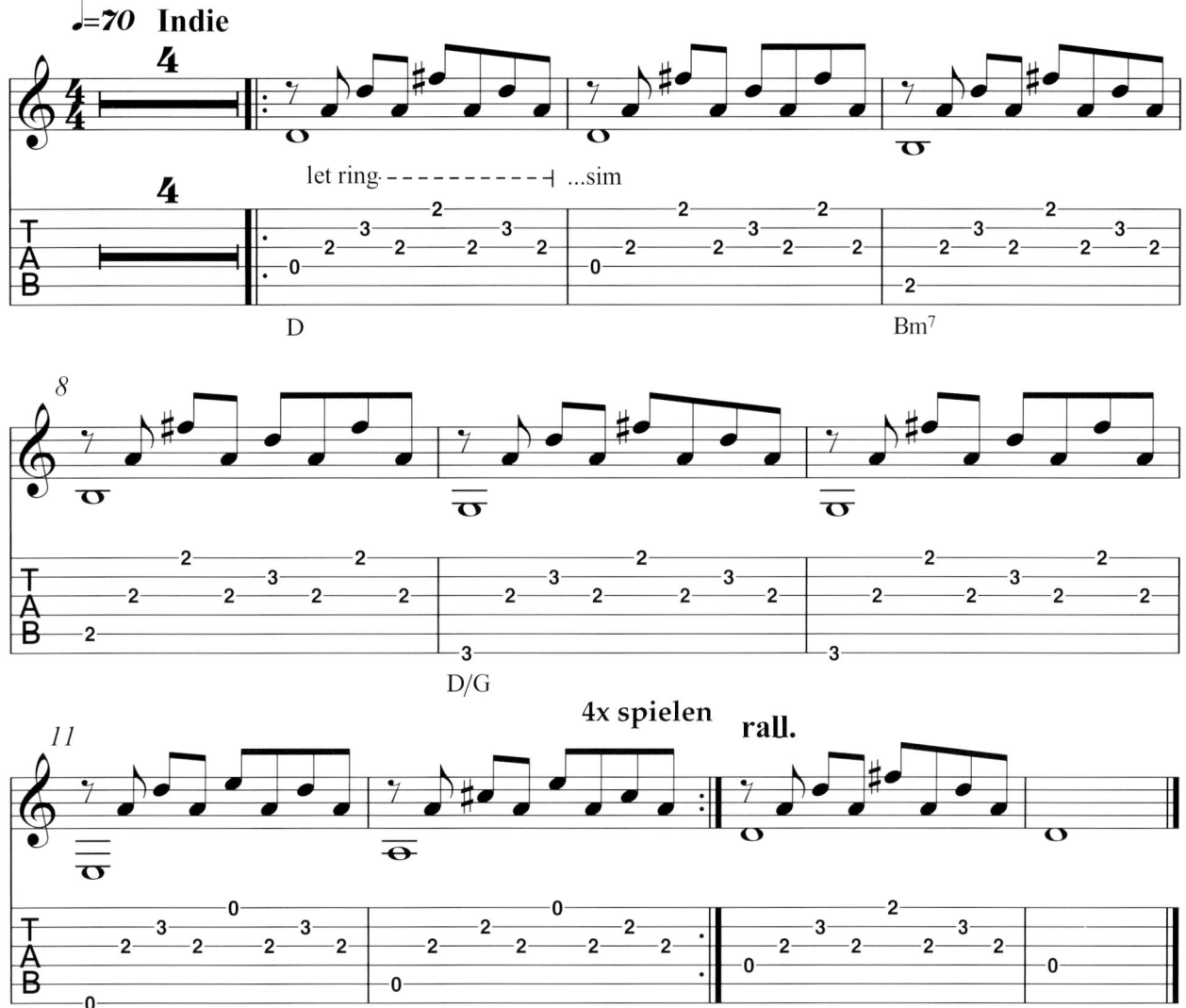

Akkorde für „Wireless World"

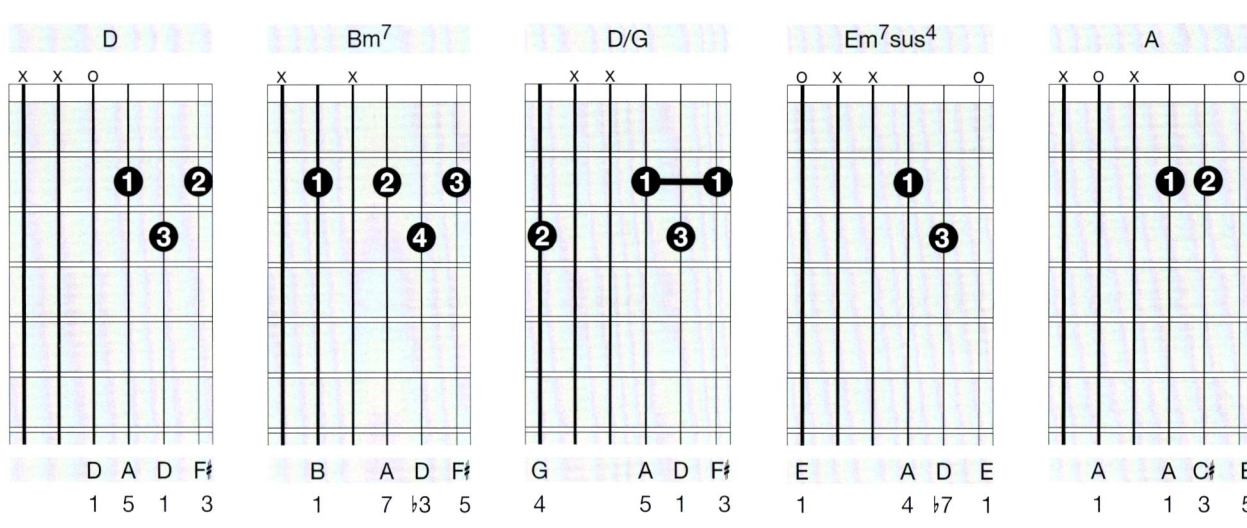

Dieser Track ist mit Plektrum und durchgehendem Wechselschlag gespielt, aber du könntest ihn auch fingerstyle spielen, mit dem Daumen (p) für die Basstöne jeweils zu Beginn des Taktes, gefolgt vom Zeigefinger (i), Mittelfinger (m) und Ringfinger (a) für die Töne auf den drei hohen Saiten, wobei jeder Finger für eine Saite zuständig ist. Denke daran, die einzelnen Töne möglichst lange klingen zu lassen und diese achttaktige Akkordsequenz viermal zu wiederholen. Dieser Gitarrenpart wurde mit einer Strat in der „Zwischenposition" des Tonabnehmer-Wahlschalters (Steg-Tonabnehmer und mittlerer Tonabnehmer sind beide aktiv) eingespielt.

■ **THEORIE**

Das Wort „rall…" über den letzten zwei Takten ist die Abkürzung von „rallentando" (ital.) und bedeutet „langsamer werden".

Nach vier Takten Schlagzeug und weiteren acht Takten der 1. Gitarre setzt die 2. Gitarre mit einer einfachen, größtenteils auf der D-Saite gespielten Melodie ein (Übung 127). Dieser Part besteht aus einer zweitaktigen Melodie, die dreimal wiederholt wird (also sechs Takte) mit neuem Material in den Takten sieben und acht. Der erste Ton jeder zweitaktigen Phrase ist genau derselbe wie der Bass-Ton der 1. Gitarre. Dieser Part wurde mit dem Hals-Tonabnehmer einer Strat gespielt und hat einen volleren, runderen Ton als die 1. Gitarre. Spiele hier so gleichmäßig und legato wie möglich.

Nach 20 Takten setzt die 3. Gitarre mit einem charakteristischen Solo ein (Übung 128). Diese 20-taktige Pause ist in Abschnitten notiert – vier Takte, acht Takte, acht Takte usw. – um dir beim Mitzählen der leeren Takte zu helfen. In notierter Musik stehen über solchen Pausentakten häufig Angaben wie „Schlagzeugsolo", „Gitarreneinsatz" und ähnliches, damit man die Orientierung innerhalb des Stückes nicht verliert.

ÜBUNG 127, **CD-TRACK 91** / „Wireless World", 2. Gitarre

ÜBUNG 128, **CD-TRACK 91** / „Wireless World", 3. Gitarre

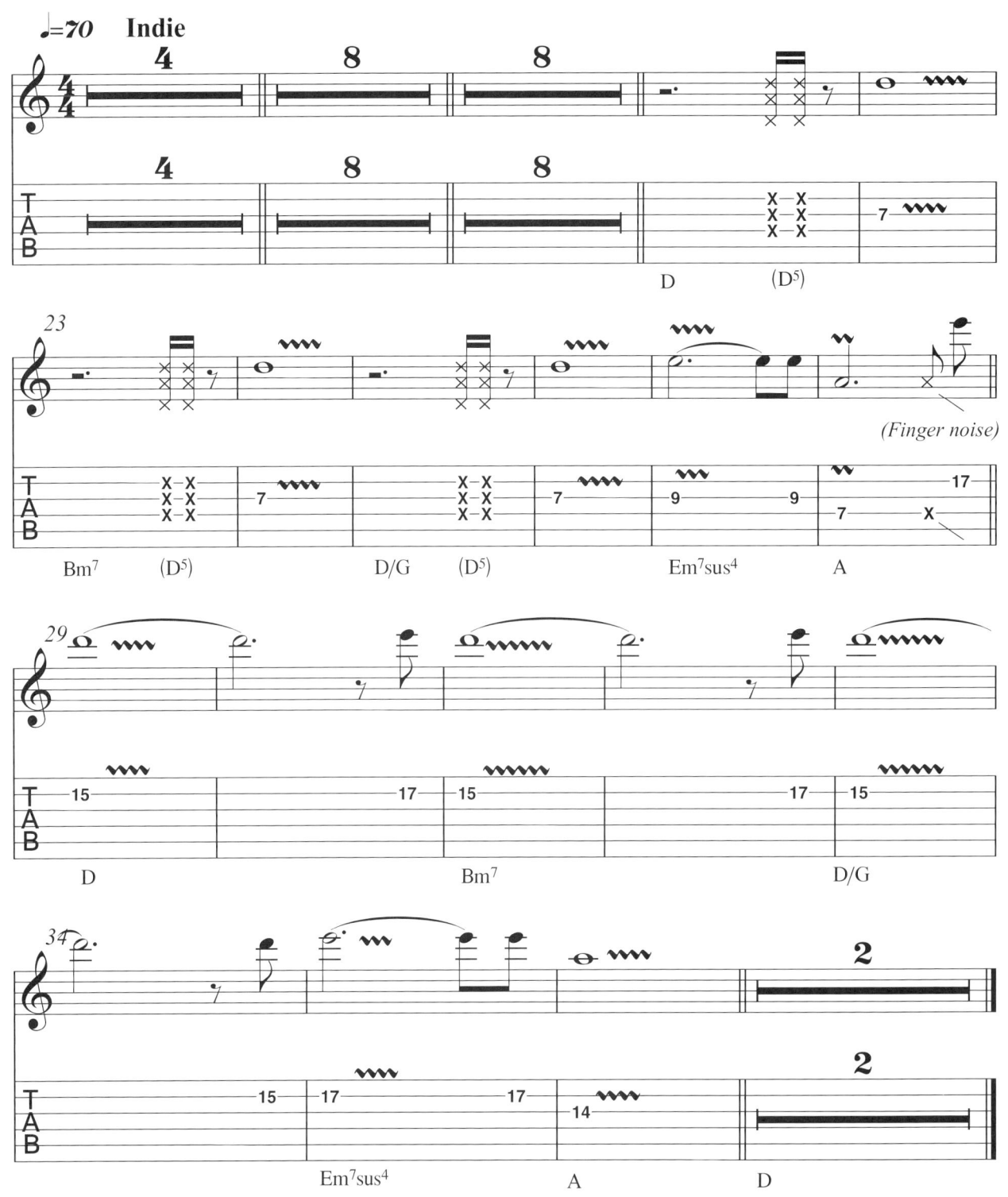

Das Stück beginnt mit einem perkussiven, mit der Greifhand gedämpften D-Powerchord (D5). Greife dabei die Saiten nicht richtig, sondern berühre sie nur leicht mit den Fingerspitzen, während du einen schnellen und kräftigen Wechselschlag mit dem Plektrum spielst. Du solltest einen perkussiven Ton erzeugen wie auf der CD. Greife dann mit dem Zeigefinger im 7. Bund der G-Saite, und füge dem Ton ein sanftes Vibrato hinzu (durch Ziehen und wieder Loslassen in Richtung der B-Saite). Ein gutes Vibrato ist gleichmäßig und regelmäßig und eine der expressiven Möglichkeiten, mit der Gitarre die menschliche Stimme zu imitieren. Außerdem verlängert es das Sustain.

Dieses Stück wurde mit dem Steg-Tonabnehmer einer Strat mit einem Verzerrer und einem Chorus-Pedal aufgenommen. Der Chorus-Effekt ist hier sehr subtil, aber er verleiht dem Gitarrenton Komplexität und macht ihn interessanter.

Du hast wahrscheinlich schon mal Stücke mit mehreren Gitarren gehört, die eine harmonisierte Melodie spielen. Queen-Gitarrist Brain May ist ein Musiker, der häufig mit dieser Spielweise in Verbindung gebracht wird. In Übung 129 spielt Harmoniegitarre 1 die tiefste Stimme einer dreistimmigen Melodie, die mit einem Saitenzieher auf dem 9. Bund der G-Saite beginnt.

Ziehe die Saite quer zum Griffbrett um genau einen Ganzton nach oben und lasse sie anschließend zur Originaltonhöhe zurückkehren (ein sogenannter Bend-Release). Greife dann mit dem Zeigefinger im 7. Bund und mit dem Ringfinger im 9. Bund, bevor du die Saite erneut mit dem Ringfinger einen Ganzton aufwärts ziehst. Du benötigst nur diese beiden Finger und der Zeigefinger sollte die ganze Zeit hinter dem Ringfinger auf der Saite liegenbleiben, damit er den Ringfinger beim Ziehen unterstützen kann. Achte auch auf die Wiederholungszeichen und die Anweisung, alles viermal zu spielen.

PROFI-TIPP

Es ist beim Saitenziehen wichtig, den Zielton genau zu treffen. Greife beim Üben die G-Saite normal im 11. Bund, bevor du vom 9. Bund aus ziehst. So gewöhnst du dir an, den Zielton bereits vor dem Ziehen im Kopf zu haben.

ÜBUNG 129, **CD-TRACK 92** / Harmoniegitarre 1

In den letzten vier Takten spielst du einen langgehaltenen Bend (wieder im 9. Bund) mit einer Bend-Release-Kombination im letzten Takt. Du benötigst dafür einen singenden Ton mit viel Sustain. Dieses Beispiel wurde mit dem Steg-Tonabnehmer einer Strat mit Chorus und Distortion eingespielt.

■ THEORIE

Das Stück steht in D-Dur und beginnt mit einem D-Dur-Akkord. Er besteht aus den drei Tönen D, Fis und A, und du spielst als erstes einen Saitenzieher hin zum Fis (11. Bund der G-Saite). Du beginnst also mit der Terz des Akkordes. Du wirst im Folgenden sehen, dass jeder der Gitarrenparts mit einem anderen Akkordton anfängt.

Die Harmoniegitarre 2 (Übung 130) spielt in den ersten acht Takten die höchste Stimme. Sie verläuft genau parallel zu Harmoniegitarre 1, allerdings beginnt dieser Part mit einem Bend zum A (der Quinte des D-Dur-Akkords) auf der B-Saite. Verwende den Mittelfinger, um vom 8. Bund aus einen Bend-Release um einen Ganzton aufwärts zu spielen. Wieder sollte der Zeigefinger unterhalb des Mittelfingers auf derselben Saite liegen und ihn beim Saitenziehen unterstützen.

Bands haben nur sehr selten drei Gitarristen, was machst du also, wenn du dreistimmige Harmoniegitarren hören willst? Wenn du live spielst, könnte Harmoniegitarre 1 beispielsweise nach acht Takten den Part von Harmoniegitarre 3 weiterspielen. Wenn du im Studio spielst, kannst du overdubben (das bedeutet, zum bereits Aufgenommenen einen weiteren Gitarrenpart aufnehmen).

ÜBUNG 130, **CD-TRACK 92** / Harmoniegitarre 2

PROFI-TIPP

Wenn du Musik im Kopf hast, sie aber nicht auf der Gitarre spielen kannst, versuche einmal, sie zuerst zu singen. Die Stimme ist dein eingebautes Instrument mit einer direkten Verbindung zu deinen Ohren. Wenn du etwas singen kannst, bist du bereits einen Schritt näher daran, es auf der Gitarre spielen zu können.

ÜBUNG 131, **CD-TRACK 92** / Harmoniegitarre 3

Übung 131 ist die Harmoniegitarre 3, die höchste Stimme. Sie setzt nach acht Takten mit einem Saitenzieher zum D ein, dem Grundton des D-Dur-Akkords. Jeder der drei Gitarrenparts beginnt also mit einem Saitenzieher zu einem anderen Akkordton. Die Töne, die sich für die Harmoniegitarren eignen, sind manchmal ganz einfach zu finden und manchmal ist ein wenig Ausprobieren nötig. Ein Ton, den du genausogut verwenden kannst wie den Grundton, die Terz und die Quinte, ist die Sexte. Im 6. Takt und im 8. Takt dieses Beispiels wird die Sexte zu den Akkorden G, C und D gespielt (also die Töne E, A und B). Dieser Ton ist nicht die naheliegendste Wahl, deshalb denke immer daran, ihn beim Harmonisieren von Gitarrenmelodien ebenfalls auszuprobieren.

JETZT ALLES ZUSAMMEN

238 TEIL 4

Die Übung 132, „Mars Attacks", ist ein Track im „Indie Jangle"-Stil, der eine Auswahl der erweiterten Akkorde, Pedaltöne, Dreiklänge und Arpeggien, die du bisher gelernt hast, zu einem nahtlosen Ganzen kombiniert. Die ersten acht Takte sind die Einleitung; achte darauf, wie alle diese Akkorde in irgendeiner Form erweitert oder alteriert worden sind, um einen vollen, glockigen Klang zu erreichen.

In Takt 9 spielst du synkopierte Akkordanschläge; hier ändern sich die tiefen Akkordtöne, während die hohen unverändert bleiben. Die ersten drei der vier Akkorde dieser Akkordfolge haben die Pedaltöne E (hohe E-Saite) und D (B-Saite, 3. Bund) gemeinsam. Die Griff-Formen sind dir von früheren Übungen her vertraut, solltest du sie nicht erkennen, siehst du in der Tabulatur, wie du greifen musst.

Diese Akkordfolge wird in den Takten 13-14 ein drittes Mal gespielt und in Takt 15 von einem neuen Rhythmus mit nur einem Akkord pro Takt abgelöst. Hier beginnt eine viertaktige aufsteigende Phrase, die zum Hauptthema in Takt 19 hinführt und in der die leere B- und E-Saite als Pedaltöne verwendet werden. Hier solltest du deine Anschläge auf die vier hohen Saiten konzentrieren. Diese Figur spielt mit hinzugefügten Akkordtönen, wobei häufig das gegriffene E durch die leere hohe E-Saite gedoppelt wird.

Das in Takt 19 eingeführte Thema dauert bis Takt 27, dort taucht die Musik des Intros mit modifizierter Rhythmik und einigen Variationen der Akkordanschläge wieder auf.

In diesem Stück spielst du einige schnelle Akkordanschläge, die nicht ganz einfach sind, wenn man das nicht gewöhnt ist. Achte darauf, mit der Anschlagshand immer vier Anschläge pro Zählzeit zu spielen: ab-auf-ab-auf. Spiele anfangs sanft und versuche die Saiten mit dem Plektrum nur zu streifen. Wenn du ein Metronom besitzt, übe die Akkordanschläge Takt für Takt in langsamer Geschwindigkeit und erhöhe dann das Tempo schrittweise, bis du die Geschwindigkeit der CD erreichst.

PROFI-TIPP

Denke daran, dass du nicht bei jedem Akkord alle Saiten anschlagen musst. Achte auf die Musik und schlage nur bei betonten Zählzeiten alle Saiten an. Wenn du dich bei deinen eigenen Stücken an diese Faustregel hältst, klingt dein Akkordspiel interessanter, als wenn du einfach immer auf alle Saiten auf einmal eindrischst.

ÜBUNG 132, **CD-TRACK 93** / „Mars Attacks"

Das E-Gitarren-Handbuch

TEIL 4 | **239**

ÜBUNG 132 *Fortsetzung*

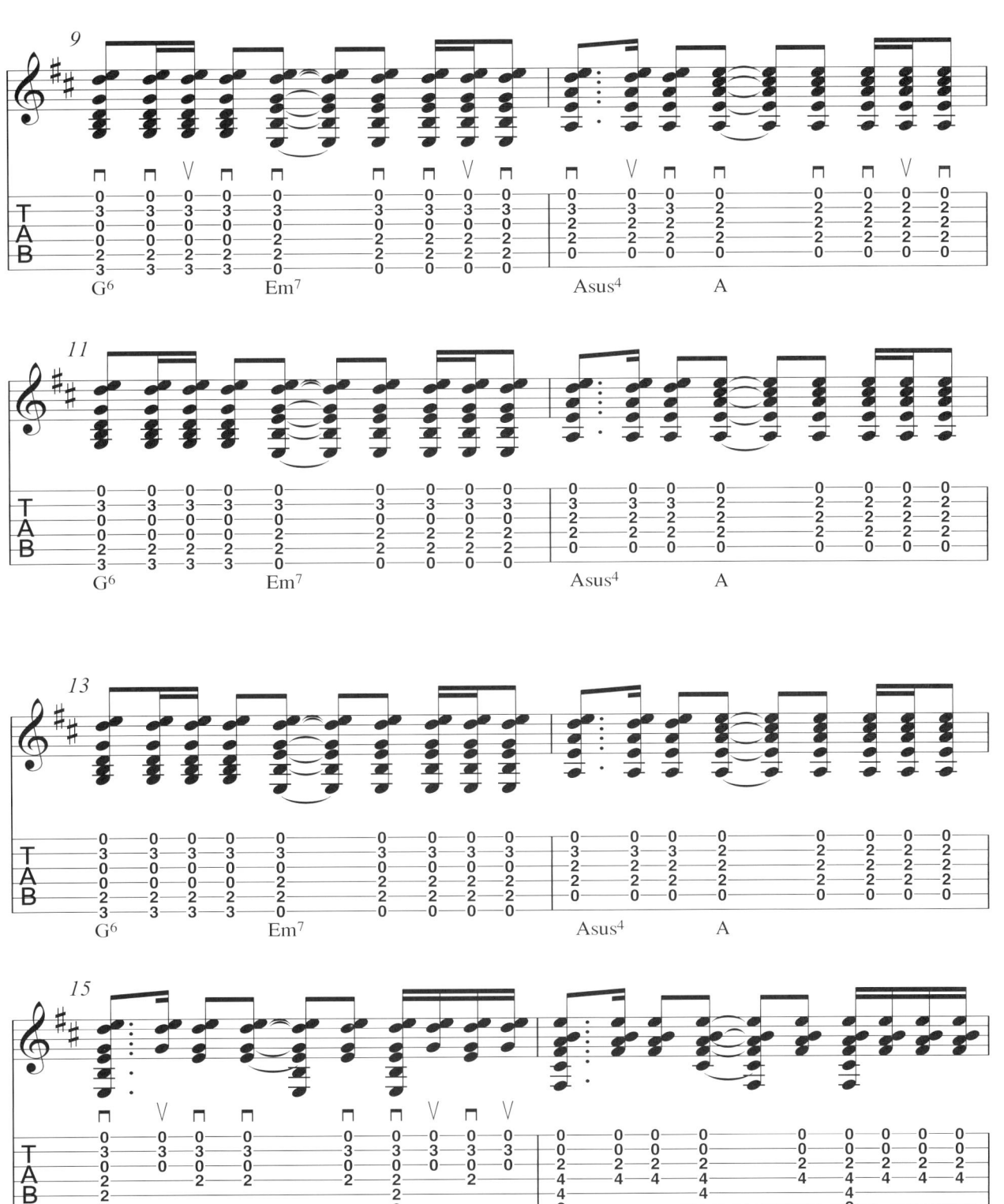

Fortsetzung nächste Seite

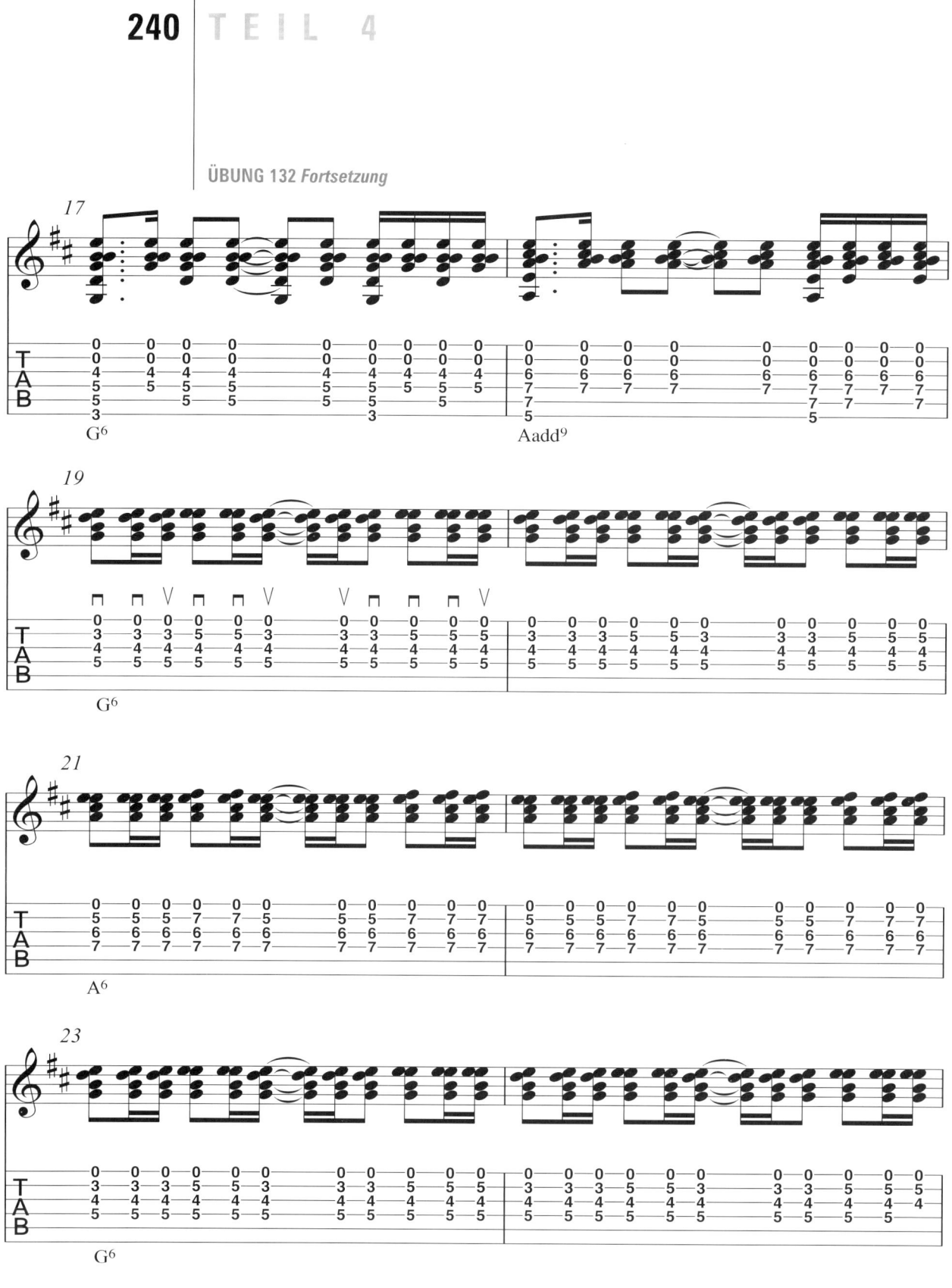

TEIL 4 | 241

... JETZT ALLES ZUSAMMEN

ÜBUNG 132 *Fortsetzung*

Das E-Gitarren-Handbuch

Übung 133 macht weiter, wo der 3. Abschnitt von Teil 3 aufhörte und kombiniert Flageoletts, Two-Hand-Tapping, Scoops und ähnliche Spieltechniken zu einem verrückten, abgedrehten Solo.

Du beginnst mit einigen Dreiklängen (wie die in Übung 115), die hier mit dem Lautstärkeregler der Gitarre „eingeblendet" werden (auch als „Swell" bezeichnet). Dazu legst du den kleinen Finger der Anschlagshand um den Lautstärkeregler und drehst den Regler ganz zu. Schlage jetzt den Akkord an und drehe die Lautstärke auf.

Es folgen einige schnelle Einzelton-Läufe, die als Sextolen (sechs Töne pro Taktschlag) phrasiert werden. In den Takten 5 und 6 kommt ein Fingerpattern mit dem Zeigefinger, dem Mittelfinger und dem kleinen Finger auf nebeneinanderliegenden Saiten zum Einsatz. Die meisten der Töne scheinen aus der G-Dur-Tonleiter zu stammen, das Cis gehört allerdings nicht dazu. Das Pattern wird zur zweiten und schließlich zur ersten Saite fortgesetzt; an diesem Punkt tauchen dann die Töne Dis und Gis auf und das Pattern passt überhaupt nicht mehr zu einer bestimmten Tonleiter. Aus diesem Grund spreche ich hier auch von einem Fingerpattern und nicht von einer Tonleiter; du kannst nämlich alle möglichen „falschen" Töne in deinem Spiel verwenden, wenn du nur schnell genug spielst!

In schnellen Legato-Passagen kannst du übrigens auch scheinbar „aus dem Nichts" ein Hammer-on mit der Greifhand spielen und es wird klingen, als hättest du den Ton angeschlagen. Dieser Legato-Abschnitt endet mit einigen Flageoletts, und schon geht es weiter zu einem trickreichen Pull-off-Pattern der Greifhand im 8. Takt.

Der 9. Takt hat Ähnlichkeit mit den Scoops aus Übung 113, allerdings sind hier die gegriffenen Töne in Oktaven, du rutschst also mit Zeigefinger und Ringfinger gemeinsam den Gitarrenhals hinauf. In Takt 10 spielst du eine Folge von Unisono-Saitenziehern, die zu einer schnellen absteigenden Dreiklangsfolge (in Arpeggien) in Takt 11 hinführen. Dabei wird jeder Dreiklang mit einem Tapping mit Pull-off zur Greifhand gespielt. Am Ende von Takt 12 und den gesamten Takt 13 hindurch spielst du Hammer-ons (jeweils aus drei Tönen auf einer Saite), die sich über alle Saiten fortsetzen.

In der zweiten Hälfte von Takt 14 kommt eine neue Technik namens Tremolo-Picking zum Einsatz, was nichts anderes bedeutet als extrem schnell gespielte Wechselschläge (achte auf die Notation dieser Spieltechnik). Es folgt der Höhepunkt des Solos, ein schnelles Riff (mit neun Tönen pro Taktschlag) gespielt mit Two-Hand-Tapping auf dem 5., 7. und 12. Bund, das in einen A-Powerchord (A5) mündet.

Du kannst dieses Solo als eine Sammlung von Riffs, Tricks und charakteristischen Klängen betrachten, und es soll als kleine Demonstration dienen, dass moderne Rockgitarren-Soli nicht unbedingt dem blues-orientierten Frage/Antwort-Schema folgen müssen. Natürlich ist die Phrasierung auch hier wichtig, und obwohl auf den ersten Blick alles, was hier gespielt wird, nur einer gewissen verrückten Zufälligkeit folgt, existiert sehr wohl eine grundlegende Logik, welche die Phrasen verbindet und dem ganzen Stück musikalischen Sinn gibt.

TEIL 4 | 243

ÜBUNG 133, **CD-TRACK 94** / Vorzeige-Solo

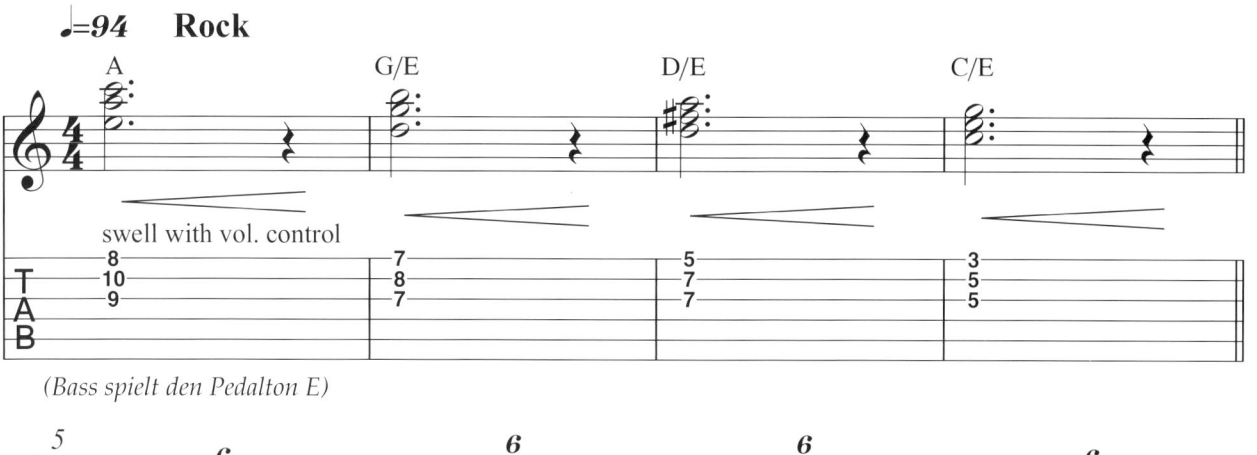

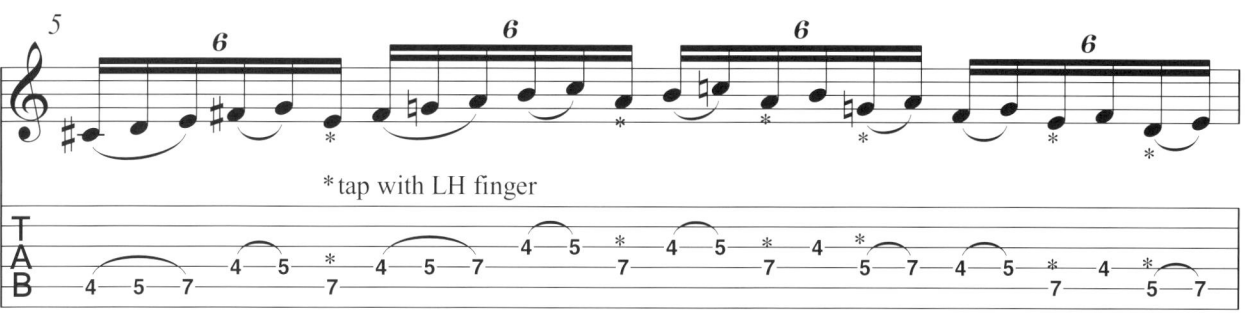

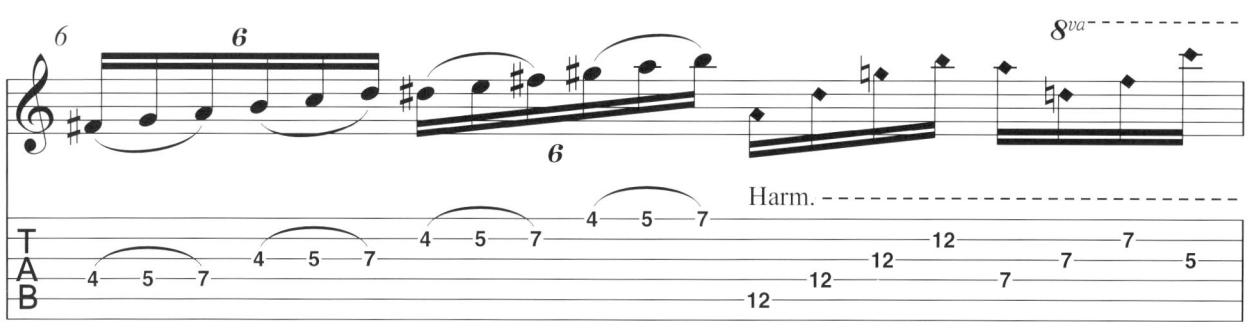

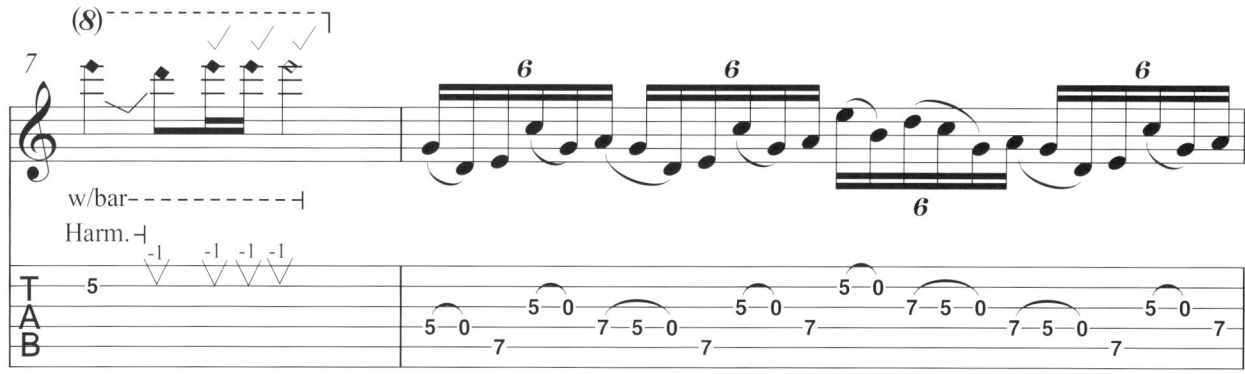

Fortsetzung nächste Seite

244 TEIL 4

ÜBUNG 133 *Fortsetzung*

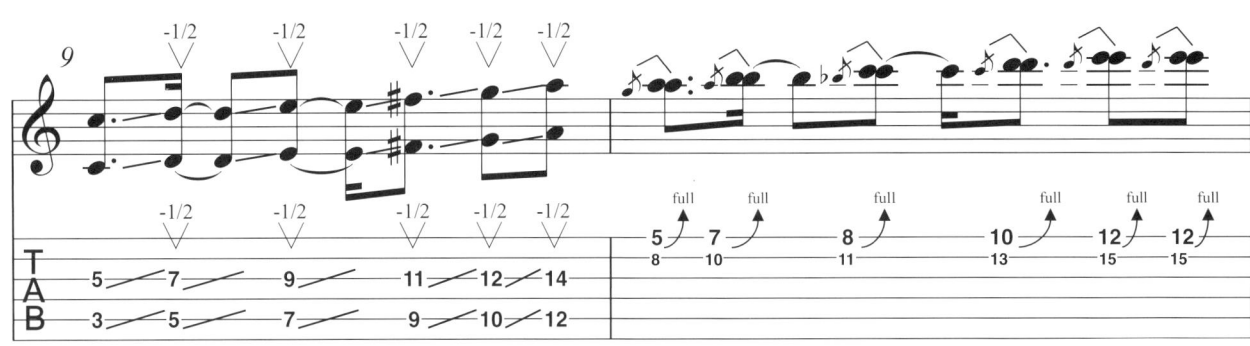

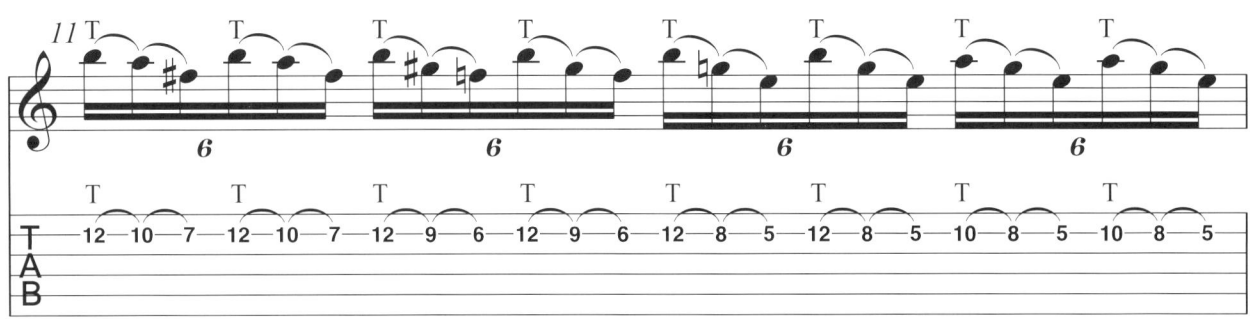

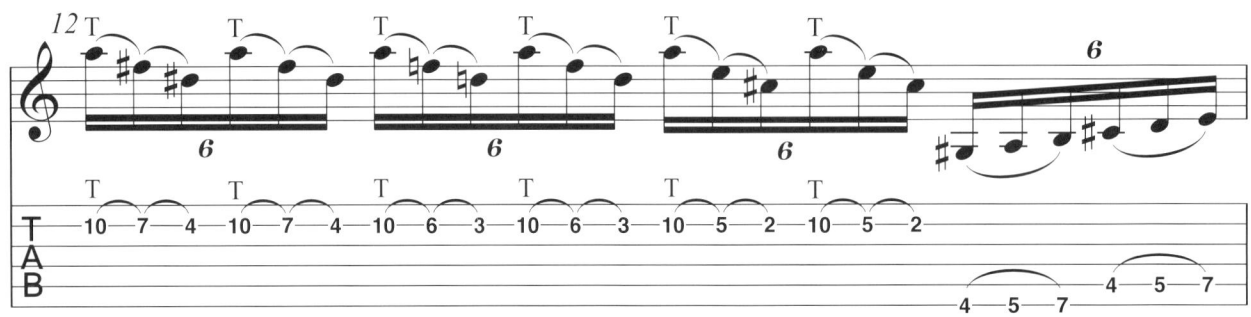

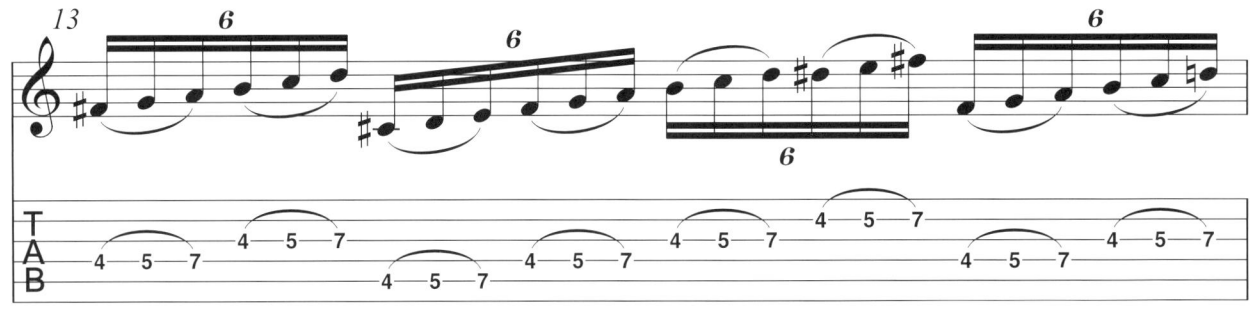

ÜBUNG 133 *Fortsetzung*

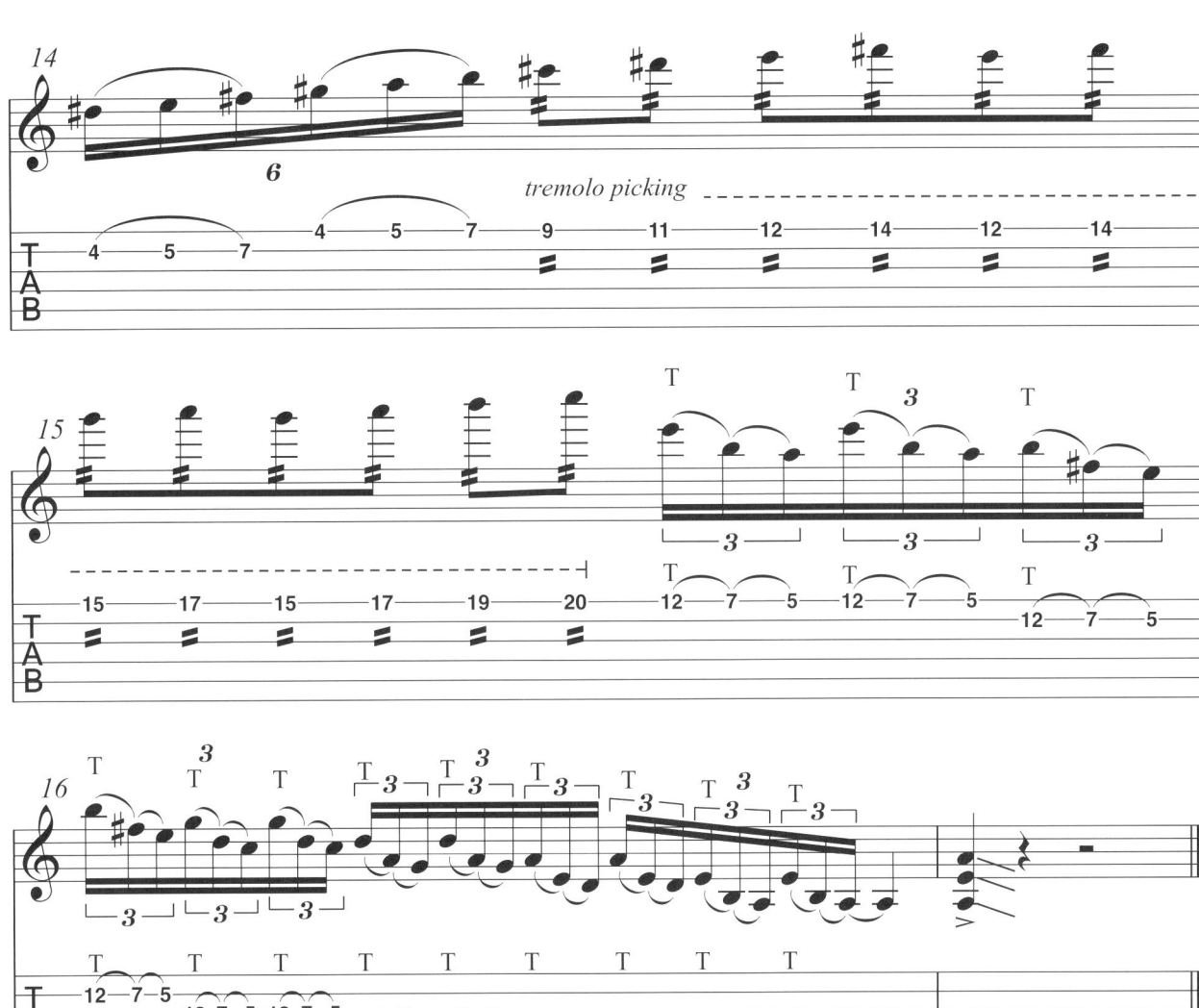

FORTGESCHRITTENE STUDIEN

Im Handel sind zahlreiche Bücher mit notengetreuen Transkriptionen von Gitarrenparts erhältlich. Erwerbe ein paar mit Stücken von deiner Lieblingsband oder deinem Lieblingsgitarristen! Wenn du dich auf eine bestimmte Musikrichtung spezialisieren willst: es gibt Lehrmaterial für jede beliebige Stilrichtung – darunter auch einige, von denen du noch nie gehört hast. Am wichtigsten ist es aber, dir die Gitarrenparts und Akkorde deiner Lieblingsstücke selbst herauszuhören. Wenn das bei einem bestimmten Musikstück zu schwierig ist, verlangsame das Stück. Das Internet ist ebenfalls eine großartige Quelle für Tabulaturen und Noten; vergiss dabei aber niemals, auch dein Gehör einzusetzen, denn nicht immer sind diese Quellen besonders genau.

ZUSAMMENFASSUNG

Wenn du in diesem Buch bis hierhin gekommen bist, bist du weit über das Anfängerstadium hinaus und solltest mittlerweile so ziemlich auf alles vorbereitet sein. Ich hoffe, dass dir die Musik Spaß gemacht hat und wünsche dir für deine Zukunft als Gitarrist alles Gute.

ANHANG

Akkordtöne der wichtigsten Akkorde

AKKORDTYP	AKKORDBEZEICHNUNG	SYMBOL	AKKORDTÖNE
Dreiklänge	C-Dur	C	C E G
	C-Moll	Cm	C E♭ G
	C vermindert	Cdim, C°	C E♭ G♭
	C übermäßig	Caug, C+	C E G♯
Hinzugefügte Sexte	C sechs	C6	C E G A
	C-Moll sechs	Cm6, C-6	C E♭ G A
Septakkorde	C major sieben	Cmaj7, Cma7, C△7	C E G B
	C sieben	C7	C E G B♭
	C-Moll sieben	Cm7, C-7	C E♭ G B♭
	C-Moll sieben♭5 C „halbvermindert"	Cm7♭5, C⌀	C E♭ G♭ B♭
	C vermind. Septakkord	C°7, Cdim7	C E♭ G♭ A (B♭♭)
Nonenakkorde	C-Dur neun	Cmaj9, C△9	C E G B D
	C neun	C9	C E G B♭ D
	C-Moll neun	Cm9, C-9	C E♭ G B♭ D
	C add9	Cadd9	C E G D
Duodezimakkorde	C elf	C11	C (E G) B♭ D F
Vorhaltsakkorde	Csus vier	Csus4	C F G
	Csus zwei	Csus2	C D G

... JETZT ALLES ZUSAMMEN

Alle Töne auf dem Griffbrett

Die CD

TEIL 4

1. Stimmtöne
2. Übung 1, Die Töne der Leersaiten
3. Übung 2, Taktschläge zählen
4. Übung 3, „Open Season"
5. Übung 4, Die D-Saite
6. Übung 5, „The Low Down"
7. Übung 7, „First String Thing"
8. Übung 8, Der 3/4-Takt
9. Übung 10, „Blues One"
10. Übung 12, „Blues Two"
11. Übung 13, Aufschläge und Abschläge
12. Übung 14, „Blues Three"
13. Übung 16, „Blues Four"
14. Übung 18, Chromatische Tonleiter
15. Übung 19, „Shadow Walk"
    Übung 62, „Shadow Walk" Rhythmusgitarre
16. Übung 21, „Swamp Thing"
17. Übung 23, „Defective Detective"
18. Übung 25, „E-string Boogie"
19. Übung 26, „Rock'n'roll in A"
20. Übung 28, „Movable Metal";
    Übung 77, „Movable Metal" Rhythmusgitarre
21. Übung 29, „John Lee"
22. Übung 30, Blues-Tonleiter in E
23. Übung 31, „Double-stop Blues";
    Übung 43, 12-taktiger Blues in E
24. Übung 32, „Midnight Metal"
25. Übung 33, Moll-Pentatonik in E
26. Übung 34, C-Dur- und G-Dur-Pentatonik
27. Übung 35, „Country Cousin"
28. Übung 36, „Finger-Licking Good"
29. Übung 37, C-Dur-Tonleiter
30. Übung 39, Blues-Vamp in A
31. Übung 40, Vamp mit Dämpfen
32. Übung 41, Blues-Vamp in E
33. Übung 42, 12-taktiger Blues in A
34. Übung 44, 12-taktiger Shuffle in A
35. Übung 45, Bluesrhythmus in E, Solo 1, Solo 2
36. Übung 49, E-Dur-Akkord
37. Übung 50, Weitere Akkorde
38. Übung 51, „Majors moving"
39. Übung 52, „Joe Strumming"
40. Übung 53, „Slight Return"
41. Übung 54, „Minor Mishap"
42. Übung 55, „Big Chords One"
43. Übung 56, „Low Strum, High Strum"
44. Übung 57, „Low Strum, High Strum"
    mit Bass-Linie
45. Übung 58, „Big Chords Two"
46. Übung 59, G und C, Grundton und Quinte
47. Übung 60, „Twang Thang"
48. Übung 61, „Drive-in Groove"
49. Übung 63, „Big Chords One" Leadgitarre
50. Übung 64, „Big Chords Two" Leadgitarre
51. Übung 65, „Buck The Trend"
52. Übung 66, „Faithless"
53. Übung 67, „Stay The Same"; Übung 71,
    „Stay The Same", Rhythmusgitarre
54. Übung 68, Rock-Arpeggien
55. Übung 69, Rock-Arpeggien 2
56. Übung 72, „Fives and Nines", Rhythmusgit.
57. Übung 73, Erweiterte Akkorde
58. Übung 74, Barré-Akkorde und Erweiterungen
59. Übung 76, „Positive Pedal"
60. Übung 78, „Drop D"
61. Übung 79, A5 mit Riff
62. Übung 80, Grunge-Riffs
63. Übung 81, „Steady As A Rock" Vamp;
    Übung 96, „Steady As A Rock" Leadgitarre
64. Übung 82, „Chili California"; Übung 83,
    „Chili California", Leadgitarre
65. Übung 84, Blues-Tonleiter in A über 2 Oktaven
66. Übung 85, Blues-Riffs
67. Übung 87-88, „Funky Junction"
68. Übung 89, Bending, Vibrato und Triolenläufe
69. Übung 91, „Jimmy or Jimi?"; Übung 92,
    „Jimmy or Jimi?" Rhythmusgitarre
70. Übung 93, Rock'n'Roll Chuck-style
71. Übung 94, „Joe Meets Eddie"
72. Übung 99, „Twang Thang" Leadgitarre
73. Übung 102, Metall-Riffs in Fis-Moll
74. Übung 105, Metal-Riffs in E-Moll
75. Übung 106, „Fives and Nines" Leadgitarre
76. Übung 107, Natürliche Harmonische
77. Übung 108, Künstliche und
    getappte Harmonische
78. Übung 109, Two-Hand-Tapping
79. Übung 111, Akkord-Tapping
80. Übung 112, Van-Halen-Tapping
81. Übung 113, Tricks mit dem Vibratohebel
82. Übung 114, Arpeggien und Barré-Akkorde
    mit Pedaltönen
83. Übung Übung 115, Dreiklänge mit Pedalton
84. Übung 116, Dreiklänge, Sus4-Akkorde
    und E als Pedalton
85. Übung 117, „Dr Punkenstein"
86. Übung 118, Motown-Stil Rhythmusgitarre
87. Übung 119, Blues in C, Rhythmusgitarre;
    Übung 121, Blues in C, Solo
88. Übung 122, „Jazzy Blues"
89. Übung 123, „Brown Study"
90. Übung 124, „Heavy Reign"
91. Übung 126-128, „Wireless World"
92. Übung 129-131, Harmoniegitarren
93. Übung 132, „Mars Attacks"
94. Übung 133, Vorzeige-Solo